「本当の自分」がわかる心理学

すべての悩みを
解決する鍵は
自分の中にある

シュテファニー・シュタール 著
繁田香織 訳

大和書房

私の友人たちに捧ぐ

人生における影のほとんどは、
自分自身が太陽の下にいるために
できた影である。

―― ラルフ・ウォルドー・エマソン

「本当の自分」がわかる心理学

CONTENTS

17章 自分の「日向子」を見つけ出す 224

※本文の〔　〕は訳注を表します。

1章

「今の自分」を生み出したのは〝子ども時代の経験〟

誰もが、「自分の身が守られ、安心でき、快く受け入れられている」と感じられる居場所を必要としています。

子どものころに自宅がそのような場所であったら、それに越したことはありません。親から受け入れられ愛されていると感じている子どもは、「温かい家庭」という居場所を持っています。その子どもにとって、温かい家庭はまさに〝リラックスでき、ありのままの自分でいられる場所〟であって、大人になってからもいつでも優しく迎え入れてもらえる「心の拠りどころ」になるのです。

また、親から受け入れられ愛されていると感じている子どもは、「自分が生きているのは基本的に良いことだ」と思うようになり、大人になってからもこの感覚を持ち続けることができます。そのような人は、「この世界の中で、そして自分の人生において自分は守られている」と感じるのです。すると、自分を信じ、他者を信頼できるようになります。この感覚は、「基本的信頼感」と呼ばれています。**基本的信頼感は、心の拠りどころのようなものなのです。**

とはいっても、子どものころに嫌な経験ばかりして、それがトラウマになっているという人も少なくありません。また、不幸な子ども時代を送っていても、その経験をなかったことにしようとしていたために、ほとんど覚えていないという人もいます。一方、自分の子ども時代は至って〝普通〟だった、あるいは〝幸せ〟だったと思っていても、じつはそう思い込んでいるだけという人もいます。

このように、不安や拒絶を感じた、子ども時代の経験をなかったことにしていたとしても、また、大人になってからそうした経験を軽く見るようになったとしても、これらの人たちの基本的信頼感がきちんと育まれていなかったことに変わりはなく、そのことが日常生活に表れてきます。自己価値感〔自分に価値があるという感覚〕が低くなり、たとえば、話している相手やパートナー、上司、あるいは知り合ったばかりの人が自分のことを本当に好ましく思っているのか、自分を快く受け入れてくれているのか、つねに懐疑的になります。自分のことを心から好きになることができず、不安ばかり感じ、人間関係をうまく築いていくことができません。基本的信頼感が育まれなかったために、自分自身の中にしっかりとした心の支えがないのです。その代わり、他者から自信と保護と安心感、いわば、心の拠りどころを与えてもらおうとします。パートナーや仕事仲間だけでなく、サッカー場やデパートなどにも心の拠りどころを求めるようになるのです。でも、そのような人や物から心の拠りどころを感じられるのはほんの一時的であるため、求めても毎回、がっかりすることになります。そのような人は気づいていないのです。「**自分の心の中に拠りどころを持っていない人は、外の世界でも拠りどころを見つけることはできない**」ということを。

このように、遺伝的素質だけでなく、子ども時代に刷り込まれた事柄も、私たちの性格と自己価値感にとても大きな影響を与えます。心理学では、その影響を受けた人格部分を「内なる子ども」と呼んでいます。すなわち「内なる子ども」は、親など身近な人との経験を通じて刷り込まれた事柄（悪い刷り込みと良い刷り込み）の集合体なのです。

子ども時代の経験のほとんどは、顕在意識ではなく無意識（潜在意識）の中に保存されています。ですから、「内なる子ども」は〝無意識の中の中核部分〟であるともいえます。そこに、子ども時代に感じた不安や心配、苦しみ、それに、あらゆるポジティブな刷り込みもあるのです。

無意識が「今の自分」を操っている

ただ、**ポジティブな刷り込みよりもネガティブな刷り込みのほうが、大人になってから大きな影響を及ぼします。**なぜなら、子ども時代に受けた侮辱や傷を二度と味わうことがないように、「内なる子ども」がいろいろな対策をとるようになるからです。

また、「内なる子ども」は、子ども時代に満たされなかった「守ってもらいたい」「認めてもらいたい」といった願望を、大人になってから満たそうとするようになります。子どものころの不安と渇望は、大人になってからも無意識下で作用しているのです。私たちは自分のことを〝自らの力で人生を築いていく自立した大人だ〟と思っていますが、本当は、「内なる子ども」が私たちの認識、感情、思考、行動の多くを決めています。しかも、その影響力は私たちが思っているよりもずっと大きいのです。**無意識が私たちの経験と行動の80〜90%を操っているということは、科学的にも証明されています。**無意識はまさに絶大な力を持つ心の裁判所のようなものなのです。

このことをもっとわかりやすくするために、例を挙げてみましょう。

ミヒャエルは、自分にとって重要なことを妻のザビーネが忘れると、毎回ひどく腹を立てます。最近も、ザビーネがミヒャエルの好物のソーセージを買い忘れてしまい、ミヒャエルはそのことに烈火のごとく怒りました。ザビーネは、たかがソーセージを買い忘れただけで、なぜそんなにミヒャエルが怒っているのか理解できず、ぼうぜんとしてしまいました。しかしミヒャエルにとって、ソーセージを買ってきてくれなかったことは冷静さを失わせるほど重大なことなのです。どうしてこのようなすれ違いが起こったのでしょうか？

それは、ミヒャエルの心の中にいる「内なる子ども」が「ザビーネがソーセージを買い忘れたのは、僕のことをないがしろにしているからだ」と感じたからです。ミヒャエルの「内なる子ども」がこのように感じたのは、買い忘れたのがザビーネだったからでもなく、好物のソーセージだったからでもありません。過去に心に受けた深い傷のせいなのです。

じつは、ミヒャエルは子どものころに自分の願望を母親に真剣に受け止めてもらえず、そのことで心に傷を負っていました。そのためミヒャエルにとって、ザビーネが自分の願望を満たさなかったことは、傷口に塩を擦り込まれるような行為だったのです。けれどもミヒャエルは、「ザビーネに対する自分の反応」と「母親との経験」が関連していることに気づいていません。それゆえ、ザビーネに対する怒りの感情を抑えられなかったのです。

もちろん、ザビーネも彼女自身の「内なる子ども」に操られています。ザビーネは子どものころに両親を満足させることがなかなかできなかったため、彼女の「内なる子ども」は〝非難されること〟にとても敏感になっています。ですから、ミヒャエルの非難は、ザビーネが子どものころに持った感情を再び呼び起こすことにもなったのです。ザビーネは、「おまえは価値のない、ちっぽけな存在だ」と言われているように感じ、屈辱感を抱き、傷つきました。このように些細なことでケンカになってお互いに深く傷つくことがあまりにも頻繁にあるため、二人共、離婚したほうがいいのではないかとときどき考えています。

でも、もし二人が「内なる子ども」の願望と傷に目を向けていたら、ソーセージや非難の態度といった表面的なことについてケンカするのではなく、本当の問題について話し合うことができていたでしょう。そうしたら、お互いにもっと分かり合え、攻撃し合うのではなく、寄り添い合えるようになっていたはずです。

「内なる子ども」に気づかないことで、夫婦間のケンカだけでなく、さまざまな争いが起こってきます。この関連性を理解すると、**多くの争いが、自意識を持つ大人同士の争いではなく、「内なるこども」同士の争いであることが見えてきます。**

たとえば、ある会社員が上司から非難されて仕事を投げ出したときや、ある国の政治家が国境侵犯を理由に他国に対して軍隊による対抗措置をとったときも、同様です。多くの人が自分自身や自分の生活に満足していなかったり、争ったり、その争いが解決に向かわずどんどん激しくなっていったりするのは、自らの「内なる子ども」の存在に気づいていないからなのです。

では、幸せな子ども時代を過ごし、基本的信頼感を得た人であれば、不安や問題をまったく抱えずに人生を歩むことができるのでしょうか？　いいえ、そうではありません。完璧な親や完璧な子ども時代などあり得ないため、そのような人の「内なる子ども」も、かすり傷ぐらいは負っているからです。

「内なる子ども」は、親との経験からポジティブなことだけでなく、必ずネガティブなことも刷り込まれているのです。そして、わずかなネガティブな刷り込みでも、それによって後の人生で問題が起こってきます。たとえば家族以外の人を信じることができなくなったり、大きな決断を避けるようになったり、抜きん出るよりも実力を発揮しないままのほうがいいと思うようになったりします。子ども時代のネガティブな刷り込みは、自分自身に制限をかけて、自分の成長と他者との関係を妨害するものなのです。

つまり、ほぼすべての人に次のようなことがいえます。**自分の「内なる子ども」と向き**

合い、友情を結ぶことで初めて、自分がどれほど強い願望を持っているのか、自分がどれほど深い傷を負っているのかがわかります。その心の中にある傷を受け入れ、ある程度まで癒すことができれば、自己価値感が高まり、最終的に「内なる子ども」が心の拠りどころを持てるようになるのです。

これは、幸せな人間関係をより平和的に、より友好的に築くための前提条件となります。また、自分に有益ではない関係や、それどころか病気にさせるような関係から解放されるための前提条件でもあります。

私は、本書を通じて、あなたが自分自身の「内なる子ども」と向き合って友情を結べるよう手助けをしたいと思っています。そうすることで、あなたをたびたび行き詰まらせたり、不幸に感じさせたりする昔からの考え方を捨てられるようにしていきます。

そして、あなたの生活と人間関係を今よりもはるかに幸せなものにする、新しい考え方と行動の指針を見つける方法を伝えていこうと思います。

2章
心の中には「子ども時代の自分」と「大人の自分」がいる

私たちは、しょっちゅう「私の悩みはごちゃごちゃしていて、解決できそうもない」と感じたり、「あの人の行動や感情は理解しがたい」と思ったりしています。自分自身のことも他者のこともよくわからなくなってしまうのです。

でも実際には、**人の心はそれほど複雑にはできていません**。

簡単にいうと、人の心はいくつかの人格部分で構成されています。一つは子どもの人格である部分、もう一つは大人の人格である部分です。さらに、心は顕在意識レベルと無意識レベルに分けられます。この心の構成がわかると、自分の心や他者の心に対して積極的に向き合うことができるようになり、解決できないと思われていた問題の多くを解決できるようになります。本書では、これをどう行っていけばいいのかを説明していきます。

すでにお話ししたように、「内なる子ども」とは、人格の中で子どものころにつくられた意識されていない部分の喩《たと》えです。この「内なる子ども」には、不安や痛み、悲しみ、怒り、さらには喜びや幸せ、愛情など、あらゆる感情が組み込まれています。ですから、「内なる子ども」はネガティブで悲しい面だけでなく、ポジティブで幸せな面も持ち合わせているのです。本書で私と一緒に、あなたのこの両面を詳しく見ていき、それらに取り組んでいきましょう。

もう一つの人格部分である「大人の自分」は、合理的で理性的な思考力と理解力を備えた知力、つまり「頭脳」を象徴しています。「大人の自分」モードになると、自分の人生に責任を持ち、物事を計画し、先を見越して行動することができるようになります。また、物事の関連性を知って理解し、リスクを検証し、その上「内なる子ども」をコントロールすることもできます。「大人の自分」は、意識的に行動する存在なのです。

このように人格をいくつかに分けることを初めて提唱したのは、ジークムント・フロイトです。現代の心理学で「内なる子ども」や「子どもの自分」と呼ばれている部分は、フロイトが「エス」と名づけた人格部分に相当します。「大人の自分」は、フロイトの理論では「自我」に当たります。さらにフロイトは、人格には「超自我」という部分もあると考えました。これは、品行方正なお役人のようなもので、現代の心理学では「親の自分」

あるいは「内なる批評家」とも呼ばれています。この「内なる批評家」モードになると、心の中で次のような言葉が聞こえてきます。「そんなバカなことをするんじゃない！　君は大した者じゃないし、何もできないんだから！　どうせうまくやってのけることなんてできないんだよ！」と。

最近開発された心理療法（スキーマ療法など）の中には、この「内なる子ども」と「大人の自分」、「親の自分」という三つの部分をより細分化し、「傷ついている内なる子ども」や「陽気な内なる子ども」、「怒っている内なる子ども」、または「罰している親の自分」、「好意的に接する親の自分」などと名づけているものもあります。ドイツ・ハンブルク出身の著名な心理学者であるシュルツ・フォン・トゥーンも、人の心の中にはさまざまな人格の者が住んでいると考え、それらをまとめて「内なるチーム」と名づけています。

けれども、私はこれらのことをできるかぎり簡素化し、扱いやすくしたいと考えています。ですから**本書では、心の中にいるのは「陽気な内なる子ども」と「傷ついている内なる子ども」、「大人の自分」だけにしました。**私のこれまでの経験から、心の問題を解決するには、この三つの存在だけでも十分であることがわかっています。そして、「陽気な内なる子ども」を「日向子《ひなたこ》」、「傷ついている内なる子ども」を「影子《かげこ》」と呼ぶことにしました。この呼び名にしたほうが、ずっとかわいらしいですし、扱いやすくなりますからね。

とはいっても、その名づけ親はじつは私ではなく、私の昔からの友人で同僚でもあるユーリア・トムシャットなのです。彼女は2016年の秋に『日向子——その原理』（未邦訳）と題した、じつに読み応えのある書籍を出版しています。

心の中の自分に働きかける意味

日向子と影子はどちらも、「内なる子ども」といわれている人格の一部であり、無意識を象徴するものです。しかし厳密にいうと、心の中には無意識は〝一つ〟しかなく、「内なる子ども」も〝一人〟しかいません。また、「内なる子ども」の感情は、つねに無意識の中に留まっているわけではありません。私たちが「内なる子ども」に働きかければ、その感情を無意識から顕在意識にのぼらせることができます。さらに、日向子の部分と影子の部分がそれぞれ異なる意識レベルに存在していることもあります。

この日向子と影子の区別は科学的な理由からではなく、理解しやすくするために行っています。私は、心理療法士として長年仕事をしてきた中で、この日向子と影子の比喩を使ってほぼすべての問題を解決する手法を開発しました。〝ほぼ〟すべての問題としたのは、自分の手中にない問題は除外されるからです。そのような問題には、病気や愛する人の死、戦争、自然災害、暴力犯罪、性的暴行といった運命的な不幸などがあります。

ただ、運命的な不幸を克服できるかどうかは、その人の人格次第といえる場合もあります。運命的な不幸で傷ついた影子をどうにかして守ろうと懸命になっていた人は、日向子の気質を発揮して楽しく暮らしてきた人よりも当然、気楽に人生を送ることができなくなっています。その意味では、運命的な不幸による問題を抱えている人でも、本書を通じて「内なる子ども」に働きかければ、その問題を克服できるかもしれません。

しかし**本書がもっとも役立つのは、自分自身で問題をつくってしまっている人です。**本書によって、自己責任の範囲内にあるどのような問題も解決することができます。これには、人間関係に関するあらゆる問題が含まれますが、その他にもうつ状態やストレス、将来への不安、生きる喜びの欠如、パニック発作、強迫行為なども入ります。なぜなら、これらの問題は個々の影子に刷り込まれた事柄が原因となっているからです。

3章

誰の心にも、陽気な「日向子」と傷ついている「影子」がいる

私たちが物事をどう感じるのか、心の中にあるどの感情を意識するのか、もしくはどの感情を意識しないのか——これらのことは、生まれつきの性質と子ども時代の経験に大きく左右されます。そして、無意識の中にある「信念」による影響をものすごく強く受けます。

心理学における「信念」とは、心の奥深くに根ざしている確信で、自分自身と人間関係に対する考え方を意味します。たとえば「私は大丈夫！」「私はダメだ！」といったようなものです。０歳のうちに早くも多くの信念が養育者との相互作用によって生まれます。また、私たちは通常、子ども時代とその後の人生を過ごす中でポジティブな信念とネガティブな信念の両方を持つようになります。

養育者から受け入れられ愛されていると感じる状況では、「私は大丈夫！」というようなポジティブな信念が生まれ、その信念は私たちを強くしてくれます。これに対して、生まれてきたのは間違いだった、養育者から拒絶されていると感じる状況では、「私はダメだ！」というようなネガティブな信念が生まれ、その信念は私たちを弱らせてしまうのです。

影子は、ネガティブな信念を持ち、そこから悲しみや不安、寄る辺なさ、怒りといった心身に負担がかかる感情を抱えるようになります。そして、その感情をうまく処理したり、できればその感情をまったく感じないようにしたりするために、いわゆる「自己防衛戦略」（この後から短縮して「防衛戦略」とします）をとるようになるのです。

典型的な防衛戦略として、「退却」「ハーモニー（調和）志向」「完璧主義」「攻撃」「権力志向」「コントロール志向」などがあります。この信念と感情、防衛戦略については、後ほどもっと詳しく説明します。今は、影子とは自己価値感の中の傷ついた不安定な部分の喩えである、ということを理解するだけで十分です。

一方、日向子は、ポジティブな信念と快い感情を持っており、陽気な子どもが持つあらゆるもの――自発性、冒険心、好奇心、忘我、活力、行動意欲、生きる喜び――を備えています。日向子は、自己価値感の健全な部分の喩えなのです。子ども時代にとてもつらい経験をした人でも、必ず人格の中に健全な部分も持ち合わせています。そのような人の人生でも、周囲に対して過剰に反応する必要のない状況もあったはず。楽しく、ワクワクし、遊びたいようなとき、いわば自分の中の日向子が活発になるときを知っていることでしょう。

ただ、**子ども時代にとてもつらい経験をした人は、日向子を表に出すことがなかなかできなくなっています。**ですからそのような人は、本書を通じて私と一緒に、とくに日向子を伸ばしていきましょう。もちろん、影子を慰めていくことも忘れてはなりません。そうすれば、影子は自分のことをきちんと見てくれていると感じて落ち着き、日向子に出番を譲れるようになりますからね。

「影子」の傷に目を向ける重要性

ここまでで、「**繰り返し問題を起こすのは、心の中の影子の部分なのだ**」ということを理解してもらえたのではないでしょうか。影子の部分を意識せず、それゆえ省みないままでいると、問題が起きやすくなります。このことをまたミヒャエルとザビーネの例で説明していきましょう。

ミヒャエルは、「大人の自分」の目線から自分の行動を見ているときには、自分が相手に対して過剰に反応していることに気づいています。そこで、ミヒャエルはすでに何度も自分の怒りを抑えようと試みているのですが、この試みはたいてい失敗に終わっていま す。それは、「大人の自分」（意識的に考え、理解する部分）が影子の傷について理解していないからです。そのため、「大人の自分」は影子に影響を及ぼすことができません。影子の感情と行動について意識的に考え、きちんと理解できなければ、影子の感情と行動を調整することはできないのです。

つまり、ミヒャエルが自分の怒りの衝動をうまく調整するには、子ども時代の母親との苦い経験とザビーネの行動との関連性を意識する必要があります。そして、自分の影子が長年傷を負っており、「僕の望みをきちんと受け止めてくれない」と感じるたびに、その傷が痛み出すということを理解しなければなりません。そうすれば、そのときから「大人の自分」は影子に次のように言って、影子を落ち着かせることができるようになります。

「ねえ、聞いて。ザビーネが君のお気に入りのソーセージを買ってこなかったからといって、ザビーネが君のことを好きではなかったり、君の望みを軽く考えていたりするわけではないんだよ。ザビーネは君のママではないからね。ザビーネだって、君と同じで完璧ではないんだ。だから、ザビーネが何かを忘れることもあるし、忘れたってかまわないんだよ。それがよりによって君のお気に入りのソーセージだったとしてもね！」と。

このように「大人の自分」の部分と「影子」の部分を意識的に区別することで、ミヒャエルは「ザビーネがソーセージを買って来なかったのは、僕に対する尊敬の念や愛情が欠けているからではなく、単に忘れたからだったんだ」と解釈できるようになります。こうしてミヒャエルの認識が少し変わるだけで、瞬時に怒りがこみ上げてくることもなくなるのです。

ですから、ミヒャエルが自分の怒りの衝動を抑えたいと思うのであれば、自分の影子と影子の傷に意識を向けなければなりません。そして、自分の影子の怒りをつねにザビーネにぶつける代わりに、好意的で思慮深い「大人の自分」のモードになって影子の怒りの衝動に心のこもった適切な対応ができるよう学んでいく必要があります。

4章

無意識の中の自分は、どうやって生まれたのか？

日向子と影子の人格部分は、誕生後の6年間で、かなりでき上がります。この時期に脳の構造がほぼ完成するので、最初の6年間は人間の成長にとって非常に重要なのです。そのため、この成長期に身近な人と経験した事柄は、脳の深層に保存されます。そして、親が自分にどのように接したかは、その後の人生におけるあらゆる人間関係の青写真になります。つまり、**私たちは、親との関わりから自分自身や人間関係に対する考え方を学ぶのです。**この時期に自己価値感と他者に対する信頼感、あるいは自己と他者に対する不信感が生まれます。

ただし、この時期について白黒をつけることはしないようにしましょう。親子関係は良し悪しだけで評価できるようなものではありません。良い子ども時代を過ごしたと思っている人も、子ども時代にまったく傷を負わなかったわけではないのです。生まれてきたばかりの赤ちゃんは小さくて裸で、まったく無防備な状態です。そのため、赤ちゃんにとって、自分を受け入れてくれる人がいるかいないかは、命に関わる重大なことです。そのような人がいなければ、死んでしまいますからね。そうしたことから私たちは、生まれた直後はもちろんですが、その後も長期間、自分が劣っていて依存している存在だと思いながら生活を送っていきます。それゆえ**誰の心の中にも、「自分はダメだ」という信念を持つ影子がいるのです**。

また、子どもに愛情をたっぷり注ぐ親でも、子どもの願望をすべて受け入れることはできず、必要に応じて拒まなければなりません。とくに、歩けるようになる1歳のころには、子どもは親からいろいろな行動を禁じられたり、制限されたりします。たとえば、おもちゃを壊さないようにしなさい、花瓶に触れてはダメ、食べ物で遊ばないように、おまるに座りなさい、気をつけなさい、など。子どもは、そのたびに自分が何か間違ったことをしてしまったと感じ、なんとなく「自分はダメだ」と思うようになるのです。

しかしほとんどの人は、「自分はダメだ」だけでなく、同時に「自分は大丈夫」、「自分には価値がある」という心の状態にもなります。すでにお話ししているように、私たちは皆、子どものころに悪い経験だけでなく良い経験もしているため、愛情や安心感、面白い、楽しい、うれしいといった感情を知っているからです。したがって誰でも、日向子の部分も持っているのです。

子どもにとってとくにつらいのは、親が子どもの教育やケアを重荷に感じ、子どもを怒鳴りつけたり、ひっぱたいたり、ほったらかしにしたりする場合です。幼い子どもは、親の行動の良し悪しを判断できません。幼い子どもにとって、親は間違ったことをしない偉大な存在なのです。

たとえば、父親が子どもを怒鳴りつけたり、ひっぱたいたりしたときに、子どもは「パパは自分の攻撃性を調整できないんだ。パパには心理療法が必要だな」とは思いません。「ひっぱたかれたのは、自分がダメな子だからだ」と思います。その子どもが言葉を覚える前だったらなおさら、自分が本当に悪かったのだろうかと考えることは一切できず、単に自分は叱られていて、自分が悪い、あるいは間違っているとしか感じません。

私たちは、誕生後の2年間で感じたことによって、自分が基本的に愛されているのか、そうではないのかを学び取ります。この時期の子どもへのケアは、まずは、食べ物を食べさせ、身体を洗い、おむつを替えるといった身体のケアで始まりますが、この身体ケアでとても大切なのは、「なでること」です。子どもは、親のなで方やまなざし、声のトーンから、自分がこの世界で歓迎されているかどうかを感じ取っていくのです。

そして、子どもにとって、この誕生後の2年間は親の行動に頼るしかない時期であるため、この時期に基本的信頼感もしくは基本的不信感が生まれます。「基本的」と付いているのは、その感覚を生み出した経験が、生きていく上で基盤となるとても大切な経験だということを表しています。それらの経験は心身の奥深くに刻まれるのです。

基本的信頼感が育まれた人は、意識の深いところで、親に対する信頼感だけでなく自分自身に対する信頼感も持っています。これは、親以外の他者を信頼するための前提条件になります。

一方、**基本的信頼感が育まれなかった人は、意識の深いところで自分自身を不安定に感じ、周りの人に対しても不信感を抱きやすくなります。**また、基本的信頼感が育まれた人は、日向子モードになっていることが多いのですが、基本的信頼感が育まれなかった人は、心の中で影子の存在が大きくなっています。

無意識の中を知るには

神経生物学における複数の研究によって、**誕生後の2年間でストレスをたくさん感じた子ども（思いやりのないケアをされた子どもなど）は、生涯にわたってストレスホルモン値が**

標準値よりも高くなることが証明されています。要するに、他の人よりもストレス要因に、強くかつ敏感に反応するようになり、大人になってからもストレスを感じやすいということです。そのためこのような人は、子どものころに自信と安心感を抱くことの多かった人よりも、心理的な負担に耐えることができません。いわば、自分と自分の影子がしょっちゅう一体化してしまっているのです。

もちろんその後の成長期も人格形成に非常に重要であり、その時期にも「刷り込み」が行われます。そして、そのときに親だけでなく、祖母や同級生、先生などからも影響を受けます。けれど、私は本書では、親などの養育者からの影響にかぎってお話ししようと思っています。でなければ、ものすごく分厚い本になってしまいますからね。ただ、あなたにとって祖母や先生など、養育者以外の人との経験がとくに重要であったのなら、本書のレッスンでその人を思い浮かべてもかまいません。

いずれにせよ、誕生後の2年間での事柄は無意識の中に保存されているものの、「大人の自分」はそれらを思い出すことができません。覚えているのは、たいてい幼稚園時代や小学校に通い出したころの事柄からです。しかし、この時期からの事柄でも積極的に思い出していけば、子ども時代に親が自分にどのような態度で接していたのか、自分と親との関係がどのようなものであったのかがわかってきます。

5章 自分を振り返らないと、どうなる？

「内省」（自分の考えや行動を省みること）という言葉は、心理学者が好きな言葉です。というのも、内省する人は、自分の内的モチベーションと感情、考えにきちんと向き合えるため、それらの心理を論理的にとらえて、その結果を自分の行動につなげることができるからです。

つまり、そのような人は、自分の陰の部分もわかっているため、より意識して自分の考えや感情にうまく対処していけるのです。たとえば、自分が相手に共感できなかったときに、相手の感じが良くなかったからなのか、あるいは自分が相手の成功を妬んでいるからなのか、見極めることができます。そして、自分の妬みを認めた場合には、相手の心を傷つけるのは決してフェアなことではないと考えられるようになります。

また、自分に対して「私もすでに多くのことを成し遂げてきたし、それらの努力は正当に報われてきた」と言い聞かせるなどして、自分の妬みと劣等感にポジティブな影響を及ぼせるようになります。こうして、相手に対して穏やかな態度で接したり、自分の妬みをうまく調整したりすることができるようになるのです。

逆に、**自分の妬みや劣等感を認めることができないと、相手を攻撃してしまう可能性があります**。たとえちょっとした嫌みを言って相手を見くびるだけであっても、その行動は攻撃に変わりありません。

このように、**内省して自分を知ると、自分自身の問題を解決できるだけでなく、他者とうまくつき合っていけるようになります**。「内省して自分を知ること（自己認識）」には、個人的意義だけでなく社会的意義もあるのです。

たとえば、無力感や劣等感を持つ人が内省しないままでいると、その感情を相殺するために非常に強い権力欲求と自己顕示欲を持つようになり、不当なやり方でその欲求を満たそうとする可能性があります。内省しない人は、自分と自分の影子が一体化していることに気づけません。影子の目線から見ると、つねに相手が実物よりも大きな存在に見え、自分がその相手から見下されているように感じてしまうのです。要するに、ひどくゆがんだ認識をするようになります。これについて、再びミヒャエルとザビーネの例で見ていきましょう。

ミヒャエルは、子どものころに負った心の傷と自分の怒りの感情との関連性に気づいていないため、ソーセージを買ってきてもらえなかった自分のことを「ザビーネから無視され、無礼なことをされた被害者だ」と認識してしまいました。それにより、ミヒャエルの目に映るザビーネは加害者となり、口ゲンカが勃発したのです。このようなことが起こるのは、仲の悪い夫婦や恋人間だけではありません。内省に欠けた政治家同士でも起こります。その場合、個人的な劣等感を相殺するために権力欲求が高まり、全国民を巻き添えにして争うなど、非常に重大な事態が引き起こされる可能性があります。

ですから、私は本書を通じて、**自己認識によって個々の問題を解決できるだけでなく、より良い人間にもなれる**ということをぜひ皆さんに知ってもらいたいと思っています。

6章 心が求めるものは歳を重ねても変わらない

ここまでで、子どものころにもっとも身近な人と経験した事柄によって影子と日向子がつくられる、ということはわかったかと思います。つまり、私たちが「自己価値感を十分に持ち、自分にも周りの人にも信頼感を抱ける日向子」のモードでいることが多くなるか、それとも「自分自身を不安定に感じて周りの人に不信感を抱く影子」のモードでいることが多くなるかどうかは、教育に非常に大きく左右されるということになります。

では、親はどのように子どもに接すればいいのでしょうか。親の教育法については、子どもの成長期ごとにさまざまなアドバイスがあり、それらはたいてい、どうすれば親子の葛藤を解決することができるのか、望ましくない子どもの行動をどうすれば良い方向へ導くことができるのか、といった点に焦点が当てられています。

しかし心理学では、教育に関してはもっと基本的なテーマを重要視します。そのテーマとは、**〝子どもの心の中にあるいくつかの基本的な欲求〟**です。子どもは「心を通い合わせたい」「認めてもらいたい」などの欲求を持っています。親が子どものこれらの欲求を適度に満たすことができれば、子どもは基本的信頼感を身につけ、自分と他者を信頼することができるようになります。

著名な心理学者であるクラウス・グラーヴェは、この心理的な基本的欲求とその意味について研究しており、私は、本書を執筆する際に彼の研究結果や見解も参考にしました。私は、このグラーヴェが提唱した心理的な基本的欲求から本書のテーマをアプローチしていくことで、自己と影子についてうまく説明できるようになったと思っています。

人間の心理的な基本的欲求は、生理的な基本的欲求と同様、歳を重ねてもあまり変わりません。そのため、何歳であっても気分の良し悪しは、生理的欲求のみならず心理的欲求も含めた基本的欲求の一つ以上に関係しているといえます。基本的欲求が満たされると、気分が良くなり、基本的欲求の充足が妨げられると、気分が悪くなるのです。

心理的な基本的欲求とは、以下の四つになります。

■結びつき欲求

・自由欲求
・快感欲求
・承認欲求

私は、どのような心の問題も、これらの欲求の充足が妨げられたことが原因になっていると考えています。ザビーネとミヒャエルの件も同様です。ミヒャエルは、好物のソーセージを買ってきてもらえなかったことで、自分の「承認欲求」がないがしろにされたと感じ、ひどく腹が立ったのです。また、「快感欲求」も満たされませんでした。**私たちがストレスや苦しみ、怒り、不安を感じるときには、つねに基本的欲求が関係しています。**その場合たいていは、基本的欲求のうちの一つだけではなく、同時にいくつかの、あるいはすべての欲求の充足が妨げられています。

たとえば恋煩いの場合は、「結びつき欲求」だけでなく、「自由欲求」(自分の思い通りに相手を動かしたいという欲求)と「快感欲求」も満たされていません。さらに、おつき合いを断られたら、自尊心がひどく傷つき、「承認欲求」も満たされないことになります。成就しない恋煩いでは、すべての基本的欲求が満たされない状態になるため、ものすごく気分が落ち込むのです。

自分の「欲求不満」に気づく

このように、四つの心理的な基本的欲求から自分自身の問題を考えていくと、その問題の原因がより明らかになってきて、より理解しやすくなります。複雑に思える問題でも、そうすることで、その問題の本質となる核の部分だけを残して、余計なものをそぎ落としていくことができるのです。それにより、問題の解決策が見つかることも多くあります。

ミヒャエルも、自分の「承認欲求」が満たされなかったことに気づけば、問題解決まで一歩前進します。この時点ですでに、刺激（買い忘れたソーセージ）と反応（怒り）の間に付いていた黒ずんだシミがいくらか取れてきているのです。ミヒャエルは、「自分は『承認欲求』が満たされないときにひどく腹が立つのだ」ということがわかるようになります。これがわかっただけでも、いつもの思考パターンから少し抜け出すことができます。ミヒャエルは、ザビーネがソーセージを買い忘れたことによって〝本当に〟自分の自尊心が傷つけられたのか、考えてみるようになるからです。その答えはおそらく、「いや、そうではない」となるでしょう。こうなれば、次回同じようなことが起こっても、いくらか落ち着いて対応できるようになります。

ただ、ミヒャエルは、ではなぜ自分は「承認欲求」が満たされないときにこんなにも腹が立つのだろう、と思うようになるでしょう。このとき再び、幼いころに「自分はかまってもらえない」「自分の欲求を受け入れてもらえない」といった感情を持ったことを意識し、母親との経験を思い浮かべるはずです。そして最終的に、あまりにもひどく腹が立つのは、ザビーネではなく母親との関係に問題があったからだということに気づけるでしょう。こうしてミヒャエルは、自己認識と問題解決に大きく近づいていけるのです。

7章 四つの心理的な基本的欲求

ではどうすれば、あなたやミヒャエルが昔からの思考・行動パターンから完全に抜け出すことができるのでしょうか。これをお話しする前に、まずは、先ほどの四つの心理的な基本的欲求について詳しく説明していきたいと思います。その説明を読みながら、あなたの影子と日向子がこの心理的な基本的欲求によってどのようにつくられていったのか、見当をつけてみてください。

1 結びつき欲求

人間は、生まれてから死ぬまで「結びつき欲求」を持っています。すでにお話ししたように、赤ちゃんは世話をしてくれる人と結びついていないと生き延びることができません。また、皮膚接触を拒まれると死んでしまいます。これは、身体がケアされないという問題だけでなく、心理的な基本的欲求の一つである「**つながりたい、属したい、関わりたい**」という思いが拒絶されてしまうからでもあります。さらに、「結びつき欲求」は、恋人や家族の間だけでなく、非常に多くの状況にも関連してきます。たとえば、友人と会う、誰かとチャットする、同僚と一緒に休憩する、パブリックビューイングへ行く、手紙を書く――このようなことでも、「結びつき欲求」が満たされるのです。

親から放置や拒絶、虐待されている子どもは、「結びつき欲求」が満たされず、欲求不満に陥ります。もちろん、一言に放置といっても、その程度には幅があります。愛情に満ちた親であっても、外的要因（たとえば4人の子どもを持ち、収入が非常に少ない環境）によって過度のストレスや負担を抱えているために子どもの世話ができないといった場合は、子どもは「放っておかれている」と感じるくらいでしょう。しかし、精神的に病んでいる養育者によって、子どもが精神的および（または）身体的にひどく放置されている場合は、虐待になります。

このように「結びつき欲求」が満たされず、欲求不満に陥ると、その子どもの精神的発達にさまざまな影響が及んできます。その影響は、子ども時代にどの程度放置されていたかによって異なりますが、子どもの素質にも左右されます。これらの要因の相互作用によって、自己価値感が少し低下するだけか、それとも重度の精神障害に至ってしまうかが決まるのです。

ただ、いずれにしてもほとんどの場合、「結びつき能力」が低下します。その結果、**大人になってから他者との密接な結びつきを避けたり、繰り返し壊したりするか、あるいは他者との結びつきにしがみついてパートナーに依存したりするようになります。**

2 自由欲求

子どもは大人とまったく同じように、「結びつき欲求」の他に「自由欲求」も持っています。幼い子どもには、抱き寄せられたい、食べ物を食べさせてもらいたいという欲求だけでなく、**自分の周りを自分で自由に探り、何かを発見したいという欲求もあるのです。**

人間は生まれながらにして探索する衝動を持っています。そのため子どもは、できるかぎり独りでやってみようと頑張り、親の手を借りずに成し遂げることができたら、自分をとても誇らしく思います。ですから、親が幼い子どもに手助けをしようと思っても、子どもは「自分でやる！」と言い張ることが多いでしょう。成長していくというのは、主体的になり、親のケアに依存しなくなるということなので、自由欲求は子どもにとって欠かせない欲求です。

また、自由になるというのは、自分がコントロールするということであり、さらに、それは自分を安定させるということでもあります。あらゆることをコントロールしたがる「コントロールフリーク」は、心の奥深くで自分自身を不安定に感じているために、相手をコントロールすることで自分を必死に守ろうとしているのです。**つまり自由欲求には、安定を求める欲求の他に権力を求める欲求も含まれています**。

とはいっても、コントロールフリークだけでなく私たちは皆、生まれたときから自分の周囲の世界に対してある程度の影響を及ぼし、寄る辺なさや自分の無力さを感じないようにしようとしています。そのための手段は成長と共に変化し、最初は泣き叫ぶことしかできませんが、次第に言葉を駆使し、また行動によって周囲に影響を及ぼしていきます。

しかし、自由に行動したいという子どもの欲求が親から妨げられ、満たされないこともあります。とくに、**子どもに指示ばかりして、子どもの行動を厳しく制限するような親は、子どもの主体性の成長を妨げてしまっているのです**。そのような子どもは、親から過剰に心配されコントロールされた経験を心の中に刷り込んでいきます。そして、自分自身の能力を信じることができなくなり、後の人生で自分の行動に制限をかけるようになる可能性があります。

また、子どもにとって障害となるものを親が多く取り除くことは、それが親の善意であっても、子どもの成長にはむしろデメリットになるということも忘れてはなりません。そうした過干渉の親に育てられた子どもは、大人になってからも主体性がなく、自分の責任を代わりに負ってくれる人に依存するようになります。あるいは、親に対する反抗心から、「自由でいられるのであれば、どんなことでもする」と思ったり、極端なケースでは「権力を最大限に振るいたい」と思ったりするようになる可能性があります。

「自立」と「依存」の葛藤

心の中で「結びつきたいという欲求」と「自由に行動したい・自立したいという欲求」のバランスを取ることは、誰にとっても非常に難しいことですが、自分自身のために取り組んでいかなければならないことでもあります。これは、心理学で「自立と依存の葛藤」と呼ばれている、人間の基本的な葛藤の一つです。この場合の「依存」という言葉は、「結びつき」の同義語と考えていいでしょう。

子どもの依存性は親の思いやりやケアによって生まれますが、すでにお話ししたように、子どもがケアされるためには少なくとも〝一人の人〟がその子どもと結びついていなければなりません。その人は、たいてい子どもの親です。親が子どもの生理的・心理的欲求を敏感に感じ取り、思いやりを持って満たすことができれば、その子どもの脳は「依存」という言葉からネガティブなことだけでなく、守られている状況も連想できるようになります。子どもの脳内で**「結びつくこと＝安全で、信頼できること」**という方程式が記憶されるのです。

しかし、子どもの「結びつきたい・依存したいという欲求」だけでなく「自由に自分の力を発揮したい・自分の力だけでやってみたいという欲求」の両方が満たされているのが理想的です。そのように育った子どもは基本的信頼感（自分自身に対して、また、他者と結びつくことに対しての根本的な安心感）を得ることができるからです。

この基本的信頼感は、その後の成長期に暴力や虐待といった、トラウマとなる経験をすることで大きく揺らぐ可能性もありますが、たいていは生涯にわたって維持され、生きる原動力になります。そのため、**子どものころに基本的信頼感を得た人は、そうでない人よりもはるかにラクに人生を送ることができるようになります。**このような人はしょっちゅう日向子モードになっているのです。ただ、心の中で日向子の存在を大きくしていくことは、大人になってからでも可能です。それをどのように行っていけばいいのかを、私は本書で順を追って説明していこうと思っています。

逆に、結びつき欲求と自由欲求が満たされずに、欲求不満に陥った子どもは、自分自身と他者を信頼できなくなるといった問題を抱えることになります。そして、無意識にその不安定さを補うための解決策、いわば防衛戦略を探すようになるのです。**この場合の防衛戦略は、自立か依存のいずれかに向かっていきます**。

自立に向かい、自立と依存のバランスが崩れると、自由でいたい・依存しないでいたいという欲求が過度に高まります。その結果、他者と密接な関係になることを避けるようになります。その影子は、「信頼できる人なんていない」と思い込んでいるのです。このような人にとっての「安定」は、誰かに依存せずに自由に行動できる状況が守られることなのです。当然、このような人は誰かと密接に結びつくこと、すなわち恋愛関係に身をゆだねることがなかなかできません。〝結びつき不安症〟を患っていて、パートナーを持たない、あるいはパートナーとつねに一定の距離を置こうとする（非常に親密になっても、その後すぐに突き放す）ようになります。

一方、防衛戦略が依存に向かったことで、自立と依存のバランスが崩れた場合は、人と結びつきたいという欲求が過度に高まります。そして、自分の足で立つことなんて私にはできないのではないか、といった漠然とした不安を抱えるようになります。そのため、このような人はパートナーにべったりになったり、自らの影子が「このパートナーがいなくては生きていけない」と思ったりするようになるのです。

3 快感欲求

子どもの基本的欲求には、大人と同様に「快感欲求」があります。この場合の快感とは、食事やスポーツをしているとき、あるいはすばらしい映画を観ているときなどに、さまざまな知覚ルートで認識される感覚をいいます。快感と不快感は、感情と非常に密接な関係があり、私たちの身体の中にあるモチベーションシステムを構成する重要な一要素でもあります。簡単にいうと、私たちはつねになんらかの形で絶えず自分の快感欲求を満たそうとしているのです。

しかし、**社会の中で生き延びていくためには、快感と不快感を制御することを覚えていかなければなりません。報酬の先延ばしや禁欲に耐えられる能力を得る必要があるのです**。ですから教育では、快感・不快感との適切なつき合い方を子どもに教えることがとても重要になってきます。

たいていの親は、子どもの快感を非常に厳しく制約しようとします。そうでなければ、過度に許容しています。乳児期と幼児期では、快感欲求の充足と結びつき欲求の充足には密接な関連があります。乳児が空腹感やのどの渇き、暑さ、寒さ、痛みに対して持つ感覚は、快感と不快感のいずれかしかありません。そのため養育者の使命は、乳児の欲求を満たすことで乳児の不快感を取り除き、快感を生じさせることなのです。養育者がこれを十分に行うことができなければ、その子どもの結びつき欲求も満たされないことになります。

その後の成長期では、子どもの自由欲求と快感欲求が相互に密接に関わってきます。たとえば、母親が子どもに「食事の前にペロペロキャンディをなめるのはやめなさい」と言ったとします。するとこの瞬間に、子どもは快感欲求だけでなく、自由欲求についても欲求不満に陥ってしまうのです。

子どものころに快感欲求と、それに伴う自由欲求があまりにも厳しく制約されてしまった人は大人になってから、親の教育方針に従って禁欲的な規準にもとづいて生活し、さらに強迫行為をする（ある考えが繰り返し浮かんできて、それを払いのけるために何度も同じ行動をする）ようになる可能性があります。あるいは、親の教育に反発してだらしなくなったり、自らの快感欲求におぼれたりするようになることもあります。とはいっても、子どものころに親からあまりにも甘やかされてしまうと、大人になってからも欲求にブレーキをかけることが難しくなってしまうのです。

ただ、快感欲求の充足と抑制のちょうど良いバランスを見つけることは、誰にとっても難しいことであって、皆、日々その葛藤と闘っています。私たちは、至るところに潜んでいる多くの誘惑に打ち勝つために、ものすごく強い意志力を持っていなければなりません。スーパーマーケットの中を歩くだけでも、欲望を抑える強い力が必要となってくるのですから。

さらに、この意志力は〝やりたいことを我慢する〟ためだけでなく、〝やりたくないという気持ちに打ち勝つ〟ためにも使われます。私たちは毎日、たくさんのことをしなければならず、その中にはやりたくないこともあります。「やりたくないな～」という気持ちは、すでに朝起きるときから始まって、寝る前に歯磨きをするときまで続くという人も多いでしょう。また、私たちを冷蔵庫やインターネット上のサイト、飲み屋などへ連れて行こうとするなんらかの衝動を絶えず抑える必要もあります。**自制心は、実りある豊かな人生を送るために欠かせない条件の一つなのです**。とはいえ、今の時代、物事を選択する瞬間がエンドレスにやってきて、その選択肢が必要以上に多くあるため、自制心は相当酷使されているはずです。

この意志力と自制心、快感については、368ページの「嗜癖から抜け出す八つのステップ」と379ページの「怠けスパイラルから脱出するコツ」の項でもう一度詳しく説明します。

4 承認欲求

私たちは、生まれたときから承認欲求を持っています。この承認欲求も結びつき欲求と密接に関わっています。なぜなら、**自分のことを認めてくれる人がいなければ、誰とも結びつくことができないからです**。ある人と結びついているという感情は、愛や承認の一形態なのです。ですから結びつき欲求と同様、承認欲求も生きる上で非常に重要となってきます。

また、私たちが承認欲求を持つようになったのは以下の事情とも関係しています——私たちは皆、乳児期に親の行動から、自分が愛されているのかどうか、自分が歓迎されているのかどうかを学んでいきます。性に関する研究者として著名なアメリカ人、デイヴィッド・シュナーチは、このプロセスを「自分の価値を鏡に映す行為」と呼んでいます。養育者は子どもを映す鏡であって、その行動によって子どもは自分が大丈夫なのか、そうでないのかを知ることができるというのです。

たとえば、母親が子どもに微笑みかけたら、子どもはその微笑みから「ママは私の存在を喜んでいる」と思います。そのように、養育者の行動によって子どもは自己価値感を育んでいきます。つまり、**人間は他者という鏡を通して自分の価値を知るようにできているのです**。そのため大人でも、他者から自分の価値を認められたいという欲求を持っています。ということは、子どものころに自分のことをあまり認めてもらえなかった人だけでなく、認められる機会が多かった人にも、承認欲求があるということです。

けれども、私たちが周りの人からの承認をどれほど必要とするかは、自己価値感によって変わってきます。**自己価値感が不安定な人は、自己価値感が安定している人と比べて、物事を決定する際に他者からの承認を多く必要とするのです。**

自己価値感は心の中心にあり、自己価値感が育まれると、そこから心の糧が生み出され、逆に自己価値感が傷つけられると、そこからさまざまな問題がわき起こってきます。すでに説明したように、不安定な自己価値感は影子に、安定した自己価値感は日向子に取り込まれていきます。この日向子をもっと強くして、影子を癒すためにはどうすればいいか、これが本書のテーマです。

成長期の子どもには、これら四つの欲求の充足レベルに応じてネガティブな事柄とポジティブな事柄が刷り込まれていきます。いわば、影子と日向子がつくられていくのです。あなたも、この章を読み進めながら「自分の親が厳しかった点と甘かった点は何だったのだろう」と思いをめぐらせていたのではないでしょうか。後の章で、どうしたらあなた自身に刷り込まれた事柄を知ることができるのか、もっと詳しく説明していきますが、その前に、子どものころの刷り込みがどのようにして「信念」や「防衛戦略」につながっていくのかを、あなたの中にいる「大人の自分」に少し知らせておきたいと思います。

8章

子ども時代の経験が「今の自分」にもたらす影響

子どもは、自分の基本的欲求を親に気にしてもらえなかったり、わかってもらえなかったりすると、なんとか気にしてもらおう、わかってもらおうと懸命になります。そのために、まずは親に気に入られるようあらゆることをやってみるでしょう。

ただ、愛情の薄い親、または子どもの感情や願望に共感できない親のもとで育った子どもは、**そのような親とうまくやっていくには自分の欲求を抑えるしかないと思うようになります。**

親がとても厳しく、子どもに「言うことを聞いて、お行儀良くしていなさい」としょっちゅう言っていると、その子どもは親にいい子だと思われるように、あるいはせめて叱られないように、親が決めたルールに従おうと頑張るようになります。そのためには、親の考えに反する自分の願望や感情をすべて抑えなければなりません。そうすると、その子どもは、自分の感情にきちんと向き合うことを学べなくなります。とくに怒りの感情は、自己主張したり自分の領域を守ったりするために生涯、重要となってくる感情ですが、親の力が強く、子どもの自己主張がまったく通らなくなってしまうと、その子どもは自分の怒りの感情を抑えたほうがうまくいくと思うようになります。**怒りの感情にきちんと向き合うことと、それに伴って適切な方法で自己主張することも学べなくなってしまうのです。**こうして心の中で、「逆らってはいけない」「怒ってはダメだ」「周りの人に合わせなければいけない」「自分の意志を持ってはいけない」といったような信念をつくり上げていきます。

そのような子どもは後（通常は思春期）に、この信念に対抗するプログラムを自分で開発し、親の圧力や期待に反抗するようになりますが、反抗しても親と関わっていることには変わりなく、結局は、親によるプログラムに縛られたままでいることになります。その影子には青年期以降も、親に支配されていた経験が刷り込まれたままになっているのです。

そして、この刷り込みの眼鏡を通して、**他者のことを「支配的で自分よりも大きな存在だ」とすぐに思い込んでしまい、その人の言いなりになるか、反抗するかのいずれかの態度をとるようになります。**けれど、このような人でも、自分の影子のことをよく知り、心の奥深くに刷り込まれた事柄とそこから生まれた信念を解き明かすことができれば、相手と同じ目線に立って、相手に共感することができるようになります。

共感力のない親に育てられた子ども

子どもの気持ちにあまり共感できない親は、子どもの欲求や感情を正しく認識できていません。そのような親に育てられた子どもは、ある状況に対して正しい感情を持ったとしても、「私が感じていることや考えていることは間違っているんだ」と思うことが多くなります。**子どもに対してなかなか共感できない親は、じつは自分自身の感情ともうまく向き合えていません。**自分自身の感情と向き合うことは、共感するための前提条件になるのです。

たとえば、子どもが母親に「ヨナス君が僕と遊んでくれないんだ」と言って、悲しんでいたとします。このとき母親は、自らの悲しみの感情と向き合う必要があります。そうでなければ、子どもに起こった状況を子どもの立場になって感じることはできません。もし、母親が自らの悲しみの感情を脇に追いやったり、無視したりしていたら、子どもの悲しみに対しても同じように対処することになります。その場合、母親は子どもへの対応に困り、ぶっきらぼうにこう言うかもしれません。「そんなにメソメソしないの！　その友達がおかしいんだから」と。そうすると、その子どもは「この状況でこの感情を持ったなんて、僕が間違っていたんだ。僕は悪い子と友達になったんだ」といったことを学ぶことになります。

しかし、母親（あるいは母親以外の身近な人）が自らの悲しみの感情とうまく向き合えていれば、子どもの悲しみを自分の心の中に招き入れて、その感情を理解することができます。そうしたら、次のように言うことができるでしょう。「今日はヨナス君が遊んでくれなかったのね……。悲しい気持ちになるのはよくわかるわ」と。そして、ヨナス君が遊んでくれなかった理由を子どもと一緒に考え、そのときにどうすれば良かったのかを子どもと話し合うことができるはずです。そうすれば子どもは、自分が覚えた感情は「悲しい」と表現されるものであり、悲しいときに見放されることはない、と学んでいきます。また、問題が起こっても解決策を見つけることができるということも覚えます。

このように、**子どもの気持ちを汲んだ親の言動によって、子どもは自分の感情を類別し、それらに名前をつけていけるようになります。**さらに、そうした親の言動は、子どもに対して「あなたが持った感情は基本的に正しい」ということを知らせることにもなるため、子どもはその感情を再び抱き、適切な方法で調整していけるようになるのです。

ですから、親の共感力は、教育能力を測るもっとも良い尺度になります。親の共感力という〝媒体〟を通して、私たちは良い刷り込み、あるいは悪い刷り込みを受けることになるのです。

親の遺伝的性質と子どもの遺伝的性質の相互作用

1960年代には心理学と教育学の分野で、「子どもは白紙の状態で生まれてくる」という説が支持されていました。人の性格や発達具合は、環境と教育の影響しか受けないと信じられていたのです。しかしこの学説は、ここ数十年間の神経生物学と遺伝子学における研究によって根底から覆されています。現在では、**遺伝子が性格と知能の大部分を決めているというのはよく知られていることです**。この項では、これをもっと理解してもらうために、性格のうち遺伝子によって決められる性質である「内向性」と「外向性」について詳しく説明していきます。

性格の特徴は、次のようにいろいろな性質と相互に関係しています。内向的な人は、独りでいるときにエネルギーを蓄えていますが、人と会うと外向的な人よりも早くにエネルギーを消耗して疲れ切ってしまうので、人とあまり会わなくてもいいと思っています。また、質問されたときに、その答えを探すためにまずは自分の考えや行動を省みてから話し始めます。一方、外向的な人は話しながら考えるので、自分の発した言葉に良い意味でも悪い意味でもびっくりすることがあるでしょう。そして、居心地の良い社会の中でエネルギーを蓄えるため、できるだけ誰かと一緒にいたいと思っています。ただ、外向的な人がやる気や興味を起こすには、内向的な人と比べて、外部からの刺激をより多く受ける必要があります。その反対に内向的な人は、外部からの刺激に敏感で、外向的な人よりも早くに刺激に疲れてしまいます。

このように、内向的な人と外向的な人とでは、「人と関わりたい」という欲求の程度が異なるため、ワークスタイルの好みも分かれます。内向的か外向的かは、職業を選ぶ際にも影響してくる可能性があるのです。一般的に内向的な人は、何時間も何日間も仕事に没頭できる、気をそらされない静かな仕事環境を好みますが、外向的な人は、外の世界で人と関わりながら仕事をしたいと思っています。外向的な人は、そうした「人と関わりたい」という欲求を満たす職業を選ぶか、そうでなければ独りで集中して仕事をした後、エネルギーを補充するために短時間でも、ＳＮＳを通じて誰かとコンタクトを取ったり、実際に会ったりすることが必要となってくるでしょう。

そのため生まれつき外向的な人は、独りでいると、内向的な人よりも短時間で寂しくなり、かつ退屈になってきます。これは、**その人がどのような教育を受けてきたとしても、また、影子と日向子にどのような事柄が刷り込まれていたとしても、変わりません。**

さらに、感受性と「不安を受け入れる覚悟の度合」もすでに遺伝子で決められており、これらは自己価値感の発達に非常に大きな影響を与えます。なかには、強靭な性質を持って生まれてくる子どももいます。ある研究によると、そうした〝傷つきにくい子ども〟の10%は、つらい子ども時代を過ごしても、ほぼ無傷のままでいられ、健全な自己価値感を育むことができるそうです。

また、**子どものころにどのような事柄が刷り込まれるのかは、子どもの遺伝的性質と親の遺伝的性質の相互作用によっても変わってきます。**たとえば、共感力のあまりない母親が、生まれつき感受性の強い子どもを育てる場合、図太い神経の子どもであった場合よりも子どもに傷を負わせやすくなります。同様に、よく泣き叫び、過活動である子どもを持つ親は、〝手のかからない〟子どもを持つ親よりも、子どもに対して感情的にも教育的にも適切に対応しづらくなります。生まれつき過活動の性質がある子どもは、エネルギーを非常に多く持っており、そのあり余るエネルギーをうまく調整できなくなっているのです。そのため、たびたび周りの人に不快な印象を与えてしまい、他の子どもたちや先生から「君はダメな子だ！」ということをほのめかす言動をされてしまいます。すると、そのような子どもの自己価値感は、たいてい低くなります。これは、親が子どもに対する愛情を十分に持っていたとしても同じです。ですから、子どもの成長に影響を及ぼす人は当然、親だけでなく、その中には同級生や先生、祖父母のような親以外の身近な人も含まれます。

このように、子どものころに刷り込まれた事柄は、親の教育方針だけでなく、必ずさまざまな要因が関わっています。けれども、その刷り込みのもっとも重要な土台を築くのは、親です。**子どもは、家庭環境によって情緒不安定になればなるほど、親以外の人からも傷を受けやすくなります。**逆に、子どものことによく気づいて共感できる親に育てられた子どもは、同級生にからかわれたりしても、その状況をうまく乗り切ることができるようになるのです。

問題を引き起こすトリガーが形成されるとき

「日常生活で今、起こっている問題を解決したい」という人は、解決すべき〝本当の〟問題を心の奥深いところで理解しなければなりません。そのためには、自らの影子に発言権を与えることが重要になってきます。なぜなら、**それによって自分の弱み、つまり問題を**

起こす〝トリガー（きっかけ）〟を知ることができるからです。

ただ、多くの人は「自分の人格の弱い部分に触れるなんて、まっぴらごめん」と思っているはずです。きっと心の傷や不安を感じたくないのでしょう。そう思うのは、人間に本来備わっている生体防御メカニズムによる反応であり、まったく自然なことです。あえて悲しみや不安、劣等感、羞恥心、あるいは絶望感を味わいたい人などいないはずです。私たちは皆、これらの感情をできるかぎり持たずに、幸せや喜び、愛といった快い感情だけを持ちたいと強く思っています。それゆえ、心の傷を意識から排除してしまっている人も多くいます。別の言い方をすると、影子が口出しをしようものなら、影子を押しのけてしまうのです。影子は、実際の子どもと同じようにふるまいます。実際の子どもは、自分になかなか目を向けてもらえないと、親が困る行動をしますが、気を配ってもらえれば、満足して落ち着き、しばらくの間また独りで遊びます。

影子も同じように、不安や羞恥心、怒りをまったく口に出してはいけない状況になると、その募る不満を抱えて意識の根底でくすぶり続けます。そして、まさにミヒャエルがよく経験するように、抑圧されて不愉快な気持ちになっている影子は、ときどき全力で自ら道を切り開いて表に出て、抱えている不満を他者に吐き出すのです。

専門文献やアドバイス書では、たいてい「内なる子ども」の人格部分は感情のみで分類されていますが、私は、**「内なる子ども」は感情を生み出す根源となる「信念」によってもつくられていくと考えています。**すでに詳しく説明したように、信念とは、自己価値および他者との関係に関する、心の奥深くにある確信です。親から受け入れられ愛されていると感じた子どもは、「私は歓迎されている」「私は愛されている」「私は重要」といった日向子を強める信念を持つようになります。これに対して、親から冷たくあしらわれ、願望をはねつけられた子どもは、「私は歓迎されていない」「私は重荷になっている」「私は雑に扱われる」といった影子をつくる信念を固めていくことになります。

信念は子どものころに生まれますが、その後、無意識の深いところに根ざしていきます。そして大人になってからも、心のプログラムの構成要素として無意識の中に存在し続けます。つまり、**私たちがどのように物事を認識し、どのような感情を持ち、どのように考え、どのように行動するのかは、信念の影響をものすごく強く受けているのです。**

信念を通して現実を見るようになる

ではここで、私たちが実際に信念からどのような影響を受けているのかを、再びミヒャエルとザビーネの例で見ていきましょう。

すでにお話しした通り、ミヒャエルの母親は、ミヒャエルの存在を（当然、願望も）あまり気にかけていませんでした。ミヒャエルには二人の妹がいて、両親はパン屋を営んでいます。ミヒャエルの母親はとても忙しく、心身共に疲れ切っていたため、子どもの望み通りにそれぞれのことを気にかけることができませんでした。しかも、父親はそのような母親を助けることもなく、働いてばかりいたのです。ミヒャエルは、現実の世界でも心の中でも、両親の存在をあまり感じることができませんでした。そのため、ミヒャエルの結びつき欲求と承認欲求のどちらも満たされないことが多くありました。そこから、ミヒャエルは次のような信念を持つようになったのです。「**僕は雑に扱われる**」「**僕は重要ではない**」。こうした信念は、今も彼の認識を無意識に操作しています。ミヒャエルが「あの人は僕のことを気にしてくれない」と感じると、彼の影子はすぐに「またか、どうせ僕は雑に扱われるんだ！」と叫び出すのです。ザビーネがミヒャエルの願望をあまりにも気にしない（とミヒャエルが勝手に思う）ときに、ミヒャエルがすぐに激怒するのは、じつはこの信念に原因があったのです。

一方、ザビーネの両親は、ザビーネの面倒をよく見ていましたが、ザビーネに求める理想がとても高かったのです。両親が考える正解と不正解の差は紙一重であり、ザビーネは「私はパパとママが望むようにはできない」とよく思っていました。また、両親はこうしたザビーネの気持ちを非難することが、ザビーネを褒めることよりもはるかに多かったのです。その結果、ザビーネの承認欲求の充足がしょっちゅう妨げられ、さらに、「自分の力を自由に発揮したい」といった自由欲求も満たされませんでした。そこからザビーネの影子は、**「私は十分ではない」「私は相手に合わせなくてはいけない」**という信念を持つようになったのです。ここまでお話しすれば、ザビーネの影子とミヒャエルの影子がお互いにどのように作用し合っているのか、簡単に想像できるのではないでしょうか。

ミヒャエルがザビーネのちょっとした不手際に対してすぐに怒って激しく非難すると、ザビーネの影子は「やはり、自分は価値のないちっぽけな存在なんだ」と実感し、ひどく傷ついていきます。そこで、ザビーネの影子はミヒャエルの攻撃に対して、怒りの感情と泣くこと、言い返すことで自分を守ろうとします。こうして、両者の争いはあっという間にエスカレートしていくのです。

信念を端的な言葉で言い換えるとしたら、〝心を動かすシステム〟といえるでしょう。そして**私たちは、信念を通して現実の世界を見ています。**そのため、信念は〝現実を見るための眼鏡〟ともいえるでしょう。ですから、自らの信念に取り組んでいくのは非常に意味のあることなのです。

誰にでもネガティブな信念が生まれる

ネガティブな信念が生まれるのは、親の放置や過保護によって子どもが不足や不自由を感じていた場合だけではありません。子どもの好き放題にさせて、望みをなんでも聞き入れてしまう親は、子どもに「なんでも自分の思い通りになる」「ほとんど努力しなくてもなんでも手に入る」と思い込ませてしまうことがあります。そうした子どもは、自分の存在の意味や重要性を過小評価ではなく過大評価する信念を固めていきます。欲しいものが手に入るのは至って当たり前のことであると考え、手に入らなければ、ひどく不機嫌になり憤慨するようになります。**親から非常に甘やかされている子どもは、欲求不満耐性があまり育まれず、ちょっとした欲求不満にも耐えられなくなってしまうのです。**放置や過保護によって不足や不自由を感じている子どもは、順応性が高くなることが多いのですが、甘やかされている子どもは順応性が非常に低くなります。なぜなら、甘やかされている子どもは、コミュニティの中に溶け込んで周りに合わせるということを、家庭でほとんど学ばないからです。パパとママにとって、いわば上司やプリンセスのような存在なのです。そうした子どもは、次のような信念を持つ可能性があります。「私はとても重要！」「私はつねに歓迎されている！」「私は望むものをすべて手に入れる！」「私はすべての権利を握っている！」「私は他の人よりも強い！」「私は誰よりも大きな存在だ！」

このような信念を持つと、幼稚園や学校で、さらには大人になってからも、自分を取り巻く環境にうまくなじめず、ときどき周りの人に不快な思いをさせてしまうようになります。しかも、そうした環境の中で初めて、「人生においてタダで手に入るものはない」「欲しいものを手に入れるためには努力をしなければならない」ということを学んでいかなければなりません。そうした困難から、授業についていけなくなったり、学校に行かなくなったりする人もいます。しかし、そこまで信念が強くない人は、コミュニティの中でうまくやっていき、能力を発揮することができます。ただ、そのような人も、勝負に一度負けただけで、そのつらさに耐えられなくなることがあります。ですから、好きな人に交際を断られると、ものすごい絶望感にさいなまれる可能性があります。それは単に、絶対に手に入れたいものでも手に入らないことがある、という状況に慣れていないからなのです。

家庭環境を客観的に振り返ることが大切

このように自分の子ども時代や親について考えていくときに、「自らの問題を親のせいにするのは、なんだか嫌だな」と思う人もいるでしょう。私のクライアントの中にも、親を批判的な目で見なければならないという気持ちと、親への忠誠心に背きたくないという気持ちの間で揺れ動く人が多くいます。そのような人は自分の親に対して愛情と感謝をたくさん感じているのでしょう。それゆえに、親の良くなかったと思われる点について聞かれると、「そんなことを説明するのは親を裏切っているようで、親に申し訳ない」と思ってしまうのです。

でも、ここで私は強調しておきたいと思います。私たちが取り組んでいくことは、親が子どものためにしてくれたことを否定したり、大人になってからの自分の問題を親のせいにしたりすることではありません。**重要なのは、家庭環境からどのようなことが心に刷り込まれたのかを深く理解することだけなのです**。その際、ネガティブな刷り込みだけでなく、親に感謝すべきポジティブな刷り込みも見ていきます。私たちの親もまた、その親による刷り込みを受けており、結局はその教育の被害者なのです。このことを忘れないようにしましょう。

私の両親はとても思いやりのある人で、私はそうした両親に望まれて生まれてきました。ですから私は、子ども時代のとても幸せな思い出をたくさん持っています。しかし、私の母も完璧ではありません。自分の心の中の弱い部分を認めることがなかなかできない、といった問題を抱えていました。母は9人兄弟姉妹の一番上で、さらに11歳から第二次世界大戦を経験。弱って立ち止まっているわけにはいかず、力強く前に進んでいかなければならなかったのです。その結果、悲しみなど自分の弱さを表す感情とうまく向き合うことができなくなってしまいました。そのため、私が悲しんでいるときに、母はどうしたらいいのかわからず、ときどきお手上げ状態だったのです。こうしたことから私の心の中には、「私は強くなければいけない！」「泣くのは良くない！」といった信念が強く芽生えてきました。このように、思いやりのある親でもすべてのことを正しく行うことはできないのです。

また、**親は自分にどのような手本を示したのか、ということを自問していくことも大切です**。たとえば、ある少女の母親はとても心優しいけれども気が弱く、威圧的な夫にいつも合わせて行動していたとします。すると、この少女は自分の母親と自分を同一化し、「女性は弱い」「私は他の人に合わせなければいけない」「私は口答えしてはいけない」といった信念を固めていく可能性があります。そうでなければ逆に、母親のようになりたくないと思い、「私は自分で自分の身を守らなければいけない」「私は絶対に言いなりになってはいけない」「男は危険だ」といったような信念を持つようになります。

さらに、**家庭内ですでに決められている規準や価値観も、子どもの信念の形成に重要な**

役割を果たします。たとえば、愛情に満ちあふれた温かい家庭であっても、性に関する規準がとても厳しい家庭であれば、そこで育った子どもはその厳しい規準を刷り込まれ、後に自分の身体や性欲に対して自然な感情や行動を起こすことがなかなかできなくなってしまいます。つまり、親に多くのことを感謝している人であっても、現在抱えている問題の原因となるなんらかの信念を親のもとで固めていったといえるのです。

一方、親の本当の姿をなかなかつかめない人もいます。そのような人は、片方の親のことをもう片方の親の色眼鏡を通して見ている可能性があります。母親がしょっちゅう子どもの前で父親のことを「ひどい人だ」と言って泣き叫んでいたら、その子どもはこうした母親の眼鏡を通して父親のことを見るようになるでしょう。私は長年、家庭裁判所の鑑定人を務めていましたので、実際にこのような刷り込みが後の人生にも大きな影響を及ぼしているケースを数多く見てきました。その刷り込みを受けた子どもは、生涯にわたって父親と良い関係を築けないか、あるいはまったく連絡を取らなくなる可能性があるのです。もちろん、父親が子どもに母親への反感を抱かせる場合も、同じことがいえます。

親の本当の姿を映し出していくのが難しい理由は、もう一つあります。それは、親の理想化です。子どもは生きていく上で、親を信頼し、「親は優れていて正しい」と思う必要があります。間違いや悪意があるかもしれない親に身をゆだねることほど、耐えがたい不安はありませんからね。そういうわけで、子どもには親を理想化する必要があるのです。

ただ、大人になっても変わらず親を理想化している人もいます。親だって、強いところもあれば弱いところもありますが、親を理想化することによって、そうした親の本当の姿が見えなくなってしまうことがあるのです。大人になっても親のことを「理想化」という眼鏡で見ていたら、健全な方法で親離れすることができません。そして、それができなければ、人生の中で自分ならではの道を見つけていくことは難しくなります。さらなる成長のためには、自分自身を知る必要があり、それには、**自分自身と親のできるかぎり実際的な姿を映し出していくことが重要になってくるのです。**実際的な姿は、深い愛情と対立するものではありません。私は今と過去のありのままの両親を愛し、尊敬することができています。愛や尊敬の対象となるのに、完璧な存在や過ちを決して犯さない存在である必要はないのです。どのような場合でも、愛についてこう言うことができます。「完璧であるものしか愛せないとしたら、それは本当の愛ではない」と。

9章

ネガティブな出来事ほど記憶に残るわけ

ネガティブな出来事を少し経験しただけでも、ネガティブな刷り込みが生じます。つまり、ネガティブな出来事は、記憶に深く刻まれてしまいます。残念ながら、ポジティブな出来事はそのようになりません。**私たちの遺伝子には、良いことよりも悪いことを強く意識し、長く覚えておくようにプログラムされているのです**。なぜなら、生き延びるためには、うまくいっていることよりも危険なことに目を向けるほうが大切だから。

たとえば、石器時代にある家族が遊びに興じていて、そこに突然、巨大な歯を持つサーベルタイガーが現れたとします。このとき脳の働きによって、遊んでいる間の「楽しい」という気持ちをすぐに不安に切り替えることが非常に重要でした。脳は、身体を幸せモードから不安モードへとすぐに変換し、サーベルタイガーに不安を感じてそこから逃げ、生き延びることができるようにしていたのです。

また、人類の祖先にとっては、毒のない植物よりも毒のある植物を覚えておくことのほうが重要でした。これを誤ると、死んでしまう可能性がありますからね。そのため脳は、誤りや欠乏に注意を払うシステムになっています。

ただ残念ながら、とくに影子モードになると、このシステムがあまりにも頻繁に作動してしまい、私たちは一つの誤りを何度も再認識しようとしてしまいます。成功したことよりも失敗したことのほうが思い出しやすいのは、こうした理由からでもあります。それゆえ、うまくいった出来事があっても、その喜びはわりと早くに薄れてしまうのに、何年も前に起こったバツの悪い出来事に関しては、まるで昨日の出来事のように恥ずかしさが鮮明によみがえってくることがあるのです。

また、このシステムには、すごく嫌な副作用がもう一つあります。それは、**ある人とのネガティブな経験が一つあると、その人との100のポジティブな経験が帳消しになる、**ということです。ですから、今度あなたが友人など誰かにイラッとしたら、腹立たしい気持ちを募らせる前に、その人とそれまでにどれほど楽しい時間を共有してきたのか、改めてよく考えてみてくださいね。

10章

信念はどれほど日常生活に影響を与えるのか?

あなた自身の信念を見つけ出す方法を説明する前に、まずは信念が生活にどれほど広く影響を与えるのかをお話ししたいと思います。

無意識の中に深く根ざした信念は、ミヒャエルとザビーネの例からもわかるように、物事を認識するためのフィルターになります。そのフィルターを通した**認識は、感情や思考、行動に影響を与えますが、逆に感情や思考も認識に影響を与えます**。ですから、私が相手のことを自分よりも優れている人だと認識し、劣等感を覚えることもあれば、自分の行っていることがうまくいって達成感や有能感を覚えているときには、同じ相手のことを自分と同等、あるいはむしろ劣っていると認識することもあるのです。

こうした関連性とプロセスを理解すればするほど、物事に対する見方と感情、最終的には行動を簡単に変えていけるようになります。そうすれば、それぞれが抱えている問題も解決できるのです。ただそのためには、**問題を自分自身から少し引き離す必要があります**。問題（つまりは問題をつくり出しているネガティブな信念、感情、思考）と自分自身が完全に一体化してしまうと、問題が心の奥深くに留まり続け、その問題から解放されることはありません。このことについて、今回はザビーネの例で見ていきましょう。

ミヒャエルがザビーネをどなりつけた瞬間、ザビーネは無意識のうちに彼女の影子を通してその状況を認識し始めました。ザビーネの影子からは、ミヒャエルが大きな存在で、ザビーネについて評価し決定する権限を持っている人に見えます。ザビーネの影子は、上から目線で独裁的な父親の姿をミヒャエルに投影しているのです。このことにザビーネ自身は気づいていません。「私は十分ではない」「私は相手に合わせなくてはいけない」といったザビーネの信念から、彼女の影子は「私は価値のないちっぽけな存在」と感じています。しかもこの状況では、ザビーネが自分の影子と完全に一体化しているため、彼女の影子だけでなくザビーネ全体が「〝私〟は〝今も〟価値のないちっぽけな存在」と感じてしまっています。それゆえザビーネにとってミヒャエルの非難は、ザビーネの「不安定な自己価値感」という傷口に目一杯の塩を擦り込むような行為だったのです。

しかし、もしザビーネが「大人の自分」モードあるいは日向子モードになっていたら、ミヒャエルのことを自分よりも大きな存在と思わずに済んだはずです。そしてザビーネは、「ミヒャエルは影子モードになっていて、ミヒャエルの怒りの本当の矛先は私に向かっているのではない」ということに気づけたでしょう。そうすれば、ミヒャエルに憤慨されても「自分には価値がない」などと感じることなく、泰然としていられたはずです。あるいは、ザビーネがミヒャエルのその未熟な行動を腹立たしく思っても、挑発に乗らず静かにしていれば、しばらくするとミヒャエルも落ち着いてくるでしょう。ミヒャエルも「大人の自分」モードになれば、ザビーネの行動を大げさにとらえていたことに気づき、ザビーネに謝らなければと思うようになります。ですから、ザビーネが泰然としていたら、ミヒャエルの怒りは遅くとも5分後には収まっていたことでしょう。

ここできっと、次のように思った人もいるはずです。「でも態度が悪かったのはミヒャエルなのに、ここでは、なぜザビーネだけが行動を変えるべきなのだろう？」と。これは、よくある「責任問題」ですね。私のカウンセリングでも、とくにパートナー間で頻繁に出てくるテーマです。たとえば、片方がもう片方に対して、「問題が繰り返し起こるのは、〝完全に〟あなたのせいなんだから、あなたが変わってくれればいいのに」と思っているのです。ザビーネもまさにこのようなことを思っている可能性があります。

〝しかし〟、ミヒャエルが行動を変えるかどうかに対して、ザビーネは直接的な影響力をまったく持っていません。せいぜいミヒャエルに行動を変えるようお願いし、場合によってはそうするよう彼に圧力をかけておくくらいしかできません。そうしても結局、ミヒャエルが行動を変えるかどうかを決めるのは、ザビーネではないのです。**どのような人でも、自分の影響を直接与えることができる相手は、自分自身しかいません**。ザビーネがその状況を〝積極的に〟変えたいと思うのであれば、自分自身の心に働きかけていかなければならないのです。

11章 多くの人が「心のプログラム」にまったく気づけない

このような心のプログラムは、心の奥深くに組み込まれており、私たちは、自分が影子の傷から行動していることにほとんど気づけません。たとえ「大人の自分」の目線から自分の刷り込みをとても正確に省みることができていても、いまだに昔からのプログラムに縛られている人がたくさんいます。私は毎日、こうした人を見ています。**人は、理性にもとづいて考えた事柄よりも、子どものころに親と〝経験〟した事柄のほうが真実に近いと思いやすいのです。**そして、ものすごく長期にわたってそのように思い続ける可能性があります。私は、あるクライアントを通してこのことを痛感しました。

その女性Bさん（58歳）は、子どものころに隣人から性的虐待を受けました。当時、Bさんはそのことを母親に話しましたが、母親はそれを認めようとせず、Bさんに「そうだとしても、その人に礼儀正しく接するように」と言ったのです。Bさんは、性的虐待と家族からの無理解という二重の苦しみを経験し、心に深い傷を負いました。そこからBさんは、「私は相手の思うがままにされる」「誰も私を守ってくれない」「男は危険」という信念を固めていきました。それゆえ、大人になってからも男性に対して突然、激しい恐怖を感じることがあり、このことがプライベート生活にも仕事にも大きな支障をきたしていたのです。

Bさんは私の治療を受ける前に10年間もトラウマなどに対する心理療法を受けていたため、私の診療所に初めて来たときには、すでに問題の多くを自らコントロールできるようになっていました。しかし、男性に対する根深い恐怖心は、そのような長年にわたる治療にもかかわらず解消していませんでした。私のもとでも、この恐怖心についてはなかなか進展しなかったのですが、ある日突然、私がまったく予想しなかった展開が起こったのです。

あるカウンセリングの最中に突然、Bさんの影子が次のような内容を話し出しました。「そうか、あのことは〝過ぎ去った〟ことなんだ。加害者はずいぶん前に死んでいて、私は、今はもう大人になっている。すべての男性があんなことをするわけではない。このとが今、はっきりとわかった」と。私は、あぜんとしました。というのも、私はBさんがすでにずっと前からこのことをはっきり認めていたと確信していたからです。Bさんが言ったことはまぎれもない〝事実〟であり、これまで私たちが何度も話し合い、数えきれないほど多くのカウンセリングで取り組んできた事柄です。でも実際には、そのときまでこの基本的なメッセージはつねにBさんの「大人の自分」にしか届いておらず、**Bさんの影子は変わらず50年以上も前の世界の中で生きていたのです。**そして、その日初めてBさんの影子も「あの虐待は過ぎ去ったことで、もう怖がる必要はない」ということを理解したのです。このカウンセリングの後、Bさんの心は完治したといっていいほど回復しました。

どのような人の「内なる子ども」も、Bさんの影子とまったく同じように、子ども時代の世界の中で生きています。このことは、子ども時代にポジティブな刷り込みをたくさん受けて日向子をうまく育み、日向子を使いこなせている人にもいえます。このような人は、そのポジティブな経験を他者や外の世界に投影し、たいていは、そうでない人よりもラクに人生を送ることができます。ただし、極端にポジティブに色づけされた投影を行ってしまうと、単なるばか正直でお人よしの人になってしまいます。

また、とても幸せな子ども時代を過ごした人は、「外の世界は、パパとママのいる世界とは違って、つねに居心地が良いわけではない」ということを大人になってから（ときには苦しみながら）学んでいかなければなりません。とはいっても、幸せな子ども時代を過ごした人は、自己価値感が十分に育まれ、基本的にその自己価値感を存分に使いこなし、それにより頻繁に日向子モードになるため、ほとんどの場合、このリアリティ・ショック〔期待と現実のギャップに衝撃を受けること〕をうまく乗り越えることができます。一方、影子は非常にたくさんのネガティブなことを自分自身と外の世界に投影するため、日向子よりもずっと多くの問題を引き起こします。ですから、まずは影子に取り組んでいきましょう。

12章 「影子」の信念から感情が生まれるとき

影子の信念によって多くの問題が引き起こされる、ということはもうわかりましたね。すでにお話しししているように、それは、影子の信念が認識に大きな影響を与え、認識は感情に大きな影響を与えるからです。そして、その逆もまたいえます。

ミヒャエルとザビーネがそれぞれ自分の影子と一体化して、険悪なムードになると、二人共、感情にもとづいて行動するようになります。**ある出来事が信念を通して認識され、その認識によって感情が起こりますが、この間の時間はなんと1000分の1秒！**　このことをミヒャエルの例で見ていきましょう。

ミヒャエルの影子は「僕は雑に扱われる」「僕は重要ではない」という信念を持っており、その信念から、ザビーネがソーセージを買い忘れた出来事について次のように認識しました。「ザビーネは僕のことを十分に愛してくれていないし、僕の望みを真剣に受け止めてくれていない」と。ミヒャエルのこの認識は、ものすごい速さで屈辱感を引き起こしました。そして、その屈辱感の後に一気に怒りがやってきて、ケンカが始まったのです。

このように**信念→認識→感情→行動**という連鎖が起こりました。

ところが、ミヒャエルはこの連鎖を意識していません。怒りの感情が起こってから初めて、自分の内面を意識し始めますが、そのときも依然として怒りのトリガーは心の奥深くに留まっており、意識されていません。ミヒャエルは自分の信念について何も知らず、さらに怒りの感情の前に屈辱の感情が起こっていることにも気づいていないのです。まさにここに問題があります。**なんらかの状況や出会いはものすごい速さで感情を引き起こし、その感情は私たちを〝つかまえて〟私たちの思考と行動を操ってしまいます**。その感情が怒りや悲しみ、孤独感、不安、妬みであっても、喜びや幸せ、愛であっても同じです。また、ある特定の状況で生じる無感情（心の中が空っぽだという思いにとらわれている状態）も、このプロセスをたどることがあります。しかしなかでも、**怒りや不安、悲しみ、妬みといったネガティブな感情は、私たち自身と私たちの人間関係にものすごく大きな負荷をかける可能性があるのです。**

ここであなたは、「いや、影子の傷ではなく外的な事情から起こる、正当な怒りや悲しみもあるじゃないか」と反論するかもしれませんね。愛している人が亡くなったときの悲しみや不当な扱いを受けたときの怒りのように。もちろん、その通りです。私たちが持つすべての感情が影子や日向子と関連しているわけではありません。また、悲しみや怒りといった感情が大きな問題を引き起こすことはそれほど多くありません。友人が亡くなったら悲しい気持ちになる、ただそれだけです。他者とのいざこざに進展することもないですし、その感情を持ったことに自分自身がびっくりするということもありません。このことは、多くのポジティブな感情にもいえます。うれしさや幸せを感じる——このような心の動きは誰にでもあります。通常、この感情は問題を引き起こしません。

しかし、ソーセージ事件におけるミヒャエルとザビーネの感情のように、影子から生じ、深く省みられず、発散されるだけの感情は、自分自身と人間関係に関わる問題を引き起こします。ですから、現在抱えている問題を解決したいのであれば、こうした感情に取り組んでいく必要があります。

13章 自己価値に対する「影子」の思いと「大人の自分」の考えの相違

「内なる子ども」とその信念は、「自己価値感を生み出す感覚中枢」といえるでしょう。「私には十分な価値がある」あるいは「私には価値がない」という類の信念は、「私はこの世界で歓迎されている」あるいは「歓迎されていない」という感覚、ひいては基本的信頼感や基本的不信感を心身の深いところで呼び起こします。ですから、自己価値を上げたり下げたりしているのは、この〝感覚〟だといえます。

この基本的信頼感と基本的不信感は、心身の奥深くに記憶されています。私たちは通常、これらの感覚を持っていることを意識していませんが、これらの感覚は簡単に呼び起こされるものなのです。そのため、基本的信頼感が得られなかった人（基本的不信感を持っている人）は、すぐに自分のことを不安定であまり価値のない存在だと感じてしまいます。このような人は、たいてい影子モードになっているのです。

一方、基本的信頼感とある程度健全な自己価値感を得て、それらをうまく使いこなせている人（主にポジティブな信念を持っている人）は、心身の深いところでも「ありのままの自分で大丈夫だ」と感じています。このような人は、ほとんどの場合、日向子モードになっています。とはいっても、このような人の人生で、自分自身を信じられなくなったり不安定に感じたりするような、いわば影子が活発になる瞬間や局面がまったくないというわけではありません。ただ、そのようなことがあっても最終的には、ポジティブな感情と信念を持つ日向子が影子よりも強くなるため、その局面を乗り越えることができるのです。言い換えると、そのような人の傷はしばらくするとすっかり治りますが、自分自身を不安定に感じている人の傷は慢性化して治りにくくなっており、一粒の塩を擦り込まれただけでも強い痛みが生じてしまうのです。

自己価値感のうち〝頭でわかっている〟部分は、いわば「大人の自分」の部分です。たとえば、「私は人生ですでに多くのことを成し遂げているのだから、自分のことを誇りに思ってもいいんだ」あるいは「影子が自分はちっぽけな存在だと感じていても、私はこのままで大丈夫なんだ」というのは、頭でわかっていることです。私のクライアントの中には、自己価値について話し合っているときに次のようなことを言う人が多くいます。「私も、自分に満足していい、ということをわかってはいるんです。でも、どうしても心の底からそう感じることができないんです」と。

また、「大人の自分」が影子と完全に一体化しているクライアントもいて、そのような人は「私は十分ではない」と感じ、〝さらに〟そう考えています。これらの人たちは、大人の知力を使っても影子の感情から完全には解放されていないのです。一方、自分の価値にはなんの問題もないと思い込んでいる人もいます。このような人は、合理的思考にとらわれていて、自分の影子を意識から排除してしまっているのです。じつはミヒャエルは、このタイプに当たります。ミヒャエルが自分の価値について尋ねられたら、「なんの問題もないよ」と答えるでしょう。自分の傷つきやすさを意識しないようにしているのです。これに対してザビーネは、自分の欠けている点をひどく気にしており、自己価値感がゆらぎやすいことを自覚しています。

考えている事柄と感じている事柄が矛盾しているといったことは、誰にでもあり、しかも日常生活の中で絶えず起こっています。ですから、「頭ではわかっていることだけど、実際にはできないんだよね……」と自分自身に語りかけることが誰にでもしょっちゅうあるはずです。たとえば、賢い「大人の自分」は、もっと健康的な食品を食べたほうがいいということをはっきりとわかっているのに、「内なる子ども」が甘いものを食べたいと強く感じてしまうと、多くの場合、結局は我慢できずに食べてしまいます。食品やアルコール、薬物などの依存症者はまさに、影子の感情を調整して「大人の自分」を優先させることがほぼできなくなっているのです。

ただ、影子と「大人の自分」の意見がつねに一致していないといけない、というわけではありません。このことは自己価値だけでなく、それ以外のテーマについてもいえます。強い感情を持った影子が自分の意見を押し通し、思考や感情、行動を牛耳ってしまうということは、よくあります。そのような場合でも、影子と、影子に刷り込まれた事柄を意識できれば、大丈夫。それらを意識することが多ければ多いほど、よりうまく「大人の自分」が「内なる子ども」を慰めて導いたり、日向子モードに切り替えたりすることができるようになるのです。

14章 自分の「影子」を知る

この章では、一緒にあなたの影子に取り組んでいきましょう。もうわかってもらえていることと思いますが、繰り返し問題を引き起こす、**あなたの思考・行動パターンを変えるには、影子に取り組むこと、つまり、あなたのネガティブな刷り込みを知ることが重要になってきます。**あなたのポジティブな刷り込みと日向子については、その後で見ていきましょう。

レッスン1 「信念」を見つける

このレッスンでは、A4以上の大きさの紙が一枚必要になります。本書の表紙の裏に具体例がありますので、それを参考に以下の順番であなたの場合を考えてみてください。

まずは紙の上に、あなたが男性だったら男の子、女性だったら女の子のシルエットを描きます。これがあなたの影子になります。そして、この影子の頭の右横と左横にそれぞれママ、パパあるいはお母さん、お父さんといった子ども時代の親の呼び名を書き入れます。親のいない環境で育った場合は、養育者の呼び名を書きましょう。ここに書き入れる人は、生まれてからの6年間であなたにもっとも大きな影響を与えたキーパーソンになります。そのため、もっとも身近な人だけを書き入れるようにしましょう。大家族全員の呼び名をずらっと並べるようなことはしないでくださいね。

1. 子どものころに母親に対してすごく不快な感情を持った出来事を一つ以上思い出してみましょう。それは、あなたが母親から「無視された」「気持ちを傷つけられた」「恥をかかされた」と感じた出来事かもしれませんね。それとも、そばにいてほしいという母親への願いが叶わなかったときや、母親と一緒にいても、母親があなたの欲求や苦しみにまったく気づいてくれなかったり真剣に向き合ってくれなかったりしたときかもしれません。
2. この具体的な出来事での母親の様子を思い出し、母親の短所について考えてみましょう。そのキーワードを絵の中に書き入れていきます。父親や父親代わりとなる第二キーパーソンについても同じように行っていきます。

短所とは、たとえば次のようなものがあります。「無理なことを要求する」「執着心が強い」「過保護」「無関心」「気が弱い」「周りに流される」「自己中心的」「気難しい」「気まぐれ」「すごく支配したがる」「臆病」「自慢したがり」「傲慢」「とても厳しい」「ものわかりが悪い」「他者にあまり共感できない」「ぼーっとしている」「攻撃的」「教養がない」などです。

3. 次に、あなたが家族の中でどのような役目を担っていたのかを見ていきます。この役目というのは、「暗黙のうちの任務」といってもいいでしょう。たとえば、子どもの多くは、親にとって自慢の子どもになるよう行動することが自分の役目だと感じています。また、自分の役目はママとパパの仲介役、という子どももいますし、ほとんどの女の子はママの良き友人であることが自分の役目だと感じています。ここで、あなたが子どものころに不快な感情を持った状況をもう一度思い浮かべて、そのときにあなたが両親に対してどのような役目を担っていたのか、よく考えてみましょう。それを、母親と父親を表すキーワードの下に書き入れます。

4. さらに、両親がよく言っていた決まり文句も書き入れていきましょう。たとえば、

「あなたはあのエリーおばさんにそっくりね……」「えらそうなこと言って、どうせ何もできないくせに……」「私がこんなに不幸なのはあなたのせいよ」「パパが帰って来るまで待っていなさい」「〇〇ちゃんは勉強熱心なのに、それに比べてあなたは……」「あんたなんて、何者にもなれないよ」などです。親ではなく養育者の場合も、同じように決まり文句を書き入れていきます。

そして、影子の頭の上からそれぞれのキーパーソンに向けて矢印を描き、その矢印の間に、キーパーソン同士の関係で問題だった点について書き入れましょう。「ケンカばかりしていた」「お互いに干渉し合わないようにしていた」「ママがなんでも決めていて、パパの力は弱かった」「離婚した」というようなことです。

5. これらすべてを書き入れたら、次にあなたの心に注意を向け、あなたの影子とコンタクトを取っていきます。両親のふるまいがあなたの心の中にどのようなことを芽生えさせたのか、心の奥底から感じ取っていきましょう。その際、ネガティブな信念という形で無意識の深いところにある〝確信〟を突き止めることが大切です。あなたがまだ子どもだったときに、両親のふるまいによってあなたの心の中にどのようなネガティブな確信が生まれたのかを探っていきましょう。

ただしここでは、両親が〝意図して〟あなたに確信を持たせたかどうかは関係なく、あなた自身が子ども時代にどのような確信を持つに至ったのかを見ていきます。すでに他の章でお話ししていますが、子どもは、ほとんどの場合、親のふるまいを批判的に見ることができず、どのような親のふるまいでも自分自身に関連づけてしまいます。たとえば、母親がほぼいつも優しく、機嫌が良ければ、子どもは「僕が良い子にしていて、ママから好かれているからだ」と感じ、逆に母親がしょっちゅうストレスを抱えてイライラしていれば、「僕がママを困らせているからだ」と感じます。ほとんどの子どもは、母親もしくは両親の機嫌に対して自分になんらかの責任があると感じてしまい、そこから自分なりの信念を生み出していくのです。

信念の具体例をまとめたリストをこの後に掲載しましたので、あなた自身の信念を見つける際の参考にしてください。ただもちろん、このリストの信念がすべてではありません。このリストから、あなた自身の信念を見つけるためのインスピレーションを得てもらえればと思っています。

ここで重要なことは、信念の表現には決まった形式があるということです。「私は〜である（ではない）」「私に（は）〜がある（がない）」「私は〜できる（できない）」「私は〜していい（してはいけない）」といった表現になります。また、信念は、人生に関する事柄を全般的に推定した内容である場合もあります。たとえば、「男性というのは弱いものだ」「誰かとつながるというのは危険なことだ」「ケンカをすると別れることになる」といったようなものです。

これに対して、「私は悲しい……」というようなものは信念ではありません。悲しいというのは、「私には価値がない」などの信念から生まれる〝感情〟です。悲しみや不安、喜びなどの感情が信念の中で表されることはありません。「私は完璧でいようとする」というような意図を示すものも、信念ではなく、「私は十分ではない」などの信念に対抗するプログラムになります。

突然に思い浮かんだ表現がまさにあなたの信念であることも多くあります。以下の「ネガティブな信念のリスト」に目を通しながら、あなたの感情に注意を向けてください。このリストにあるどの信念があなたの心を揺さぶりましたか？　また、信念の影響を受けたあなたの行動について、すでに周りの人からいろいろと言われているはずです。「あなたはいつもすぐに他の人の言いなりになるんだから！」あるいは「君はいつもみんなにいい顔をしようとする！」などと言われたことはありませんか？

自己価値についてのネガティブな信念

- 私には価値がない！
- 私は望まれていない！
- 私には愛される価値がない！
- 私は太り過ぎている！
- 私は愚か！
- 私は重要ではない！
- 私は何もできない！
- 私は何も感じてはいけない！
- 私は間違っている！

養育者との関係についてのネガティブな信念

- 私はあなたの重荷になっている！
- 私はあなたの機嫌をとらなければいけない！

- 私はあなたを信頼できない！
- 私はつねに用心していなければいけない！
- 私はあなたよりも劣っている！
- 私は無力だ！
- 私には頼れる人がいない！
- 私はあなたの思うがままにされる！
- 私はあなたに愛されていない！
- 私はあなたに嫌われている！
- 私はあなたをがっかりさせる！

養育者への防衛戦略として生じたネガティブな信念

- 私はかわいらしく、お行儀良くしていなければいけない！
- 私はすべてのことを正しく行わなければいけない！
- 私は周りに合わせなければいけない！
- 私は独りで成し遂げなければいけない！

- 私は弱みを見せてはいけない！
- 私は一番でなければいけない！
- 私はいつもあなたのそばにいなければいけない！
- 私はあなたの期待に応えなければいけない！

特定の物事に対するネガティブな信念

- 女は弱い！
- 男は悪人だ！
- この世界は悪に満ちている！／危険だ！
- 人生においてタダで手に入るものなんてない！
- 何をやっても、どうせうまくいかない！
- 話し合っても、なんにもならない！
- 信頼するのもいいが、コントロール（支配）するほうがもっといい！

あなたの信念を、影子の絵の胸辺りに書き入れましょう。

あなたが抱えている問題が運命だけによるものでなければ、その問題の原因は、あなたのネガティブな信念にあります。それが仕事上の問題であっても、人間関係の問題であっても、人生設計に関する問題であっても、同じことがいえます。

また、あなたが全般性不安障害、あるいはうつ病や強迫性障害に見舞われていれば、その問題も、あなたのネガティブな信念と因果関係にあります。**ネガティブな信念は、あなたを妨害するプログラムなのです。**あなたには、それらの問題がそれぞれ異なっていて、複雑であるように見えるかもしれません。でも、それらをより詳細に見ていくと、どの問題でもその基本構造は同じであることがわかってきます。この基本構造を知り、それを変えていくことが、本書のテーマであり、目標なのです。

さて、このようにあなたにとって重要である信念を、絵の中に書き入れたら（その数に制限はありません）、次のステップに移りましょう。

レッスン2　「影子」を身体で感じる

ここからのレッスンでは、ネガティブな信念によって引き起こされる感情を、強く意識していきます。この感情こそが、ものすごい速さで、しかもいつまでも私たちの心を行き詰まらせてしまうのです。

あなたが影子モードになり、心の中でたとえば「そんなこと私にはできっこない！」といったような信念が呼び起こされたら、その信念と共に、あなたの気分を下げる、ある特定の感情がわき起こってくるでしょう。この感情に気づくのが早ければ早いほど、その感情をうまく調整できたり、その感情を表さずに済むようになったりするのです。

さらに、**感情は身体感覚を伴います**。このことは、その感情が喜びや愛であっても、恥ずかしさや不安、悲しみであっても同じで、すべての感情についていえます。とくに不安の身体感覚はわかりやすいと思います。あなたもこれまでに、不安になったら心臓がものすごく速く、強く鼓動し、膝の力が抜け、手が震えてきた、という経験をしたことがあるはずです。不安ほど強くない感情でも、その感情が生じていることを身体感覚によって知ることができます。

逆に、**身体感覚に気づかなければ、その感情を意識することはできないといえるでしょう**。たとえば悲しみは、のど元がぎゅっと狭まった感覚や、胸の辺りが重苦しい感覚を、うれしさは、なんだか〝こそばゆい〟感覚を生じさせますが、私たちは普段、この感覚に注意を払っているわけではないため、それと連動する感情をあまり意識していません。

ここであなたが「じゃあ一度、感情の身体感覚というのを意識してみたい」と思ったのであれば、まずはすごく楽しかったことを思い出してみてください。あなたがとても幸せに感じた状況です。目を閉じ、五感（視覚、聴覚、嗅覚、味覚、触覚）を使ってその状況を思い浮かべ、その思い出の中へ深く深く入り込んでいきます。そして、その思い出があなたの胸やお腹、心臓にどのような反応を生じさせるのか、感じ取ってみましょう。たぶん、次のような感覚ではありませんか。胸の辺りが温かくなり、次第にお腹も温かくなってきて、心臓がドキドキと鼓動してきて……。

レッスン3 「中心的信念」から生まれる感情を知る

ここでもう一度、あなたの信念に取り組んでもらいたいと思います。あなたが書いた信念を一文ずつ、できれば声に出して読んでみましょう。**その中で、あなたの気持ちをもっとも動揺させ、落ち込ませた信念を一〜三つ選んでください。**それが、あなたの「中心的信念」になります。「中心的信念」を知る、もう一つの方法として、自分自身に次のように問いかける方法もあります。「すぐに逆上したり、傷ついたり、恥ずかしいと思ったりするのは、どのような状況のとき？　それはどうして？」と。

たとえば、あのミヒャエルに「君がかっとなって、やりきれない思いになるのはどのような状況のとき？　そこで君がかっとなるのは、心の底で相手に対してどのようなことを思うから？」と尋ねたら、ミヒャエルはすぐに「それは、相手が僕のことをまったく真剣に考えてくれないからだ！」と答えるでしょう。それがミヒャエルの「中心的信念」になります。

「中心的信念」は、あなたにとって非常に重要な信念なのです。それ以外の信念はたいてい、「中心的信念」から派生しているものに過ぎません。

あなたの「中心的信念」を見つけたら、目を閉じて、あなたの胸やお腹の辺り、心臓に注意を向けてください。その「中心的信念」があなたにどのような感覚を生じさせるのか、意識してみましょう。あなたの身体が圧迫されたり、引っ張られたり、くすぐられたり、心臓の鼓動が速められたりしていますか？　その感覚を引き起こしているのはどのような感情なのか、探ってみてください。

ひょっとしたらそれは、あなたがずいぶん前から気づいていた感情ではないでしょうか。また、ミヒャエルとザビーネのように、あなたもその感情になることがしょっちゅうあり、その感情があなたのいつもの行動（心を閉ざす、逆上する、ひるむ、逃げ出すなど）へと向かわせていることに気づいたのではないでしょうか。

このレッスンで嫌な気分や悲しい気持ちになったとしても、それは、あなたが自分のネガティブな刷り込みを正しく意識できているということなので、良いことなのです。この感情を少しの間、受け入れてください。これは、心の傷を治すための重要なステップです。この感情をほんの少し意識するだけでも十分で、少しであれば、その後すぐにその感情から抜け出すことができます。なかには、この感情に取り組むためには、この感情を十分に味わう必要があると言う人もいますが、その考えは誤りであることが明らかになっています。**ネガティブな感情にあまりにも長く浸るのは、逆に良くありません**。

そもそも、なぜあなたにネガティブな感情を持ってもらいたかったかというと、それは、**この感情を意識するようになれば、その心の状態に陥っていることをより早く自覚できるようになるからです**。そして、自覚するのが早ければ早いほど、その感情をうまく調整できるからなのです。すでに怒りが激しく込み上げてきたり、絶望感に打ちひしがれていたりしたら、それほどの強い感情を調整することはもはや難しくなります。「リスクの早期発見」は、医学だけでなく心理学においても予防策の王道なのです。

では、そのあなたの感情を、影子の絵のお腹辺りに書き入れてください（表紙の裏を参照）。

ネガティブな感情から抜け出す方法

ネガティブな感情からなかなか抜け出せないときには、**他のことに注意を向けるようにしてみましょう**。気をそらすというのは、ありきたりな方法に思えるでしょうが、ネガティブな感情から抜け出すにはもっとも効果的な方法です。脳は、いくつものことを同時に行うことはできません。ですから、何かに集中していたら、それと同時に痛みを感じることはできないのです。

気をそらすには、たとえば辺りを見回して赤色か青色の物を10個探してみるなど、強制的に注意を周りの物事に集中させていくのもいいでしょう。他にも、アルファベット順に、そのアルファベットが最初に来る国名を挙げてみてもいいかもしれません。

また、手の平であなたの全身を軽く叩いたり、飛び跳ねたりする動作によって、ネガティブな感情を払い落すこともできます。私たちの身体と感情は密接に関連しています。そのため誰でも、**姿勢や身体活動を通じて自らの感情に影響を与えることができる**のです。この関連については、後でまた何度かお話しします。

自分の感情を調整する良い方法が、もう一つあります。感情の身体感覚を利用する、以下の方法です――たとえば、不安を感じているときには「心臓が鼓動していること」に、悲しみを感じているときには「胸が締めつけられていること」に注意を向けます。その後、その感情に関わるあらゆるイメージと思い出を頭の中から追い払うのです。消去してしまってください。真っ黒にしてください。そして、先ほどの身体感覚だけに集中し、しばらくそのままでいましょう。その身体感覚がすーっと消えていくのを感じることができると思います。このちょっとしたイメージトレーニングによって、あらゆる感情を調整できるようになります。恋煩いにも有効ですよ（これは、レスター・レヴェンソンが考案した「セドナメソッド©」にもとづいています）。

一方、ネガティブな信念を思い起こしても、まったく何も感じないという人もいるでしょう。それは、そのときに集中していないか、あるいは心を閉ざしているからだと思われます。そのような場合は、別の機会に再度、前項のレッスンを行ってみてください。また、身体感覚を得るには、レッスンを何度か行う必要もあるかもしれません。このような人は普段から自分の感情にきちんと向き合えていない可能性もあります。これについては、次の項でもっと詳しく取り上げていきます。

感情を表すことが少ない人

自分の感情の多くを意識しないようにしている〝感情排除者〟よりも、自分の感情とうまく向き合える人のほうが、はるかに簡単に自分自身を省みて問題を解決することができます。感情排除者は、自分の感情の多くを意識から排除しているだけでなく、自分の心の動きについてなるべく考えないようにもしています。要は、自分自身と自分の人生について省みたくないと思っているのです。なぜなら、「省みると、ネガティブな感情がどんどんわき起こってくるのではないか」といった不安を潜在意識下で感じているから。一方、自分自身についていろいろと考えていても、理論にもとづいた考え方ばかりしていて、自分の影子の感情に向き合えない人もいます。

とくに男性は、生まれつきの性質と教育から、理性的かつ合理的な思考に縛られがちであり、そのような状態に陥ると、感じるということがほとんどできなくなります。もちろん、すべての男性がそうであるとはいえませんし、女性でも自分の感情にあまり向き合わない人もいます。しかし、男性のほうが女性よりも、悲しみや寄る辺なさ、不安といった「自分の弱さを表す感情」を押しのける傾向があるのは確かです。

ただ、喜びや怒りといった「自分の強さを表す感情」は、ほとんどの男性が十分に認識できます。ミヒャエルもそうでしたね。ミヒャエルは、ザビーネのふるまいによって感じた屈辱感（自分の弱さを表す感情）を認識しませんでしたが、その代わりに、屈辱感の後に起こった、怒りの感情は認識しました。**怒りは、人間にとって重要である生理的あるいは心理的な基本的欲求の充足が妨げられたときに、必ず生じる感情なのです。**

何千年も前から、「男は、メソメソしてはいけない」と言い伝えられてきましたが、男性が「自分の弱さを表す感情」を押しのける傾向にあるのは、こうした教育だけでなく進化上の理由からでもあります。これは、石器時代に男女の役割分担が行われるようになったことと関係しています。男性が狩猟の役割を担うようになり、狩猟を成功させるためには、弱音を押し殺す必要がありました。男性は勇敢でなければならなかったのです。もちろん女性だって、今も昔も勇敢でなければなりません。けれども石器時代以降、女性は男性と違って主に家庭内での仕事を担うようになりました。家庭内で勇敢であるためには、共感力が必要となってきます。それゆえ、女性は同居人に対して共感しやすい性質を、男性は即物的に考えやすい性質を生まれつき持つようになったのです。

自分の感情を押しのける性質は、問題を事務的に処理する際には、とりわけ大きなメリットとなります。しかし、**感情を表すことが少ないと、人間関係の問題が生じやすくなる**

のです。私は、自分の診療所やセミナーで、羅針盤がついていない船のように人間関係の問題について堂々巡りに陥っている男性によく出会います。それは、その人たちが自分の感情をわかっていないからです。ある状況について推測し、評価するためには、感情が必要となってきます。**感情は、その事柄が私たちにとって重要であるか、そうでないかを知らせてくれるからです**。

不安は、私たちにその事柄が危険であることを知らせ、そこから逃げようという気持ちにさせてくれますし、悲しみは、大切なものを失ったことや手に入らなかったことを教えてくれます。他にも、恥ずかしさは、社会的あるいは個人的なルールに違反してしまったことを、喜びは、それが快楽をもたらしてくれることを教えてくれます。

自分の感情にあまり向き合わない人は、自分の欲求にも向き合えなくなります。それゆえ、「あのとき、自分がどうしたいのかわからなかった」と嘆く人も少なくありません。私の知り合いにも、論理的思考力を備えており非常に知的ではあるけれども日常生活における問題についてはどうやってもうまく対処できないという男性が数人います。仕事では能力を発揮し、なかにはかなり出世している人もいるのですが、皆、プライベート生活では人間関係の問題を抱えており、恋愛や家庭で行き詰っています。彼らは、感情を重要視して決断を下すことや、個人的な目標を言葉で表すことが求められている場合でも、論理的な考え方にとらわれ、その事柄の利益と損失を書き並べることに必死になってしまい、自分の感情に向き合っていません。しかしながら、どのような決断の際でも、頭で考えるだけでなく、自分の感情に向き合っていくことで、自分がどうしたいのかが見えてきます。なぜなら、**自分が本当に望む事柄は、自分が心地良く感じられる事柄だからです**。その感情は、潜在意識の中でしか認識されなかったとしても、決断の決め手となるのです。

また、表面に強く現れている〝一つの〟感情に操られている人も多くいます。その感情は不安だったり、落ち込ませる感情だったり、攻撃性を表す感情だったりするかもしれません。しかしこの「主導的感情」の陰には、たいてい意識されていない他の感情も隠されています。ミヒャエルの場合も怒りの感情が勝っていましたが、その陰には、ミヒャエルが意識していない屈辱感もありましたね。

自分の内面を感じる練習法

自分の感情を無意識のうちに抑えてしまっているときには、呼吸が浅くなっています。

ですから、あなたが自分の感情とうまく向き合えないタイプの人で、「『中心的信念』から生まれる感情を知るレッスン」で何も感じなかった場合、まずは一度お腹を使って深呼吸してみましょう。寝た状態で行うのがベストです。

「何も感じないこと」は、ほとんどの場合、親のふるまいによって生じた心の痛みや寄る辺なさをこれ以上感じないようにするために、子どものころに無意識に訓練して身につけた自己防衛策なのです。つまり、そのような人は自分の感情から気をそらすことを〝学んだ〟のです。とすると反対に、自分の感情に留意することも学べるということになります。

それには、**一日のうちに何度か手を休め、「私は今、どう感じている？」と自問し、自分の内面に注意を向けるだけでも十分です。**胸とお腹辺りに注意を向け、その部位に生じている身体感覚を探っていきましょう。くすぐったい、つっぱっている、締めつけられている、圧迫されているなどの感覚があったら、そこに注意を集中させてください。そして、この身体感覚にぴったりと合う「感情を表す言葉」は何か、感じ取ってみましょう。不安？　悲しみ？　恥ずかしさ？　怒り？　それとも喜び？　愛？　安堵感？　このときさらに、あなたの身体感覚に次のように問いかけてみましょう。「あなた（圧迫感やくすぐったい感じ、心臓の強い鼓動）は、私の人生のどのようなときに出てくる？　それとも、あなたはいつも私の中にいる？」と。

次に、この質問を先ほどの感情に投げかけ、感情から答えが出てくるのを待ちましょう。ただしその際に、頭で考えること、すなわち「大人の自分」と一緒に答えを探すことはしないようにしてください。最初にふと思い浮かんだ答えが、自分でもおかしな答えに思えたとしても、じつは的確な答えであることが多くあります。答えは、思い出やイメージの形で表されることもあり、無意識の中、いわば「内なる子ども」から出てきます。こうして「内なる子ども」と直接コミュニケーションを取っていくのです。この手法は、ユージン・ジェンドリンが開発した「フォーカシング」と呼ばれる、心理学にもとづいた技法を参考にしています。

自らの内面で起こっていることに注意を向けることが多ければ多いほど、それらをはっきりと認識できるようになるのです。そうした瞑想を行うのもいいですよ。

見えているものは「主観的な現実」

あなたに必ず理解してもらいたいことは、一つだけです。それは、「**ネガティブな信念は真実ではなく、あなたの親の教育のミス――たとえ一部のミスであっても――によってあなたの心に刷り込まれた、あなたの主観的な現実である**」ということ。この「ネガティブな信念」という眼鏡を通してあなた自身と周りの人を見ていると、偏った認識しかできなくなります。あなたが見ている現実は、「親の教育」というフィルターを通した〝投影〟に過ぎないのです。

ではどうしたら、この良くない投影を取り除き、より良い、より事実に即した現実に変えていけるのでしょうか。そのためには、あなたの中で影子と理性的な「大人の自分」を完全に分けることが不可欠となってきます。これまでのようにあなたの影子と「大人の自分」の認識をつねにごちゃ混ぜにするようなことをしてはなりません。なぜなら、**あなたは「大人の自分」を使って、「ネガティブな信念は影子に刷り込まれた事柄に過ぎない」ということを理解する必要があるからです。**

もし、あなたの親があなたに対して違った行動をとっていたら、あるいはあなたが違う親のもとに生まれていたら、あなたは今の刷り込みとは異なる刷り込みを受けていたのです。このことを、「大人の自分」を使って理解しなければなりません。言い換えると、「大人の自分」が次のことを納得してわかっていなければならないということです。**「ネガティブな信念という、あなたを非常に不快にさせるものは、本当はあなたとあなたの価値ではなく、〝親の教育の結果〟を表しているに過ぎない」**と。

そして「大人の自分」は、たとえば「私は十分ではない！」といった信念に対して「人生でミスをしたって、私はそのままで十分なんだから、そんな信念には意味がない」ということに気づく必要があります。私たちが人生で犯すミスのほとんどは、信念を持ったがゆえに生じたミスなのです。また、「私には価値がない！」という信念がある場合も、「大人の自分」は「どの人間にも価値がある。だからそんな信念はナンセンスだ」ということに気づく必要があります。

親は、子どもに対して「あなたには価値がない」というメッセージを意図せずとも送ってしまうことがあります。しかし、人間は基本的に純潔な状態で生まれてくるため、そのメッセージは、子どもにはどうすることもできないものであって、そのメッセージに対する責任は、子どもにはないのです。そのことを「大人の自分」に十分納得させ、「大人の自分」を強くしていく必要があります。この方法については、196ページの「レッスン2『大人の自分』を強くする」で詳しく説明します。

あなたの「大人の自分」が、「親のふるまいは私のせいではない」ということをはっきりと理解したら、あなたは、このことをあなたの影子にも説明して、理解してもらわなければなりません。そうでなければ、あなたは二つの現実の中で生きることになってしまいます。つまり、あなたの心の中では、「大人の自分」が「私が考え、感じていることはすべて本当のことだ」と思っている一方で、「内なる子ども」がいまだに「私は小さく、外の世界にはママとパパがいる」と思っている状態になります。じつは、自分の「心のプログラム」を省みず、そこから抜け出せない人は皆、この心の状態に陥っているのです。

11章で紹介した私のクライアントの例を思い出してみてください。クライアントが50代の終わりになって初めて、クライアントの影子が「あの加害者はずいぶん前にこの世からいなくなり、自分はもうすでに大人になっている」と〝感じる〟ことができました。彼女の影子がそうだったように、あなたの中にいる「内なる子ども」も、まだ成長期前半の年ごろなのです。ちなみに、彼女の影子はわずか5歳でした。あなたも、自分の影子が何歳なのか、感じ取ってみてください。**あなたの影子も、昔と変わらない現実にとらわれていて、その影子の現実があなたの思考と感情、行動にものすごく大きな影響を与えているのです。**どうか、この私の言葉を信じてくださいね。あなたはまだ、信念による影響を十分真剣にとらえていない可能性がありますので。

自分の姿を他者に投影すると

投影は厄介な問題です。私たちは、信念の影響を強く受けた自分の姿を他者の頭の中に投影すると、自分のことを良く思ったときには、他者も自分のことをそのように見ているに違いないと考えます。そして自分のことを悪く思ったときにも、その判断を他者の頭の中に投影します。そうしたことが、あなたにはどれほどあるでしょうか？　周りの人からデブあるいはブサイク、バカ、つまらない人などと思われていると考えて、気分が落ち込んだりしたことはありませんか？　でも、もしあなたが無人島で過ごしているとしたら、このような悩みを抱えるでしょうか？　ほとんどの人は、「他の人から見られることがないんだから、自分がデブだったり、ブサイクだったり、バカだったり、つまらない人だったりしても、どうでもいいや」と思うはずです。要は、**本来の自分の姿に悩んでいるのではなく、他者の頭の中に投影された自分の姿に悩んでいます。**私たちはその中で自ら自己像を完成させてしまっているのです。なぜならその背後には、50ページでお話しした「自分の価値を鏡に映すことで知る」というメカニズムが隠されているからです。

そこで、**自分のゆがんだ眼鏡で自分自身を見ないようにするためには、外界のみに目を向け、外界の物事に注意を集中させる練習をするといいでしょう。**これができるようになると、以前よりも、外界で起こっていることをはるかに多くとらえ、はるかに正しく認識することができるようになります。次の章では、影子の防衛戦略について詳しく説明していきます。

15章 「影子」の傷を感じないようにするための防衛戦略

私たちは、自分の刷り込みが真実だと固く信じているとき、つまり自分の影子と無意識のうちに完全に一体化してしまっているときには、影子のネガティブな信念をできるかぎり感じないように行動しようとします。また、その信念を他者にも感じさせないよう必死に頑張ります。こうして私たちは、影子のネガティブな感情と思考から自分の身を守るために、いわゆる防衛戦略を生み出していくのです。それらの防衛戦略の多くはすでに子どものときにありますが、なかには「ギャンブルや麻薬への逃避」など、大人になってから初めて加わるものもあります。

私たちは通常、かなりの数の信念を抱えており、それらの信念はたいてい、四つの心理的な基本的欲求のうちのいくつかが満たされないことで負った傷から生じています。まずは、このことを理解することが大切です。そして、ほとんどの人は、その信念に応じた防衛戦略をいくつか持っています。それらの防衛戦略の大半は行動面で実行されるため、私たちの行動にはっきりと表れています。次の項では、防衛戦略の基本的な役割と作用の仕組みについて説明したいと思います。

防衛戦略の基本的な役割と作用の仕組み

たとえば、ある人が「私は十分ではない！」といった無意識の信念を抱えているとします。するとその人は、その信念をできるかぎり感じないようにしようとするか、あるいは諦めてその信念を再確認しようとします。この信念をできるかぎり感じないようにするための典型的な防衛戦略の一つが、「完璧主義」です。

じつは、**物事を完璧に行おうとするのは、ほとんどの場合、そのことにすべての情熱を捧げたいからではなく、潜在意識下で、ミスをしたり認めてもらえなかったりすることに不安を感じているからなのです。**そして、その不安の多くはネガティブな信念から来ています。そのような人にとって、過ちや失敗は自分が不十分であることの証になるため、深い羞恥心を生じさせるのです。だからこそ、すべてのことを正確に行おうと必死になるのです。

一方、自分が不十分であることに対して諦めの気持ちを持っている人もいます。この人たちは、子どものときに「私なんかが努力したって、どうせ何も手に入らない」と感じるようなことを頻繁に経験しており、大人になってからも、自分が不十分であることを自ら繰り返し確認しようとします。恋愛では、関係が破綻するように行動し、仕事では成功しないように行動します。たとえば恋愛でいうと、パートナーとしてあまり適さない人をあえて選んだり、パートナーが我慢できなくなるような面倒なことをいろいろと起こしたり。また、仕事でいうと、失敗することを怖がって重要な仕事を先延ばしにしたり、だらだらと時間をかけたりすることがあります。他にも、やり遂げることができないのではないかという不安から、実際の実力を発揮しないままに終わってしまっている人もいます。

こうした人たち以外に、専門用語で「ナルシシズム（自己愛）」と呼ばれる防衛戦略を生み出す人もいます。これらの人は、自信満々のふるまいをして、自分がもっとも優れているということを自分自身と他者に示すことで、不安定な自分の影子を過剰に補おうとしているのです。

子どもは、自由欲求の充足がひどく妨げられると、「私は他の人の思うがままにされる」あるいは「私は無力だ」といった信念を持つようになることがあります。そして、この信念をできるかぎり感じないようにするために、大人になってから懸命になって他者をコントロールし、権力を持とうとする、いわば「コントロール志向」と「権力志向」になる可能性があります。それは、**この人たちの「内なる子ども」がつねに、他者よりも下の立場になることを恐れているからです。**

こうした権力欲求が強い人は、人との会話でも仕事でも人間関係でも、つねに相手よりも優位に立ちたいと思っています。また、人との結びつきに不安を感じていることも少なくありません。なぜなら彼らの「内なる子ども」が、恋人同士の関係であっても〝親密になることは相手の思うがままにされることだ〟と感じてしまうからです。そのため、このような人は恋愛関係になることを避けるか、あるいは親密になった後すぐにその相手と距離を置くようになります。

ただ、「私は相手の思うがままにされる」という信念を持っている人でも、影子がその信念に抵抗することをすっかり諦めてしまっている場合もあります。すると、相手が自分を威圧し支配する人だとわかっているのに、その人と関係を持ち、自発的にその人の言いなりになって親とのつらい経験を何度も再現させてしまうのです。すごく支配的だったり、ひどい暴力をふるったりする男性と関係を持つ女性や、威圧的な女性の言いなりになる男性は、まさにこのタイプです。

一方、結びつき欲求があまりにも満たされないことで、「私は独りきり！」という信念を持つようになった子どもは、その防衛戦略として、人との結びつきに非常に執着する行動をとる可能性があります。そのような人は**「周りの人との親密な関係を絶対に壊してはいけない」と思い、つねに周りに合わせ、調和を気にする「ハーモニー志向」になることがある**のです。あるいは逆に、影子が親密な関係を避けることで〝見捨てられる不安〟から身を守ろうとすることもあります。そのような影子のモットーは、「持たなければ、失わずに済む」です。この影子が学んだことは、「独りでいれば、見捨てられることもない。だから独りでいるのが一番安全」だったのです。

快感欲求という心理的な基本的欲求があまりにも満たされない場合には、「私は楽しんではいけない！」という信念が芽生える可能性があります。このような人の多くは、余暇をうまく楽しめないため、仕事に没頭する、いわば「仕事への逃避」で自分自身を保とうとするのです。他にも、ほぼ強制的なルーチンを自らに課して自分自身を非常に厳しく律する人もいます。逆に、子ども時代に満たされなかった欲求を大人になってから補おうと、過度に飲食したり物を購入したりすることもあります。このような人は、自律性に欠け、快感を得たいという衝動にしょっちゅうかられるようになります。

防衛戦略がトラブルのタネになるとき

これらは、防衛戦略の基本的な役割と作用の仕組みを説明するためのほんの数例に過ぎません。また、防衛戦略は、「同調」「退却」「過補償」に大別することもできます。

こう見ていくと、私たちが抱える問題の直接の原因はたいてい防衛戦略にある、ということがわかってきます。たとえば、ある人が「私は愛される価値がない」という信念を持ち、そのために人との交流を避け、親密な関係を持たないようにしているとしたら、そうした「退却」の防衛戦略によって生じた孤独が、その人の問題の核心なのです。もし、その人が他者と連絡を取り続け、彼らに「自分には愛される価値がないんじゃないかと思っている」という話をしていたら、寂しさを感じることはなく、誰かと結びついていると感じられたことでしょう。

ですから、人間関係と人生設計において私たちを苦しめているのは、ネガティブな信念自体ではなく、その信念に対抗するために自ら選んだ防衛戦略だといえます。**私たちが抱える問題の大半は、私たちの自己防衛から生まれているのです。**

とはいえ、自分の防衛戦略の価値を認め、尊重することもとても大切です。防衛戦略は、子ども時代のあなたに適した、非常に意味のあるものだったのです。子どものころ、あなたはできるかぎり親の意見や行動に合わせていたか、あるいは反抗していたことでしょう。自分の身を守るために防衛戦略が必要だったのです。今でもあなたは、防衛戦略を使って自分自身や他者とうまくやっていこうとすごく頑張っていて、その努力は称賛に値します。

問題は一つだけ。それは、あなたの影子とあなた自身がすでに成長していることを、あなたの影子がまだ理解していない、ということ。**あなたの影子は、まだ「昔の現実」の中で生きているのです。**今は、あなたの影子もあなた自身も自由の身で、自分のことを自分でケアできるのです。どちらも、もうママとパパに左右されることはありません。大人になったあなたは、防衛戦略よりもずっと良い方法で自分の身を守り、自分の意志を主張していくことができるのです。これについては本書の後半で扱い、防衛戦略をポジティブな戦略に変えていけるようにします。その前にまずは、あなたの子どものころの防衛戦略を知り、理解していきましょう。

防衛戦略は人によってさまざまですが、この後、それらの防衛戦略を分類していく方法を紹介します。たとえば、ひっきりなしにコンピュータゲームをして現実の世界から離れることで自分自身を保とうとしている人は、「逃避・退却」の防衛戦略タイプに分類されます。また、自分の意見を上司に言うべきときにいつも肝心なことを言わない人は、「ハーモニー志向」のタイプといえるでしょう。あなたも、自分がどのタイプの防衛戦略を使っているのかを意識しながら、この先を読み進めていってください。

戦略1　現実を意識しないようにする（抑圧）

不快な現実や耐え難い現実を意識しないようにすることは、人のもっとも基本的な自己防衛メカニズムであり、ほとんどの場合、自動的に作動します。もし私が、世界中で起こっているあらゆる嫌な事件と、自分の弱みや死すべき運命までもつねに意識していたら、おそらくものすごい不安と無力感にさいなまれ、行動を起こすことができなくなってしまうでしょう。ですから、この「意識しないこと」は、基本的に健全で有益な自己防衛策といえます。

ある事柄を無意識の中に閉じ込めて意識しないようにすることを、心理学用語で「**抑圧**」といいます。私がある事柄を抑圧すると、その事柄を認識しなくなります。そして、私がその事柄を認識しないと、その事柄に関わる（意識的な）感情、思考、行動を起こすこともできなくなります。そのため、**私たちが抑圧するのは、不安や悲しみ、寄る辺なさ**

などの不快な感情を生じさせる現実だけです。大きな喜びや楽しみをもたらしてくれるものを抑圧する理由はありませんからね。それゆえ、幸せな子ども時代を過ごした人は、そのころのことをとてもよく思い出せるのに、悲惨な子ども時代を過ごした人の大半は、わずかな経験しか思い出せないのです。

「抑圧」は「すべての防衛戦略の基礎」といえます。なぜならどの防衛戦略でも、その目的は「私たちが感じたくない、もしくは認めたくないと思う事柄を意識しないようにすること」だからです。権力志向や完璧主義、ハーモニー志向、救世主妄想（感謝してもらうために誰かを助けなければいけない、と考えること）、それ以外の防衛戦略もすべて、結局は抑圧のために実行されるのです。

ただ、**自分が抱えている問題を抑圧すると、その問題を処理することもできなくなります**。それが長期にわたると、処理されない問題が山積みになり、いつの日かそれらの問題に目をつぶっていられなくなるでしょう。「完璧主義」の防衛戦略を持っている人がそのような状態になると、疲労困憊に陥り、燃え尽き症候群になってしまうことがあります。燃え尽き症候群の影響は、通常、本人とその身近な人にしか及びませんが、自分の無力感を抑圧するために権力志向の防衛戦略をとった場合には、その影響は多くの人に及びます。とくに社会的に非常に大きな影響力を持っている人がそのようなことをしたら、大変なことになります。

戦略2　投影と被害者意識

「抑圧」は、誰もが使っている防衛戦略で、その他のあらゆる防衛戦略の基礎にもなるものでしたが、それと同じことが「投影」についてもいえます。心理学における「投影」とは、「自分自身の欲求や感情といった眼鏡を通して、他者を認識すること」を意味します。**不安や劣等感を抱いている人がその感情の眼鏡を通して相手のことを見ると、相手が自分よりも強く優れている存在に見えてくるのです。**

誰でも、父親や母親との経験をしょっちゅう自分のパートナーに投影しているはずです。たとえば、なんでもコントロールしようとする母親に育てられた人は、「パートナーも母親と同じだ」と無意識に思い込んで、自分がパートナーからコントロールされているとすぐに感じてしまう可能性があります。私自身もケチで欲深くなると、「あの人も私と同じようにケチで欲深いはず」と思ってしまいがちです。

一方、私たちはポジティブな感情と願望も投影します。もし、私が嫌な思いをほぼまったくしない子ども時代を過ごしていたら、すべての人のことを自分の両親と同じように信頼できる良い人だと思い、お人好しになっていたかもしれません。

この「抑圧」と「投影」は、認識に関わる心の働きであり、認識は、思考と感情、行動の基礎になります。つまり、あらゆるものが認識にもとづいており、認識するということは、意識するということと同じであるといえます。意識するプロセスが自動的に進んでいくように、認識するプロセスも自動的に進んでいきます。そのため、**「抑圧」や「投影」によってゆがんだ認識をしたときに、本人ですらそのゆがみに気づきません。**ゆがみを省みることができたとしても、それは、ゆがんだ認識をしたずっと後です。私も自分が〝完全に間違った眼鏡〟で世界を見ていたことを、ある日突然、〝目からうろこ〟のように気づくことがあります。ですから、「抑圧」や「投影」の防衛戦略よりも、態度や行動に表れる他の防衛戦略を使っているときのほうが、そうした自分に気づける可能性が高くなります。

人間は、動物と違って「自分自身を省みる能力」を持っていますが、その能力をどの程度使いこなせているのかは、人によって雲泥の差があります。自分自身をつねに省みて、自分自身をさらに成長させていこうと努力している人もいれば、ほとんど、あるいはまったく自分自身を省みない人もいます。このことについては、5章でお話ししましたね。**自己認識をさぼっている人は、たいてい、自分の影子と向き合うことをものすごく恐れてい**

ます。

ペトラの例を挙げてみましょう。ペトラの影子は、自分はダメで、愛される価値のない存在だと思っています。しかし、この劣等感はペトラにとって耐え難いものであるため、ペトラはこれを抑圧してしまいました。それゆえ、この劣等感は処理されないままになっています。ある日ペトラは、自分よりも強くて優れていると思っているユリアに会い、その際、自動的に潜在意識下で「ユリアから見下されて、無視された」と感じてしまいました。そのためペトラは、自分を〝ユリアの被害者〟と認識してしまいます。けれど、この心の動きもペトラによって省みられていません。その代わりに、ペトラの影子と「大人の自分」は一緒に、ちょっとした心理トリックを企てます。ユリアのことを「信頼するに値しない、感じの悪い人」と決めつけ、ユリアを拒絶することにしたのです。このようにペトラは、「自分が不十分である」という思いを相手の頭の中に投影し、相手を〝自分よりも強い存在〟と認識し、そこから生まれた敵意をさらに相手の頭の中に投影したのです。

ペトラのように、**痛みを伴う自己認識をできるかぎり避けようとする人は、自分の不快な感情を他者に投影しやすいといえます。**本当は自分自身の心の動きから生じている動機や感情、意図であっても、それを、とくに自分よりも優れていると認識した人になすりつけてしまうのです。罪悪感も、このようなやり方で避けられることが多い感情です。たとえば、誤りを犯した人がその誤りを認めたくないときには、その罪を誰かになすりつける、つまり投影してしまうのです。こういうことは、身近な人同士でも、政治の大舞台でも起こり得ます。

ただ、こうした「認識のゆがみ」と「投影」に関わらない人などいません。これらは、誰にでも絶えず起こっています。問題は、自分の認識を省みることに対して、非常に強い抵抗感を抱いてしまうことなのです。このような人と建設的な話し合いをすることはとても難しく、話し合いにまったくならないこともしばしばあります。そのように自分の認識を省みることを拒絶し続けている人は、職を失ってしまうでしょう。**このタイプの人は、自分の過ちを認めることができないほど、自己価値感があまりにもゆらぎやすいのです。**

私も次のように思ったことが何度かあります。「普通に見える人でも、自分自身を省みることができないと、こんなにも屈折した不当な考え方や行動をすることがあるんだ」と。

もしある国の全国民がこのような投影の被害者になり、勝手に悪者にされてしまったら、その国民に対する不当な行為と暴力があっという間に正当化されてしまいます。ですから当然、そのような投影は最悪で、非常に危険です。また、AさんがBさんのことをひどくゆがんで認識した場合、BさんはAさんを避けるようになる可能性が高いでしょう。

このように「抑圧」と「投影」は、認識に関わる基本的な心の働きであり、誰もが持っている自己防衛メカニズムです。次に挙げる防衛戦略は、それよりもいくらか特異的で個人的なものになります。また、これらは、とくに行動に表れるため、前述の二つの防衛戦略よりもはるかに簡単に気づくことができ、それゆえ、より簡単に変えていくことができます。

戦略3　完璧主義、美への極度のこだわり、承認中毒

信念：「私は十分ではない！」「私はミスをしたらいけない！」「私はダメな奴！」「私は醜い！」「私は期待外れ！」

自己価値感がゆらぎやすい人の大半は、守りの態勢で生活を送ろうとします。そのような人たちは、他者にスキを絶対に与えないようにするのです。つまり完璧でいようとします。完璧とは、ミスのないことです。

しかし完璧主義になると、力がなくなるまで頑張ってしまう恐れがあります。完璧主義のハムスターにとっては、ケージの中にある単なる回し車でも出世に至るはしごのように見えるのです。この防衛戦略における問題は、「最終到達点がない」ということ。その先

には、つねにより高い、より遠い、より良い到達点があるのです。

完璧主義者は、つねに自分に要求を課して、その要求に向かって走っています。自分にトロフィーを与えることがほとんどないため、また次のトロフィーを目指さなければなりません。さらに、目標を達成しても、気がラクになるのはほんの短期間。なぜならその成功は、彼らの「大人の自分」しか喜ばせることができず、彼らの影子にはなんの感激ももたらさないからです。**外的な成功では、影子が負った深い傷を治すことはできません。**影子は昔の現実にとらわれたままで、「本当は、自分は十分ではない」といつまでも思い込んでいるのです。だから、客観的にはとても成功しているのに心の奥底では自分自身に対する不信感を抱き、実際には自分自身に決して満足していない人がたくさんいるのです。このような人たちは、「本当の成功とは、幸せを手に入れるということだろうけど、実際には、幸せはまったく手に入っていないじゃないか」とよく思っているのです。

完璧主義のバリエーションとして、「美への極度のこだわり」があります。外見に磨きをかける場合、狙いを定めて行うことができます。カロリーや体重をはかったり、髪の毛を染めたり、クリームを買ったりすればいいでしょう。一方、影子の自己不信は目に見えてこないため、簡単には克服できません。そこで、自己が不安定な人の多くは、不安を抱えた自分自身を自分の外見に投影するのです。そうすれば、自分の不安に具体的な方法で対処できるから。ところが外見の美しさが手に入っても、やはりしばらく気がラクになるだけで、影子の傷がきちんと治るわけではありません。反対に、歳を重ねるほど、この防衛戦略で安らぎを手に入れることは難しくなります。

この「完璧主義」と「美への極度のこだわり」のどちらの防衛戦略も、周りの人から認めてもらおうとものすごく努力する、という点では同じです。多くの人が、認められたいという動機から信じられないほどさまざまな行動を起こしています。趣味やショッピング、パートナーの選択が、じつはこの「認められたいから」という動機から起こっていることも少なくありません。そういう人たちにとっては、自分の趣味や所有物、パートナーは自分の価値を上げるためのものなのです。

ただ、**そのような野心をまったく持っていない人などほとんどいません。**それは、人間が集団で生活する生き物であり、それゆえ誰かと結びつくことを必要としているからです。認められるということは、結びつきを保持し、社会とつながっていられることを意味するのです。一方、このような私たちの結びつき欲求には、拒絶されることへの大きな不安が伴います。それだから、私たちは皆、認められるとうれしく思い、拒絶されると自分を少し恥じてしまうのです。このこと自体には、なんの問題もありません。問題になるのは、認められたと感じることのできる度合いです。いわば**承認中毒である人は、認められ**

るためにあらゆる行動を起こし、その結果、自分の本当の願望がわからなくなり、ときには自分自身の道徳的価値〔自分の中にある思いやりの気持ちなど〕**さえも見失ってしまう**こともあります。

この防衛戦略の価値を認める

完璧を目指すあなたは、闘士としての資質に恵まれています。あなたには、力と勤勉さ、自律心が十分に備わっています。これらはすべて、精神的な強さを表す性質です。ですから、あなたはこの防衛戦略を使ってすでに成功を手に入れていることでしょう。そのような自分を安心して誇っていいのですよ。

第一アドバイス

あなたは、批判されるスキを誰にも与えないようにすることで、自分の影子の不安をなくそうと決めたのです。その防衛戦略は、確かに非常に多くの成果をもたらしてくれますが、あなた自身を疲労困憊させてしまう恐れもあります。しかも、この防衛戦略を使っているかぎり、自分の影子と本当に向き合うことはできません。そこで、自分自身にこう質問を投げかけてみましょう。「もっと手軽に、もっとストレスの少ない方法で自分の影子を慰めることはできないの?」と。その際、あなたの「大人の自分」を使って強く意識してほしいことがあります。それは、「**これまでの成功や評価に関**

する事柄はすべて、基本的には自分の頭の中でつくられていた」ということです。むしろ肩の力を少し抜いたほうが、あなたの好感度はアップするかもしれません。また、あなたの影子がつねに〝より高い到達点〟を求めていることも意識しましょう。この防衛戦略では、あなたはいつまで経っても安らぎを得ることはできません。では、どうしたらストレスをあまり感じることなく、あなたの影子を落ち着かせることができるのかは、後ほど詳しく説明していこうと思います。

戦略4　ハーモニー志向と過剰な同調性

信念：「私はあなたに合わせなくてはいけない！」「私はあなたよりも劣っている！」「私はいつもかわいらしく、お行儀良くしていなければいけない！」「私は逆らってはいけない！」

ハーモニー志向は、完璧主義と同様、とてもよく使われる防衛戦略です。また、これらが一緒に使われることも多くあります。どちらも、拒絶されることに対する影子の過剰な不安から自分自身を守るための防衛戦略です。

ハーモニーを保とうと一生懸命になっている人は、周りの人の期待にできるかぎり応えたいと思っています。このような人たちは、そうすればほぼ確実に自分のことを気にかけ認めてもらえるという経験を子どものころにしたからです。そして、周りの人にできるかぎり合わせるために自分の願望と感情を抑えることを、すでに早くから学んでいます。周りの人に合わせるためには、自分の強い意志は邪魔になるのです。とくに、**自分の意志を強く後押しする怒りや攻撃性を反射的に抑えています。**

ハーモニー志向者は、攻撃性が抑制されている内気な人なのです。さらに、自分の領域にズカズカと踏み込まれたり侮辱されたりしたときには、怒りではなく悲しみで反応します。それゆえ、この防衛戦略を持つ人は、怒りの感情にうまく向き合える人よりも、うつ病になりやすいといえるでしょう。

とはいえ、内気な人に怒りの感情がないわけではありません。彼らは、メラメラと燃える怒りを「冷たい怒り」に変え、その怒りをしばしば「**受動的な攻撃**」によって表しています。たとえば、どうしてほしかったのかを口に出して言う代わりに、むっとして相手と接しないようにし、相手との間に壁をつくってしまったりするのです。この「受動的な攻撃」と「能動的な攻撃」については、「戦略6　権力志向」でもっと詳しく説明します。

自分を守るために人に合わせるタイプの人になるのか、あるいは抵抗するタイプの人になるのかは、子ども時代の経験だけでなく、生まれつきの素質にもよります。親の期待にそむき、親に反抗することの多い子どもは、衝動的に行動する素質を持っているのに対して、調和を保ちたいという欲求が強い子どもは、たいてい温和で繊細な素質を持っています。

ただし、**調和を保つために自分の願望を抑えることを訓練していると、自分の願望がよくわからなくなっていきます**。すると、自分自身の目標を定めたり、決定を下したりすることが難しくなってしまうのです。

人づき合いで調和を大切にする〝ハーモニー熱心者〟は、とても親切で感じの良い人だと思われるでしょう。でも、その人たちが防衛戦略として調和を保とうとすると、かえって人間関係がこじれたり破綻したりすることがあります。そして、調和を求め過ぎる〝ハーモニー中毒者〟になってしまうと、周りの人に不快な印象を与えることをひどく恐れるようになり、それゆえ衝突することに臆病になってしまいます。その結果、自分が感じていること、考えていること、したいことを正直に言わないことが多くなるのです。

さらに、ハーモニー志向者の影子は**相手のことをすぐに「自分よりも優位に立つ大きな存在」と認識し、この「認識のゆがみ」のために被害者意識を持ちやすくなります**。つまり、こういうことです。強そうに見える相手に対する不安から、その相手に自発的に従い、実際には自分が望んでいないことまでもしてしまう。するとハーモニー志向者にとっては、この強そうに見える相手が〝加害者〟に見えてくる。

こうして、ハーモニー志向者は自分の影子を相手の頭の中に投影し、自ら相手に服従する状況をつくってしまっているのですが、彼らの「大人の自分」はそのことに気づいていません。その代わりに、自分よりも力があるように見える相手に対して、不快な感情を持ってしまいます。彼らの心の中で、「自分は雑に扱われている」「支配されている」という感情が大きくなればなるほど、**自分が自由に行動できる余地を守るために、相手から離れようとする傾向が強くなります**。

しかし、相手には通常、このプロセスに介入できるチャンスはありません。なぜなら、このプロセスはハーモニー志向者の不安から起こっているにもかかわらず、本人がその不安を認めていないからです。その結果、相手は抵抗から身を守るために、まさにハーモニー志向者がもっとも避けようとしていること、「拒絶」をしてしまいます。こうして、ハーモニー志向者が恐れていたことが現実のものとなるのです。こうしたことはよく起こり、「**被害者―加害者―倒錯**」と呼ばれています。

この防衛戦略の価値を認める

あなたは、周りの人と折り合いをつけてその人たちを傷つけないようにしようとものすごく努力しています。その努力によって、あなたは感じの良い、親切な人だと思われていることでしょう。また、自分の欲望を後回しにすることも多いため、すばらしいチームワーカーともいえます。

第一アドバイス

あなたの影子は、できるかぎり身をひそめていようとしています。そのため、周りの人はあなたの考えていることが正確にはわかりません。そこで、**安心してもっと自分自身をさらけ出してもいい**ということを、影子にわかってもらいましょう。影子だって、自分の願望と欲望を主張してもいいのです。そのようにしても、あなたの好感度が下がることは絶対になく、むしろ上がるのです。なぜなら、そうすることで、周りの人はあなたのことを把握できるようになり、理解しやすくなるからです。周りの人がつねにあなたの行動に頭を悩ます必要もなくなります。相手との連絡を絶ってすねてしまうよりも、自分の意志を伝えるほうが、周りの人にとってはラクであることを意識しましょう。そうすれば、あなたがいつの間にか加害者になってしまうようなこともなくなります。

戦略5　救世主妄想

信念：「私には価値がない！」「私は愛されるためにあなたを助けなくてはいけない！」「私はあなたよりも劣っている！」「私はあなた次第！」

いわゆる救世主妄想にとらわれている人は、困っていそうな人を助けようとすることで、自分の影子の不安をなくそうとしています。なぜなら、そうした**良い行いをすることで、自分はより価値のある、役に立つ存在なんだということを実感できるからです**。そのかぎりでは、救世主妄想は社会的にもっとも差し障りのない防衛戦略といえるでしょう。ただ、**救世主妄想者が実際には助けられない人とつながってしまうことも多くあります**。これが、問題なのです。要は、成功の見込みのない〝援助プロジェクト〟に関わることになり、そこから抜け出せなくなることがあるのです。とくに、助ける相手が自分のパートナーである場合は、そうなってしまう可能性が高くなります。

救世主妄想者は、明らかに欠けているところがあるとわかる人をパートナーとして選びたがります。そして、自分があたかも白馬に乗った騎士あるいは女騎士になったかのように、そのパートナーを悲惨な状況から救い出し、そうすることで自分がパートナーにとってかけがえのない大切な存在になれると思い込んでいます。ですから彼らにとっては、依存症のような精神的問題を抱えた人や要介護者、経済的に窮地に立たされている人がパートナーとして適しているのです。

それに比べて、両足で人生を歩んでいる人は救世主妄想者の助けを必要としていないため、救世主妄想者はこのような人と一緒にいると、むしろ劣等感を抱いてしまいます。救世主妄想者が考える人間関係の方程式は、「あなたは私が必要。だから、あなたは私のそばにいる！」なのです。

ところが、残念ながらこの方程式がうまくいくことはめったにありません。にもかかわらず、救世主妄想者は全力を出し切るまで頑張ってしまいます。誰でも、他者の問題にはわずかな影響しか及ぼせないのですが、それを救世主妄想者は認めようとしません。相手が「自らの悲惨な状況は自らの責任である」という自覚と、「自ら何かを変えていこう」という意志を持っていなければ、救世主妄想者がその相手に最良のアドバイスを与えても、なんの役にも立たないのです。しかも、やがて**依存関係は反転します**。たとえば、パートナーに対して「自分がいないとダメだ」と思わせたい救世主妄想者は、パートナーになんでもやってあげてしまうため、結局パートナーを救うことも、パートナーから離れることもできなくなり、「何事もパートナー次第」と思うようになります。

このような状況から抜け出すのは、とても大変です。なぜなら救世主妄想者の影子は、パートナーの行動は自分のせいだと思っているからです。その結果、パートナーの問題は本人だけでなく、二人の関係とそれに伴って救世主妄想者にも悪影響を及ぼしていきます。救世主妄想者はたいていパートナーからあまり良い扱いを受けていません。もっと気にしてほしい、気を配ってほしいという彼らの欲求が、パートナーから慢性的にないがしろにされているのです。これによって、救世主妄想者の影子は「**そうされるのは、やはり自分が価値のない、ダメな存在だからだ**」と思い、心の奥底にある不安を強めてしまいます。そして、そうではないことを示すために、その影子はパートナーのためにさらに闘い続け、いつの日か必ずパートナーを変えることができてパートナーから大切に扱ってもらえると期待するようになります。しかしこの闘いによって、救世主妄想者の影子は逆にパートナーの釣り竿の針にひっかかってしまうのです。

この防衛戦略の価値を認める

あなたは人を助けるために、そして良い人でいるために、ものすごく多くの労力を費やしています。それは、尊敬に値する行為です。あなたはすでにいくつもの問題を適切に処理し、その人たちから感謝されていることでしょう。

この防衛戦略で問題となるのは、あなたが成功の見込みのない〝援助プロジェクト〟にも力を尽くしてしまうということです。あなたの影子は、急いで誰かを助けなくてもそのままで十分であり、価値ある存在なのです。このことをあなたの影子に繰り返し意識させましょう。

第一アドバイス

また、あなたの影子に「世の中には、あなたが助けることのできない人もいるんだよ」と教えてあげましょう。幸せに対する責任は、あなたの影子と「大人の自分」だけでなく、みんなの影子とみんなの「大人の自分」にもあるのです。このことを、あなたの影子に説明しましょう。もちろん、あなたはこれからも安心して周りの人を助けていいのですよ。あなたのその性質は、すばらしいのですから。

ただ、あなたの助けを本当に必要としている人と、そうではない人を、もっと正確に見極めることが大切です。**あなたの影子は、助けようと思っている人を、自分自身を助けるための拠りどころとして利用してしまうことがあるのです。**このことをあなたの影子に意識させましょう。このように救世主妄想で力を出し尽くすことよりも、もっと健全な心の拠りどころを見つける方法を、後ほどさらに詳しく説明しますね。

戦略6　権力志向

信念：「私はあなたの思うがままにされる！」「私は無力だ！」「私は逆らえない！」「私は誰のことも信頼してはいけない！」「私はすべてのことを牛耳っていないといけない！」「私は雑に扱われる！」

権力志向で自己防衛する人の影子は、自分の立場が相手よりも下になって弱くなり、攻撃され、ズタボロにされるのではないか、という行き過ぎた不安を抱えています。このような人たちは、子どものころに「私は親の言いなりになるしかない」と何度も感じていたのです。権力志向者の影子は、ハーモニー志向者と同じように周りの人を「自分よりも大きな権限を持っていて、自分を支配する存在」と認識しますが、その存在に対して引き下がるのではなく抵抗します。権力志向者は、**抵抗することで相手よりも優位に立とうとするのです**。その際、基本的には「能動的抵抗」か、あるいは「受動的抵抗」のいずれかを選んでおり、たいていの人はケースに応じてどちらも使っています。これらの抵抗は、権力志向者だけではなく、誰もが自分の領域を守るために必要に応じて使っている行動様式ですが、権力欲求やコントロール欲求が強い人の抵抗には、特別な意味合いがあります。ですから、ここでその意味をもっと深く見ていきましょう。

抵抗するには、ある程度の攻撃性が必要となってきます。それゆえ、前述の抵抗はそれぞれ「能動的攻撃」「受動的攻撃」とも呼ばれています。「能動的攻撃」とは、自分の権利を主張し、争い、相手を抑え込むような行動であるため、この攻撃が起こっていることは誰にでもすぐにわかります。

それに比べて「受動的攻撃」もしくは「受動的抵抗」が起こっていることは、最初はなかなかわかりません。**「受動的攻撃」とは、相手に自分の意志をはっきりと伝えずに大なり小なりのサボタージュをすることで、相手に身を任せるのを拒むことをいいます。**要は、期待されていることをきちんと行わないのです。約束しても、その約束を覚えておかないようにしたり、簡単に破ったり、あるいはじれったいほどゆっくりと実行したりします。

また、典型的な「受動的攻撃」として、いわゆる「壁をつくる」という行動があります。相手をその壁に突き当たらせ、相手の懇願や嘆願も受けつけないのです。その壁の後ろに、受動的攻撃者の影子が隠れていて、その影子は「〇〇とのつき合いでは、私が妥協しなければいけないことが多過ぎる」と思っているのです。私のクライアントの一人を例に挙げてみましょう。彼は、自分の故郷にずっと住んでいたかったのですが、〝その意に反して〟妻のためにトリーアへ引っ越しました。これにより彼は潜在意識下で妻をうらみ、それ以降、妻と性行為をする気になれなくなってしまいました。性的意欲をなくすことは、受動的攻撃として男女関係なく、よく使われる手段です。ところで、このちょっとした例からも、自分の決断に対する責任を自分で負うことがいかに重要であるのかがわかると思います。このクライアントは、**自分のことを「妻に支配されている被害者」だと潜在意識下で思っていますが、実際には彼の影子が自ら進んで自分の願望を抑えたのです。**彼はそうした自分を省みていません。

頑固な性質は、受動的攻撃と密接に関係しています。自分の思うことを妥協せずかたくなに実行する人は、**相手に無力感を抱かせるといった強力な攻撃を仕掛けているのです。**もちろん、能動的に攻撃を仕掛ける人も、相手を怒らせますが、少なくとも自分がそのような人だと自覚しており、その点では、自分の行動に責任を持っているといえます。これに対して、受動的攻撃者は隠れ蓑を着て攻撃しているようなもの。たとえば夫婦の話し合いで妻が夫に対して強情な態度を示したら、夫はその態度にかっときて、やり場のない怒りでこぶしを振り回すでしょう。すると、最終的にはこの夫が〝悪い人〟になってしまいます。周りの人から〝悪い〟と思われる人は、症状（ここでは怒りと攻撃）を示している人であって、相手の潜在意識を操作することで有益な関係までもボイコットしてしまう受動的攻撃者ではないからです。

権力欲求が強い人は、人間関係では苦労します。なぜならそのような人は、自分の思う通りに物事が進むようにつねに権力を握っていようとしたり、有益な協力でも受動的攻撃で拒んでしまったりするからです。また、この場合もご多分にもれず「加害者－被害者－倒錯」に陥っています。これについて詳しく見ていきましょう。

権力志向者の影子は、自分のことを親の被害者で、劣っている存在と認識しています。そして親の姿を相手に投影すると、その相手が「自分よりも優位に立ち、自分を支配する存在」に見えてきて、この存在に対して抵抗しなければいけないと思うようになります。そこで影子は、権力を握ってふりかざすことで、自分が絶対に感じたくない無力感をその相手に感じさせるのです。こうして加害者になっていきます。

ところで、周りの人に対してとても親切で調和を大切にしている人でも、権力を握りたいという思いにかられることがあります。このような人たちの影子は、たとえばパートナーを理由もなく傷つけたりすることで、権力をふるう喜びをときどき味わっているのです。私のクライアントにもそのような方がいました。その方はとても感じの良い社交的な女性でしたが、その彼女が私にこう言ったのです。「夫がいつにも増してとても機嫌が良く、優しいときに、なぜか急に夫に辛らつなことを言って、夫の気分を下げたくなることがあるんです」と。彼女は、自分でも非常にタチの悪い行動をしていることを理解しているものの、どうしてそのようにしたくなるのかわからないということでした。そこで、私と彼女とで、いくつかの状況を分析したところ、彼女の傷ついた影子がパートナーに権力をふるう喜びを味わっていることがわかりました。**そうすることで彼女は、子どものころに家族の中で絶大な力を持っていた父親に対して無意識に仕返しをしていたのです。**

権力志向者は、他者に対して「強い要求」もします。そのような人の多くは「私は雑に扱われる！」という無意識の信念を持っており、この信念から「私は利用されてしまう」とすぐに思ってしまいます。それゆえ、彼らの影子は自分の身を守るために、「自分の損になるようなことは絶対にさせない」と決心し、自分の欲求を満たすよう他者に威圧的に要求するようになったのです。しかもその際、自分が与えるものよりも多くのものを要求します。ただし権力志向者は、自分自身のことをそのように見てはいません。**無意識の信念によって、自分はむしろ被害者側にいると思い込んでいるのです。**そのため、彼らの周りの人は「この〝マダム〟（もしくは〝ムッシュー〟）のご機嫌取りをしなければならない」という気持ちになってきます。

権力志向者の中には、前述の行動よりもいくらか穏やかな形態である「ドケチな行動」

をする人もいます。自分の権利に慎重であり、他者の権利にも注意を払うのです。そして、そのような行動をする人は、決して寛容ではありません。金銭面だけでなく称賛や好意に関しても、です。あらゆることを計上し、差引勘定します。**彼らの影子は、「あらゆるものを貪欲に自分のものにすること」で自分の身を守っているのです。**

この防衛戦略の価値を認める

あなたは強いタイプの人です。あなた自身と敵に果敢に立ち向かっています。あなたは、すぐに諦めてしまうような人とは正反対の人です。生き残る意志と自己主張する意志がものすごく強く、この意志によって、これまで何度もあなたは守られ、前進してきました。

第一アドバイス

まずは、あなたの影子に、ママやパパと過ごした時間はもう過ぎ去った、ということを意識させましょう。あなたはすでに成長しているのです。もちろん、あなたも他者と同じように抵抗する権利を持っているのですから、抵抗していいのです。問題は、スズメにもしばしば大砲を浴びせてしまっている、という点だけ。この世界は、あなたが思っているほど悪くはありません。**リラックスして、もっと自分自身と他者を信頼してみましょう。**あなたが権力を持つことで解決したいと思っている多くの争い、というよりもむしろ、あなたが権力を持つことによって引き起こされている多くの争いは、必要のないもの。その代わりに、好意と共感力を持つことができれば、もっとリラックスして前に進めるでしょう。これをどのようにしていけばいいのか、この後の章で詳しく伝えますね。

戦略7　コントロール志向

信念：「私はすべてのことを牛耳っていないといけない！」「私はあなたの思うがままにされる！」「私はあなたを信頼できない！」「私にはなんの価値もない！」

権力志向のバリエーションとして、過度にコントロールしたがる「コントロール志向」があります。安全と感じられる生活を送るためには、自分自身と周囲の環境をある程度コントロールする必要がありますが、コントロールしたいという欲求が強い人は、通常よりも高い安全性と確実性を求めます。**その背後にはじつは、カオス（無秩序）ひいては身の破滅（攻撃されやすく傷つけられやすい自分）に対する影子の不安が隠されているのです。**そしてこれらの人はこの不安を取り除くために、物事を非常にきちょうめんに行ったり、完璧主義でいたり、特定のルールを厳密に守ったりしています。すなわち、**完璧主義はコントロール志向のバリエーションでもあるのです**。そのため、完璧主義者と同様、コントロール志向者も無駄に力を使い果たしてしまう傾向にあります。しかもコントロール志向者は、コントロールできなくなってしまうのではないかという不安から他者に仕事を任せることがなかなかできないため、完璧主義者よりも早く力を使い果たしてしまうのです。

コントロール欲求が強い人の中には、自分自身を最善の状態にしようとするだけでなく、**自分のパートナーや家族についても厳しく管理しようとする人が多くいます**。そうしたコントロールフリークは、パートナーや家族の行動をつねに詳細に知っておきたいと思っています。なぜなら、自分自身を信頼していないのと同じくらい、他者のことも信頼していないから。この他者への不信感が最高潮まで高まってしまうと、嫉妬妄想（自分のパートナーが浮気しているという妄想）が生じる恐れもあります。ですから、パートナーが過剰なコントロール欲求を持っている場合は、たいていそのパートナー関係はうまくいっていません。また、子どもを過度にコントロールすることは、子どもの健全な成長の妨げになります。

さらに、コントロール志向者の多くは、自分の健康や容姿をコントロールしようと、ほぼ強制的に自分を律しています。彼らの影子が、心の中にある〝攻撃される不安〟を身体に投影しているのです。このような人たちは、「美への極度のこだわり」を持つ人たちと同じように、潜在的にこう思っているのです「身の破滅に対する漠然とした不安をコントロールするよりも、その不安を身体に投影したほうがはるかに具体的に、それゆえよりうまくコントロールできる」と。しかし、そうしていると最悪の場合、心気症（自分が何か重度の病気にかかっているのではないかと思い込み、強い不安を抱く精神疾患）になってしまうこともあります。

また、安全を期すために異常に考え込む、いわば「強迫観念」にとらわれる人もいます。コントロール志向者の中には、「考え出したら、キリがないんです」と訴える人が多くいます。それは、思考が本人の意思を無視して同じ道を何度もたどってしまっているから。問題をじっくり検討するといっても、それが堂々巡りであればなんの役にも立たず、むしろ解決を妨げてしまうのです。

この防衛戦略の価値を認める

あなたには、強い自制心と自律心が備わっています。自律心は、日常生活を滞りなく送るために大いに役立つリソース（資源）です。あなたはとても強い意志を持っており、そのことを誇っていいのです。

第一アドバイス

あなたの影子は、「攻撃され、傷つけられるのではないか」という不安を抱えています。あなたは、その影子の不安をなくすために、ときどきあまりにも多くのことをコントロールしようとしています。それがあなたの問題点です。そうした「コントロール志向」によって、あなたはしょっちゅうストレスを感じ、周りの人にもストレスを与えてしまっているのです。

その状態から抜け出すには、あなたの影子にもっと自信を持たせることが必要です。まずは、「大人の自分」を使って影子に「君はそのままで十分なんだよ。そんなに頑張らなくてもいいんだよ」といったことを繰り返し説明し、生きる喜びをもっと感じ、穏やかな気持ちでいるよう心がけてみてください。さらに、ときどき休憩を取り、物事をうまく処理できたときには自分自身をねぎらってくださいね。

あなたが「強迫観念」に悩まされているとしたら、**昼間に30分、時間を取って、あなたが抱えている問題を書き出してみましょう。**そうすれば、あなたの「大人の自分」は「何か疑問に思ったときには、この紙を見ればいい。すべてのことがこの紙に書かれていて、情報が失われることはない」と思え、安心できるはずです。その後、全力であなたの思考と注意を他の行動や物に向けてください。

戦略8　攻撃、非難

信念：「私は劣っている」「私はあなたを信頼できない」「この世界は悪に満ちている！」「私は雑に扱われる！」「私は重要ではない」

すでにお話ししてきたように怒りの感情と攻撃性は、太古の昔から今も変わらず、人がそれぞれの領域を守るためになくてはならないものです。ただ現代では、自分の領域を犯すような敵を石器時代ほど客観的に見分けることができません。それが問題なのです。そのため私たちは、敵がいないところにも、ときには投影と「認識のゆがみ」のために敵がいると思ってしまいます。

たとえば、「自分は劣っている」という影子の信念を抱えている人は、主観的な判断から「非難されている」とすぐに感じ、客観的には害のない発言でも侮辱されたと思ってしまいます。**屈辱感は、強力な能動的攻撃を発生させる可能性のある感情です。**とくに、ハーモニー志向者と異なり、怒りを反射的に抑えることができない人は、屈辱感から攻撃行動をする可能性が高くなります。

無意識のうちに怒りを爆発させてしまう人は、攻撃に対して「反撃」で対応しようとします。この極端なケースには、嫉妬深い夫が妻によって自尊心を傷つけられ、それゆえ妻を激しく恨み、刺し殺すというようなものもあります。しかし私が本書で取り上げてアドバイスしたいのは、このような極端なケースではなく、誰もが日常生活で経験するようなケースです。たとえば、至るところにいる「すぐキレる人」のケース。この「すぐキレる人」に出くわした経験、つまり思いもかけず相手が自分に食いついてきたという経験は、誰にでもあるでしょう。そのようなとき、あなたは「なぜ、急にそんな嫌なことをされなければならないんだろう」と不思議に思い、あぜんとしたことと思います。まさにミヒャエルがこの「すぐキレる人」です。ミヒャエルがそうだったように、「すぐキレる人」には、「刺激－反応－行動」の連鎖がものすごいスピードで起こります。攻撃されたと思い込んだことから、その攻撃に対して屈辱感が生じ、そこから怒りがわき起こり、衝動的な攻撃行動が引き起こされるのです。

とはいっても、衝動的な行動をしがちな人自身も、その衝動性にたびたび悩まされているのです。そのような人は、遅くとも怒りの興奮が収まるころには、再び「大人の自分」に戻り、自分の行動が行き過ぎたことに気づきますが、その前に怒りを爆発させないよう我慢することがなかなかできません。

したがって、**自分の衝動性を抑えたいのであれば、怒りの感情がまったく起きないようにすることを目指さなければなりません。**そのため屈辱感を覚えた時点で、怒りに対する予防措置をとり始める必要があります。この予防こそが、本書でもっとも伝えたいことの一つなのです。このことについては、後ほどもっと詳しく説明します。

この防衛戦略の価値を認める

あなたは、不快な事柄に甘んじるような人ではありません。とても強く、抵抗するということを知っています。あなたには、戦士としての素質があります。そして、あなたの衝動性によってあなたは活力に満ち、周りの人を退屈させません。

第一アドバイス

あなたの影子は自尊心が傷つきやすく、それゆえ、あまりにもすぐに「自分は尊重されていない」「非難されている」と思ってしまいます。ですから、理性的でその場にふさわしい対応をするには、できるかぎり「大人の自分」の状態になり、相手と同じ目線に立つことが重要になってきます。そのためには、憤りを感じる状況に対してあらかじめ対策を講じておくといいでしょう。「認識のゆがみ」を起こす影子がその状況のどういったところに反応しているのかを、正確に分析してみてください。また、「大人の自分」から影子を引き離しましょう。**「大人の自分」が必ず優位に立つようにしなければなりません。**これには、相手への返事を決めておく「決まり返事戦略」がとても役立ちます。この戦略については、360ページの「レッスン2『決まり返事戦略』を立てる」の項で説明しますね。

戦略9　子どものままでいようとする

信念：「私は弱い！」「私は小さい！」「私はあなた次第！」「私はあなたに合わせなければいけない！」「私はあなたをがっかりさせてはいけない！」「私はそんなこと独りではできない！」「私はあなたのもとを離れてはいけない」

世の中には、大人になっても子どものままでいようとする人がいます。何歳になっても他者（親あるいは、親の代わりにパートナー）から導いてもらえると期待し、他者に寄りかかっているような人です。こうした親離れできていない人は決して少なくありません。彼らは、思いきって自分の道を行くことはせず、重要な決断をする際も親やパートナーの同意が必要だと思っています。**彼らの影子には、自分の人生を自分の力でつくり上げていく勇**

気がありません。影子は「自分は依存している、ちっぽけな存在だ」と感じており、さらに、親やパートナーから離れることを想像するだけで強い罪悪感を抱いてしまうのです。

ところで、親の判断に頼ってしまうのは親とうまくいっているから、というわけではありません。大人になってから親とまったく連絡を取らなくなった人でも、親が定めた規準に従って行動していることもあります。私のクライアントにも、このような方がいました。ここでは、その方をハーラルトと呼びましょう。

ハーラルトは、両親のせいでとてもつらい子ども時代を過ごしたため、両親を心底から拒絶しています。彼は、実家から何百キロメートルも離れたところに住み、ごくまれにしか両親に会いません。ハーラルトの父親にとっては、実績だけが重要であり、自由と楽しみは価値のないものでした。ハーラルトの母親は、そのような夫を恐れており、それゆえ息子が夫からひどい要求や体罰を受けたときでも、息子を守ってあげることができませんでした。そのためハーラルトは子どものころから父親をひどく嫌っていますが、一方で、父親の実績重視の思想を完全に受け継いでおり、初回の心理療法では、彼の「大人の自分」を使っても、その思想からまったく離れることができなかったのです。

この親の刷り込みによって、彼はまたたく間に出世しましたが、仕事ばかりして、生きる喜びを味わうことはほとんどなく、正しい「人生の楽しみ方」もわかっていませんでした。それでも密かに、リラックスと人生の喜びに対する強い憧れを抱いていました。ただ彼は、自分の欲望にこれ以上屈してしまうと、何かひどいことになってしまうのではないかと恐れていたのです。それゆえ彼がもっとも重要視していた防衛戦略は、コントロールと自律でした。ハーラルトは、外見からはきちんとした決断を自分自身で下し、親離れしているように見えましたが、内面は子どものままだったのです。

世の中には、自分自身と自分の人生に対する責任を負っていない人がたくさんいます。そのような人は、親、あるいはパートナーの規準や望みに従うことで、自分の責任をそれらの人や、場合によっては運命に転嫁しているのです。それは、もし我が道を行ったら、親やパートナーをがっかりさせ、自分の無能さをさらけ出すことになってしまうのではないかと恐れているから。また、**欲求不満耐性が低く、ミスをしたときに起こるネガティブな感情にほぼ耐えられないからです。**自分で自分の行動に責任を負う場合、確かに「決定する自由」を得られますが、もう一方では、誤った決定をして、それを「自分のミス」とされることに耐えなければならないというリスクも抱えます。そのため、**欲求不満耐性が低い人にとっては、自分を守ってくれる人から「あなたはこうすべきだ」と言ってもらうほうが、安全なのです。**

さらに、「子どものままでいようとする」人は、自分自身のことを他者が決めるということにすっかり慣れてしまっているので、自分が何をしたいのか自分でもわからなくなっています。そして、しょっちゅう不満を感じ、機嫌が悪くなっています。なぜなら、本当はしたくないことばかりしているから。つまり、**ほとんどのことを誤った義務感から行っており、自分自身の願望や考えから行っているのではないのです**。ですからもし、自分がどのような人で何をしたいのかがきちんとわかっていて、それを感情と共にもっとはっきりと示すことができていれば、機嫌が悪くなることもなかったのです。

しかし、親の中には、子どもに対して「私の言う通りにしないと、この家から追い出す」というようなことを言ってプレッシャーを与える人や、実際に脅迫までする人もいます。このような家庭で育つ子どもが我が道を行こうとしていたら、親との関係を絶たなければならなかったかもしれません。そのため、この子どもたちの多くは主体的に行動することに尻込みし、逆に家族との結びつきを強く感じてしまうことになるのです。

また、このような親に激しく切り込んでいくには強い自信が必要ですが、高圧的な親によってすでに子どもの自信は押さえ込まれてしまっています。このように、親が子どもの人生を決める事柄に――優しくても厳しくても――干渉し過ぎると、その子どもは「自分は親なしでは理性にもとづいた決定ができないのではないか」と思うようになり、心の土台が不安定になるのです。

高圧的な人の中には、自分のパートナーに対しても「言いなりにならないと、罰を与える」あるいは「別れる」と脅す人がいます。そう言われた人が相手にものすごく依存している人であれば、相手に本気で逆らったり、相手を避けたりすることができません。このような人の影子は脅されると、**「その相手のもとを離れたら生きていけなくなるんじゃないか」とひどく不安になり、「子どものままでいようとする」ことで自分の身を守ろうとするのです。**

「子どものままでいようとする」人の影子は、すぐに「自分に罪がある」と感じてしまうため、親やパートナーのせいで困難な状況が起こっても、自分が彼らの共犯者であると思ってしまいます。また、親やパートナーが「お前のせいだ」というようなことを言って、そう信じ込ませていることも珍しくありません。

ただ、「自分にも罪がある」と感じると、〝虐待者〟との関係にいくらか耐えられるようにもなります。「自分にも罪がある」と感じると、親やパートナーが実際よりも良く見えてくるからです。親やパートナーがうわべだけの保護者であっても、彼らとの関係を理想化することで、彼らに依存し続けることができるようになります。そして、「子どものままでいようとする」人がもっとも恐れている「別れ」や「激しい口論」を避けることもできます。さらに、**「自分は共犯者だ」と思い込むことで、コントロールされているのでは**

なくコントロールしているという気持ちになったり、抱えていた自分の無力感を減らせたりすることもできます。

彼は、高圧的でつねに人を操ろうとする妻に絶えず非難されていたのですが、どのような非難も「その通りだ」と受け入れていたのです。妻のうつ病と片頭痛発作も、彼のせいにされていました。それでも彼は、妻に同意することで（無意識のうちに）妻をコントロールしている気になっていたのです。そんなことをせずに、「彼女が身勝手な判断をしているだけだ」と思えば良かったのですが、彼にはそのような選択肢はありませんでした。

私のクライアントの中にも、このような方がいました。

「自分は共犯者だ」と思い込むことと非常に近い自己防衛策として、「物事を美化する」という策があります。自分がどれほど親やパートナーに依存しているのかをあえて意識しないようにし、その親やパートナーを擁護するのです。そのような人は、親やパートナーとの関係が悪くても、彼らに対して強い忠誠心を抱いています。それは、誰かと結びついていたいと非常に強く思っており、本当は自分がひどく依存していることを感じているからら。そのために、〝保護者〟との関係が悪くても、それを認めないようにしているのです。

この典型が、夫の言いなりになっていた昔の女性です。今の時代でもそのような女性はいますが、男性でも自分の人生に責任を持っていない人が多くいます。そのような男性は妻に対して、母親のように経済面以外のあらゆる物事の（ときには経済面も）面倒を見てくれることを期待しているのです。また、堅実に働くことができないために、経済的に妻に頼っている男性も増えています。

この防衛戦略の価値を認める

あなたは、自分の影子の不安をなくすために、できるかぎりすべてのことを正しく行おうと頑張っています。そして、「できる男の子」あるいは「かわいらしく、お行儀の良い女の子」のような、あなたの両親が誇れる息子、娘になるために、ものすごく努力しています。

第一アドバイス

あなたの影子は、人をがっかりさせることやミスをすることを恐れ過ぎています。そこでまずは、あなたの「大人の自分」を使ってあなたの影子に「人生にはミスがつきものであり、ミスをしてもいい」ということを理解させましょう。あなたの「大人の自分」を強くしていくことも大切です。それには、議論することを練習するといいでしょう。その際に役立つ論拠は、「自分の人生を幸せにする責任は自分自身にあり、親の幸せの責任は親にある」というものです。あなたは周りの人の期待に応えるためにこの世に存在しているのではありません。**あなた自身が下した決定であれば、どのようなものでもあなたを一歩前進させるのです。**このことをはっきりと理解しましょう。立ち止まっていれば、確かに道に迷うことはありません。しかし、そうしていると、どこにもたどり着けないのです。議論することをどのように練習していけばいいかは、309ページの「レッスン1　議論する力を養う」という項で伝えますね。

戦略10　逃避、退却、回避

信念：「私はあなたの思うがままにされる！」「私は弱い！」「私には価値がない！」「私は劣っている！」「私はあなたを信頼できない！」「独りのほうが安全！」「私にはできない！」

「非難されたけど、そのことについて面と向かって反論するなんて大人気ない」――そう感じることが、誰にでもあるでしょう。こういうときによく使われる防衛戦略が「逃避」です。すでに何度もお話ししているように、私たちは通常、いくつかの防衛戦略を持ち、状況に応じて使用する防衛戦略を変えています。ですから、ある状況では攻撃し、ある状況では逃げることを優先させています。どの防衛戦略を使うかは、成功の見込みによって異なってくるのです。

攻撃や逃避自体は、悪いものではなく、危険から身を守るための有意義で自然な反応です。問題は、危険の定義です。「自分は弱く、攻撃されるかもしれない」という影子の思いが強ければ強いほど、ある状況を「危険」と判断するのが早くなります。そのため、**自分の持つ信念から自分の能力を過小評価している人は、慢性的に逃避行動を起こしている可能性があります。**そのような人は、自分が感じている不安と自分の弱みに立ち向かっていくことから逃げ、さらに他者との対立からも——自分の弱みに直面する可能性があるため——逃げているのです。

逃避の中でも、まずは「自分の周囲に壁をつくる」、いわゆる「退却」の防衛戦略を使う人は、たいてい子ども時代の経験から「人と関わるよりも独りでいるほうが安全」といった信念を抱えています。そのような人は、独りでいると安全であると感じるだけでなく、自由であるとも感じます。なぜなら、**独りでいるときにだけ、自由に決定したり行動したりしてもいいと思っているからです。**他者が近くにいるかぎり、自分は他者からの期待に応えなければならない。そういう子ども時代からのプログラムが始動してしまうのです。

もっとも、自分自身や周りの人と関わらないようにするために、必ずしもむりやり孤独へと逃げ込む必要はありません。仕事や趣味、インターネットへ逃げることもできます。

こうした活動への逃避でも、関わりたくないことから目をそらすという目的は果たせます。そして、この活動への逃避によって、影子が抱える苦悩も意識しなくて済むようになります。だからこそ、自分が逃避していることに気づかないのです。

確かに、四六時中忙しくしていると、影子の自己不信と不安からうまく目をそらすことはできます。世の中には、静かにしていると自分のネガティブな信念が聞こえてきてしまうので、じっと座っていることなどできないという人が何百万人といます。しかしその人たちは、絶えず何かを行っていることで自分自身と周りの人にストレスを与えてしまっているのです。ただし**健全な逃避と不健全な逃避の差は、紙一重**。「目をそらすこと」は、ネガティブな状態から解放してくれる非常に有意義な手段ですが、目をそらすことによって実際の問題が小さくなるどころか大きくなり続けるとしたら、その問題を自分の問題としてきちんと受け止めるべきなのです。そのための最初のステップとして、**まず一度、「私は問題を抱えている」ということを認める必要があります**。これは、問題を解決するためのもっとも重要な、もっとも基本的なステップになります。

私たちは、「怖いな」「やりたくないな」と感じる状況や行為に対して回避によって対応しようとしますが、問題は、回避するとそうした気持ちが一層強まり、弱くはならないということです。「やりたくないな」と感じるたびに課題を先送りしていると、課題の山はどんどん大きくなり、それに伴い「やりたくない」気持ちが強まっていきます。不安も、回避することが多ければ多いほど強まります。要は、**同じような状況を回避していると、「この状況を克服できない」という思いが強まってしまうのです。**

それは、回避するたびに脳が不安や「やりたくない」気持ちがあることを認めてしまうからであり、また、回避していると「いつかは克服できるかも」と思えるような経験も積めないからです。そのため、不安であっても回避せずに挑んでいくことも大切です。うまく挑んでいくことができたら、そのような自分をとても誇りに思うでしょう。そして、同じような状況に再び遭遇しても、その際の不安は以前よりもはるかに少なくなるはずです。

これらの特殊形として、「死んだふり」があります。自分の心のスイッチを切ることで、相手から逃げるのです。このプロセスは多くの場合、意図的ではなく反射的に起こり、自動的に進行していきます。この防衛戦略が生まれるのは、生後からわずか1年の間。このころはまだ、嫌な相手から去ることも、その相手に抵抗することもできません。心の中だけでも相手から逃げて、できるかぎり何も感じないようにするしかないからです。これは、心理学用語で「解離」と呼ばれています。

この防衛戦略を使う人は、人間関係で「もう無理」と感じると、心がオフラインになる

のです。オフラインになっていることは相手にもはっきりと伝わります。解離傾向のある人は、自分の内面の世界と外の世界を区別することがなかなかできません。他者の感情のゆれと気分を、自分の心の中に思いっきり受け入れてしまい、それらの責任が自分にあると感じてしまうのです。**心のアンテナがずっと受信状態のままなので、人づき合いが大きなストレスになります**。

また、こうした人は自分の心が穴だらけで、心の中のことが他者に漏れ出てしまうのではないかと感じています。それゆえ自分の心を閉ざす「内面的な退却」で自分の身を守ろうとし、さらに外の世界でも退却しようとするのです。このような解離傾向がある人のモットーは、「独りでいるときが一番安全」。なぜなら、その人の「内なる子ども」が「人間関係＝ストレス」という経験をしたからです。子どものころに、助けを必要とするか弱い母親（あるいは父親）と自分とを引き離して考えることができない状況だったか、あるいは両親を恐ろしいと思っていたのです。また、トラウマがある人もこの解離の状態になることがよくあります。

この防衛戦略の価値を認める

あなたの影子が「もう無理」と感じたときに、その影子の負担を逃避や退却によって抑えようとするのは、意味のあることです。そうすることで、あなたは自分自身をケアし、自分の力をうまくやりくりしているのです。

第一アドバイス 退却がとても有意義な防衛戦略であるとしても、あなたはときどき「まぼろし」からも逃げてしまっています。まぼろしであって実態がないのですから、あなたが身を隠す必要はまったくないのです。そこで、まずは本書のレッスンを行って、あなたの影子に「君はそのままでも大丈夫だよ」ということを繰り返しはっきりと伝えていきましょう。

そして、「**自己主張したり抵抗したりしてもいい**」ということを影子に理解させるのも、とても大切です。あなたが自分の権利や願望、欲求をもっと主張できるようになったら、人と接しているときに、もっとのびのびとして、自信を持てるようになるでしょう。

「人と親密になる＝束縛」と思っている人

親の望みに従うよう厳しく育てられている子どもは、適切な方法で自己主張することができなくなっていきます。その代わりに、親の気分と願望に素早く反応できるよう、自分のアンテナを伸ばしておくことを覚えていきます。子どもにとって、親の規準を高圧的に押しつけられるのは当然つらいことですが、**それよりももっとつらいのは、親の願望通りにふるまわないと親から「あなたにはがっかりした」というメッセージが送られてくることです**。とくに、母親が自分の期待に応えない子どもに対して悲しみで反応する場合、その子どもは〝母親と自分との間に境界線を引くチャンス〟をつかむことができません。子どもは悲しむ母親に同情し、すぐに「ママが悲しんでいるのは私のせいだ。私がなんとかしなければいけない」と感じてしまうのです。それゆえこのような子どもは、母親が幸せで満足していられるように、母親が望むことを〝自ら進んで〟行います。

一方、母親が自分の期待に応えない子どもに対して怒りで反応する場合、その子どもは〝立ち止まるチャンス〟を持てます。子どもは心の中で「くそばばあ！」と言って、心の中だけでも母親と一線を画することができるのです。

私の診療所には、人とつながることに不安を感じて悩んでいる方がよく来られます。**このような方は、適切な方法で自己主張することがなかなかできず、そのためにパートナーが近くにいると、すぐに苦しいと感じてしまうのです**。その方々には、子どものころに片親（母親の場合が多い）に束縛されていた経験があることも珍しくありません。たとえば、外で友達と遊びたいと思っていると、親が落胆の色を示すのです。このケースであったのが、トーマス（39歳）です。

トーマスの父親は、トーマスの母親に対して思いやりのない態度で接し、浮気ばかりしていました。トーマスの母親はそのことでひどく苦しみ、しょっちゅう悲しんでいたのです。そうしたことからトーマスは「かわいそうなママを慰めてあげたい」と切に思っていました。とくに母親が泣いているのを目にするたびに、「僕がパパの代わりにならなければいけない」という思いを強めていきました。また、「僕がママのそばにいると、ママは喜ぶ」と感じていたため、午後に友達と遊ぶのをよく諦めていました。その結果、適切な方法で自分と他者との間に線引きすることや、母親の個人的な問題の責任を母親に留めておくことを、子どものころに学べなかったのです。そこから、彼はとくに次のような信念を持つようになりました。「私はあなたを放っておいてはいけない」「私はあなたを幸せにしなければいけない」「私はいつもあなたのそばにいなければいけない」「私は自分の意志を持ってはいけない」。さらに、この心のプログラムのために、大人になってから恋人がそばにいることに期間限定でしか耐えられなくなってしまったのです。自分の恋人が同じ部屋にいるだけで自分自身が消えてしまうように感じ、独りでいるときにしか、「本当に自由で、自分でなんでも決めていい」と思えなくなってしまいました。そのため、恋人との距離を縮めても、次の瞬間にはいつもその距離を広げようとしてしまうのです。

トーマスにとっては、恋人がどのような人でもそばにいること自体がストレスになるため、恋人への感情も必ず変わってしまいます。最初は相手のことをすごく好きでも、だんだんその人が自分にとって本当に〝正しい人〟なのか、疑問に思うようになるのです。その結果、トーマスは恋人から逃げるためにしばしば仕事に没頭し、ときには浮気もしていました。そして最終的には、その相手との関係を終わりにして、他の〝より良い人〟を捜し始めていました。しかしある日、トーマスは気づいたのです。〝正しい人〟探しを繰り返しているのは、前の恋人に気に食わない点があったからというよりも、誰かと結びつくことに対して自分がものすごい不安を抱えているからだ、と。

その後トーマスは私の心理療法を受け、それにより自分の考えを母親に投影しなくなり、「人と結びついていても、自分は自由である」と感じることができるようになりました。そのために学ばなければならなかったのは、「**自己主張して、自分の願望と欲求を人間関係の中に組み入れていくこと**」です。

というのも、トーマスの「内なる子ども」は両親から人間関係について次のようなことを刷り込まれていたからです。「他者との関係は、じっと耐えるしかないものであり、相手と積極的につくり上げていくことができないものである」。しかし関係をつくり上げていく権利は、恋人だけではなく自分自身にもあるのです。トーマスは次第にこの感覚をつかんでいき、それに伴って、恋人から逃げるのではなく、恋人の近くにいることを楽しめるようになりました。

特殊なケース　嗜癖に逃げる

食事、飲酒、喫煙、薬物の使用は、保護や安全、リラックス、報酬がほしくてたまらない影子を落ち着かせてくれます。他に買い物や仕事、遊び、セックス、スポーツも、影子の注意を不安や問題からそらしてくれますが、これらの物質や行動は、嗜癖〔自分の不利益になるにもかかわらず、それを反復し続け、自分でコントロールできなくなっている状態〕につながることがあるのです。

嗜癖は、まずは快感に関係してきます。たとえば麻薬はその成分によっても、また使用行為によっても、「幸せホルモン」と呼ばれている神経伝達物質ドーパミンを放出させ、不快感を取り除いて快感を生じさせます。そうした物質の摂取や行動を反復し続けると、すぐに快感が得られるようになりますが、逆にその物質の摂取や行動ができないと、禁断症状として不快感が生じてきます。**快感と不快感は、私たちのモチベーションの基本要素であり、まさにそのことが嗜癖からの脱却を非常に困難にさせているのです。**

人生においてつねに重要であるのは、不快感を避け、快感を得るということです。ですから、私たちは絶えず快感を求め、それゆえ嗜癖に陥りやすいのです。嗜癖の悪影響は、将来必ず現れてきますが、すぐに現れるわけではないため、当分の間は意識されずに済んでしまいます。また、嗜癖者がすでにその悪影響（脂肪肝や慢性気管支炎など）に悩んでいたとしても、嗜癖対象なしで生きることを想像すると、あまりにも大きな不安と不快感、あるいは身体的な痛みに襲われるため、嗜癖からなかなか抜け出せません。

アルコールなどの物質への嗜癖は現在、依存症といわれ、「病気」と見なされています。というのも、依存性のある物質が脳を変化させ、それにより自由意志が大きく損なわれるからです。禁断症状があまりにもひどかったり、欲求があまりにも強かったりすると、意志はそれらに簡単に打ち負かされてしまうのです。

しかし、研究者の中には、「**嗜癖は病気ではなく、意思決定・行動選択の異常**（ディスオーダー・オブ・チョイス）**である**」と考えている人もいます。その一人が、ハーバード大学医学大学院の心理学者ジーン・M・ヘイマンです。ヘイマンはその理由をこう語っています。「薬物嗜癖者の約半数はその嗜癖から脱却できることが、疫学調査からわかっている。つまり、自分の身体の状態を選択することができるということだ。そのようなことは、統合失調症やアルツハイマー病、糖尿病などの病気を患っている人にはできない。そのため、嗜癖は病気ではないといえる」

またヘイマンは「嗜癖は、〝瞬き〟のような、刺激によって引き起こされる無意識の行動とは異なり、結論から導き出された行動であること」を論証しています。瞬きは、カメラのフラッシュなどの刺激に対して反射的に起こりますよね。これに対して、目配せは意図的なものです。目配せを行ったことでどのようなことになるのかを、脳が予測し、その行動をコントロールしているのです。たとえば、男性が気になっている女性に目配せをするのは、「目配せをしたら、あの女性が僕のことを気にかけてくれるはず」と考えたからでしょう。私たちはこうした「行動のモチベーションと決定の法則」に従って行動しており、嗜癖もこの法則に従っていると、ヘイマンは考えています。ということは、嗜癖者が「嗜癖を続けると、あまりにも高い代償を払うことになる」と予測した場合、たいていは嗜癖から脱却できるけれども、逆に「嗜癖をやめる代償のほうが、最終的には、嗜癖を続ける代償よりも高くなる」と予測した場合は、嗜癖から脱却できない、ということになります。後者のように思うのは、**嗜癖の期間が長ければ長いほど、他の行動からは刺激を感じにくくなっていくという嗜癖の嫌な現象のせいでもあります。**

嗜癖者の「大人の自分」の考えと影子の感情は、たいていまったく矛盾しています。「大人の自分」は「この行動は有害であり、やめるべきだ」ということをきちんとわかっていますが、影子が「なんとしてもすぐに満足したい、すぐに気持ち良くなりたい」と思ってしまうのです。食べ物やアルコール、タバコなどの嗜好品への嗜癖は、「内なる子ども」にものすごい慰めと落ち着きを与えます。嗜好品は、無意識のうちに母親のおっぱいを連想させ、それを得続けることで、子どものころの欲求（「栄養を与えてほしい」「世話をしてほしい」「守ってほしい」という欲求）が十分に満たされるのです。

ただ、嗜癖は、問題から目をそらすことや慰めを求めている影子だけではなく、楽しみや冒険、興奮を得ようとする日向子にも影響を及ぼします。そのため、自分の苦しみを軽くして、問題から目をそむけたい人だけでなく、快感や意欲、冒険をひたすら求めている人も嗜癖に陥りやすいのです。

「内なる子ども」には、もともと何に対しても度を越してしまいがちなところがあります。だから「内なる子ども」はつねに、快適さを最大限に約束してくれることをしようとしますが、脳にそれを覚え込ませてしまうと、その習慣を自分ではコントロールできなくなり、嗜癖に陥ってしまうのです。さらに、**嗜癖の厄介な点は、期間が長ければ長いほど、脱却できるという希望を嗜癖者からどんどん奪っていくこと**。しまいには「大人の自分」も、「ここから抜け出すなんて絶対にできない！」と思うようになってしまうのです。

しかし影子が「**短期的な充足感よりも長期的な報酬のほうが魅力的だ**」と感じれば、ほとんどの場合、嗜癖からうまく脱却できます。そのため、薬物依存症者の多くは、新しい仕事や新しい恋人を得るなど、人生が大きく好転するきっかけをつかむと、嗜癖からうまく脱却できます。そうしたことから、依存症に対する治療プログラムの原則はたいてい、こうです――短期的な快感を得るのを最小限にして、長期的な目標を魅力的なものにする。たとえば喫煙者の中には、受動喫煙禁止条例によって喫煙による短期的な快感が十分に得られなくなったため、自ら喫煙をやめた人も少なくありません。この条例のために、タバコを吸いたいときには雨が降っていようが寒かろうが外に出なければいけなくなったからです。

私は、**嗜癖からの脱却でもっとも重要なことは、〝行動を変えるモチベーションとなる感情〟を知ることだ、と考えています。**つまり、嗜癖による長期的な影響を意識しないようにするのではなく、その不安を心の中に受け入れ、そして、嗜癖から自分自身を解放させることができたときにわき起こる心地良さと安堵感を前もって知っておくことが大切だと思っています。これについては、368ページの「嗜癖から抜け出す八つのステップ」の項でもっと詳しく説明しますね。

この防衛戦略の価値を認める

依存性のある物事は、そのことを習慣づけるだけで、簡単にものすごく大きな楽しみになります。たとえばお酒やタバコ、食べ物などの嗜好品は、人を興奮状態にして、大量の快感を生じさせます。私たちの周りにはそうした誘惑が至るところに潜んでいるため、その誘惑に絶えず抗うのは決して簡単ではありません。そうはいっても、あなたはもともとは気分を良くしたいと思っていただけなのですよね。

第一アドバイス　でも残念ながら、嗜癖に陥ると高い代償を払うことになってしまいます。しかも、そのことで**あなたはしょっちゅう罪悪感にさいなまれ、自ら自分の価値を引き下げているのです。**あなたは、心の奥深くでジレンマに陥っているはず。一方は、短期的にはあなたを幸せにする嗜癖。もう一方は、その結末に対する不安です。

そこで第一ステップとして、あなた自身とあなたの嗜癖を理解するよう努力してみましょう。次の点はすでにはっきりしていますね。あなたがこの行動に悩んでいること、そして自己非難によってさらに苦しむ必要なんてないこと、です。あなたの影子は愛情に飢えていて、あなたの温かい思いやりを必要としているのです。

戦略11　ナルシシズム

信念：「私には価値がない！」「私は何者でもない！」「私は期待はずれ！」「私は何

も感じてはいけない！」「私はなんでも独りでやらなければいけない！」「私は満足できない！」

ギリシャ神話に登場する美しい青年ナルキッソスは、ある日、水面に映る自分の姿に恋してしまい、その日から飽くなき自己愛にとらわれてしまいます。この神話にちなんで、ナルキッソスのように自分自身に陶酔し、自分を非常に優れた重要な人物だと思っている人のことを「ナルシスト」、自己愛のことを「ナルシシズム」と呼びます。しかし、**自己の偉大さと正当性を誇示する行為も、じつは傷ついた自分の影子をできるかぎり感じないようにするための防衛戦略に過ぎないのです。**

ナルシストの人格を形成した人は、「自分は価値のない、みじめな存在」と感じている影子を抱えており、その影子を意識しないようにするために「理想的な第二の自分」を持つことを子どものころに学んだのです。そのような人は、自分が平均以上になるためならなんでもして、理想的な自分をつくり上げます。**その人の影子が「自分は理想とはまったくかけ離れている」と感じているがゆえに、特別な存在になれるようものすごく努力するのです。**その影子を押さえ込むために、並外れた成績や権力、美、成功、承認を得ようとします。ですから、ナルシシズムは「すべての防衛戦略をひっくるめたもの」ともいえます。

その中には、**「他者を過小評価する」**という防衛戦略も入っています。ナルシストは相手の弱みに非常に敏感で、その弱みを辛らつな言葉で批判したがります。それは、ナルシストが自分の弱みに耐えられず、それゆえ自分の周りの人の弱みも許すことができないから。そして、ナルシストは他者の弱みに焦点を当てることで、自分の弱みを視界に入れないようにします。要は、他者の弱みを批判して、その人に不安と劣等感——ナルシスト自身がまさに感じたくない感情——を押しつけるのです。このように**ナルシシズムの防衛戦略では、「加害者－被害者－倒錯」が顕著に起こります。**

一方、ナルシストの中には、自分の価値を引き上げるために逆の戦略を選ぶ人もいます。親密な間柄である人を理想化する、という戦略です。このような人は、すばらしいパートナーや優秀な子ども、影響力のある友人を持っていることをすごく自慢します。この理想化することと、価値を引き下げることの両方を行う人も多くいます。ですから、新しく知り合った人や恋人などをまずは理想化し、後にその人の価値を引き下げ、見捨てるといったことも珍しくありません。

いずれのタイプであっても、ナルシストであれば、自分の能力や所有物、活動について自慢したがります。ただ、ナルシストにとっては、そうした自慢を必ずしも声高に、大騒ぎして行う必要はありません。自己の優越と比類なさを軽い調子であらわにする、おとなしいナルシストもいます。このタイプの人は、知識人によく見られます。

しかし、ナルシストは魅力的な側面も持ち合わせています。とてもチャーミングで、親切で楽しい人もいるのです。また、カリスマ性のある人もいます。**ナルシストには成功に対する強い欲求があるため、仕事で出世して名声を得る人も大勢います。**特別な何かになるための彼らの努力は、報われることも多いのです。そのためナルシスト同士が惹かれ合ったり、依存傾向のある人がナルシストの虜になっていったりします。もっとも、パートナーの双方が強力なナルシストである場合は、お互いの情熱がジェットコースターのように急激に高まったり冷めたりすることや、お互いの気持ちを傷つけ合うようなことも起こります。

一方、ナルシストのパートナーが依存傾向のある人だと、ナルシストの言葉の攻撃にあまり抵抗せず、それを甘んじて受け入れ、ナルシストの期待に応えようと熱心に頑張ります。ところが、そのパートナーがいかに〝おとなしく〟ふるまっても、ナルシストの攻撃は収まりません。なぜなら、パートナーの行動によってナルシストの「認識のゆがみ」を変えるのは、不可能だからです。このナルシストの行動は、二つの「認識のゆがみ」から成り立っています。一つは、ナルシストがパートナーの小さな弱みをルーペで見るように拡大して認識していること。もう一つは、ナルシスト自身の弱みを大幅に縮小して認識していること、です。こうした「認識のゆがみ」に陥ると、たとえばパートナーの少し長めの鼻ばかりが気になってしまい、魅力的なパーツがまったく見えなくなってしまうといったことが起こるのです。ナルシストは「パートナーは私の価値を引き上げるためにいる」と考えているため、パートナーの弱みに非常に腹が立ちます。**ナルシストにとっては、パートナーも自分とまったく同じように完璧でなければならないのです。**

このようにナルシストがパートナーの弱みを拡大して見てしまうことに対して、パートナーはどうすることもできません。にもかかわらず、依存性のあるパートナーは、自分がもっと優秀に、もっと美しくなりさえすれば、相手も自分に満足してくれるだろうと思ってしまうのです。これは、影子が行う誤った推論の典型的な例ですが、こうした誤った推論は、ナルシシズムが強い人との関係だけに見られるものではありません。世の中には、批判されると、どのような批判であっても（その批判が非常に不当で、本来は自分とは関係のないものであっても）すぐに落ち込んでしまう人がたくさんいます。それは、その人たちが**過去の刷り込みから、心の底でいつも「私のせいだ」「私は十分ではない」と感じているからです。**ナルシストの期待に応えようとするパートナーも同じです。もしかしたら、その人の「大人の自分」は、ずっと前からすでに「私の彼（彼女）はナルシストであり、彼（彼女）が批判していることは私のせいではない」とわかっているかもしれませんが、影子はそのことに気づかず、劣等感を抱いているままなのです。その上、影子の劣等感は、ナルシストの批判を受けて強まっています。そこで、影子はその劣等感を払拭するために、「なんとしても彼（彼女）に認められ、気に入られるようにしなければ」と思い、一層努力します。けれども、ナルシストの態度は変わりません。もともと依存性のあるそのパートナーは、自分が他者に影響を及ぼせない無力な存在であることを実感し、ナルシストにもっと依存するようになっていきます。悪循環です……。

さらに、ナルシシズムの強い人がものすごい野心を抱いて権力志向になると、嫌われる同僚や上司になってしまいます。**周りの人がナルシストと良い関係を築きにくいのは、ナルシストが非常に傷つきやすいからでもあります。**ナルシストの影子は非常に不安定で傷ついているのです。しかしナルシストは、外見上はつねに自信満々で、繊細な人には見えないため、些細なことでも傷つくことを周りの人からわかってもらえません。しかも、ナルシストの影子は、傷つけられて屈辱感を覚えると、悲しくなって引き下がるのではなく、ものすごく腹が立ってくるのです。**怒りと妬みは、ナルシストに強く表れる感情です。**

また、ナルシストはひどいうつ状態になることもあります。とくに成功するための戦略が失敗し、自分の負けを認めざるを得ない状況になると、必ずうつ状態になります。そのような状況下では、ナルシストの影子は自分が理想とかけ離れていると感じるため、絶望に陥ります。そこで、「大人の自分」が影子の絶望感をなくすために昔からの防衛戦略を使って再び成功できるよう努力するのですが、その精神的な負担が大きくなり過ぎることがあり、そうなると自殺したり心理療法に通ったりするようになります。ただ、心理療法によって自分の影子を受け入れ、慰めることを学べれば、影子は「特別なことを成し遂げなくても、私は理解されていて、このままで十分なんだ」と感じられるようになります。

ところで、**じつはナルシシズムは誰もが使う防衛戦略です。**その人を「ナルシスト」と呼ぶかどうかは、ナルシシズムの程度によるだけで、誰でもこの戦略を少しは使っているのです。私たちは皆、できるかぎり自分自身を良く見せたいと思っています。そのためにときには、他者の価値を少し引き下げたり、自分のことを少しは自慢したりします。面目をまったく気にしない人などいませんからね。他者の弱みばかり気になることもあり、パートナーの恥は自分の恥だと思っています。私たちは皆、できるかぎり自分の影子を感じないようにしようとしており、また自分の弱みを隠そうとしているのです。だから、拒絶されたり批判されたりすると傷つくのです。

この防衛戦略の価値を認める

あなたは、優れた成績を収めたり自分の容姿を良くしたりしようとして、ものすごく努力しています。そのためには、とてつもない労力が必要でしょう。そうした努力のおかげで、あなたはすでに多くの成果を挙げているはず。そのことを誇らしく思っていいのですよ。

第一アドバイス　あなたの防衛戦略は、とても多くのエネルギーを必要とします。それにより、あなたとあなたの周りの人は、つねにストレスを抱えることになります。特別な人になろうといろいろと頑張っても、あなたの影子を癒すことはできません。そのことを理解しましょう。**あなたの影子は、あなたから受け入れられ認められたときに初めて癒されます**。ですから、あなたが思っている〝自分の弱み〟と闘うのはもうやめましょう。そして、「**あなたも他者と同じように一介の人間に過ぎない**」ということを受け入れましょう。そうしたら、本当の意味でリラックスできるようになります。

戦略12　隠ぺい、偽装、嘘つき

信念：「私はありのままの自分でいてはいけない！」「私は合わせなければいけない！」「私はダメだ！」「私は誰からも愛されない！」「私には価値がない！」

誰もが、多かれ少なかれ社会の規範やルールに従い、周りの人に合わせようと努力しています。社会の中には、お互いに従うべき暗黙のルールがたくさんありますからね。そのため私たちは、いつでも誰に対してもまったく隠しだてなく本来の自分のままに行動することなど決してできず、またそうしたいとも思っていません。**若干の遠慮と、自己防衛としての「隠ぺい」は、社会的に問題のない、健全で自然な行為なのです。**

しかしなかには、ルールにのっとった役割を演じ、仮面をかぶって完全に身を隠してしまっている人もいます。とくに、自分の感情と自分の影子にうまく向き合えない人は、人づき合いにおいてしょっちゅう「自分に覆いをかける必要がある」と思っています。私のクライアントにも、この問題を抱えている方がいました。

その男性はある日、私に次のように言ったのです。「毎朝、仕事で出かけるときに、〝スーツを着ている別の自分が会社へ行く！〟という気分になるんです」と。このクライアントは自分の感情のほとんどを認識できず、一度自分自身のことを〝ある人を演じている役者〟と呼んでいました。彼の影子は、極度に周りに同調し、その人たちの期待に応えるよう、子どものころに厳しくしつけられたのです。そのような人たちの多くは、「人と接しているときに、自分が機械的に行動しているように感じる」と言います。それは、その人たちが自らの行動プログラムを始動させ、ある役割を演じ、仮面をかぶって本来の姿を隠しているからです。要するに、**本来の自分のままでいる自信がないのです。**周りの人から拒絶され、攻撃されるがままになってしまうのではないかとひどく恐れているのです。ただ、ほとんどの場合、外見からはそうした不安を抱えているようにはまったく見えません。

とはいえ、この人たちよりも自分自身や自分の感情にうまく向き合える人でも、「人づき合いの中で自分の身を守るためには、ある種の役割を演じなければならない」としょっちゅう思っている人もいます。そういう人は、自分自身の欲求を隠し、他者の願望に沿うよう行動します。また、嫌な気分の日には外へ出ていく自信がないという人もいるでしょう。こういうときには、自分自身を非常にもろい存在と感じてしまうため、外の世界では攻撃されないように自分の弱い面を隠して、強く快活な面をことさら示そうとすることがあります。それゆえ、隠ぺいや偽装の防衛戦略には、ハーモニー志向と完璧主義に共通する要素がたくさんあるといえます。

隠れ蓑を着て出かけないと自信を持てない人も、「隠れ蓑を着るなんて面倒で疲れる」と思ってはいます。でも彼らにとって、隠れ蓑の下で呼吸困難になる不安よりも、自分自身をさらけ出したら相手から拒絶されてしまうかもしれないという不安のほうが大きいのです。

彼らの影子は、本心を隠し、周りに合わせるようしつけられています。このような人の中には、「自分の本来の姿をパートナーにも見せる自信がない」と言う人も少なくありません。パートナーにさえも、できるかぎり「表向きの自分」しか見せないようにしているのです。なぜなら、**もし自分の本来の姿を見せて自分の願望や欲求を伝えてしまったら、パートナーとの関係が壊れてしまうのではないかと思っているから。**ところが、じつはその反対なのです。お互いの言葉に信憑性があってこそ、楽しく活気に満ちた関係を築くことができるのです。本来の姿を隠していると、関係は硬直してしまいます。これには、この人たちが衝突することに臆病になっていることも関係しています。それは、こういうことです。彼らは周りに合わせないといけないという強いプレッシャーから、自分自身の欲求を言葉で表さなくなり、ついには「自分はいつも雑に扱われる」という感情を持つようになります。その結果、欲求不満に陥りますが、衝突に臆病であるために、その欲求不満もまた自ら抑え込んでしまうのです。そうして「冷たい怒り」が募っていき、その怒りからパートナーへの愛情も冷めてしまい、次第に関係は硬直し、退屈なものになっていきます。そして、いつの日か残り火も消え、一言も悪態をつくことなくその関係は終わりを迎えるのです……。

極度に周りに合わせ、役割を演じながら行動している人は、自分に正直でいることができません。**自分に正直でいるためには、そのように自分を守るのではなく、自分の願望と考えを大事にし、それらに責任を持つ必要があるのです。**

また、このような人が積極的に嘘をついているわけではないとしても、何を思っているのか、相手はなかなか理解できません。ですから、普段から自分の不平を相手に伝えず、理由を言わないまま相手から去るのは、決してフェアではないといえます。それだったら、別れ際に捨てゼリフを吐くほうがまだ少しはフェアだといえるでしょう。ただ驚くことに、パートナーや親友に自分のことをオープンに話す自信を持ち合わせていなくても、自分のことを正直でまじめな人間だと強く思っている人も少なくありません。

この防衛戦略の価値を認める

あなたは、愛され認められるためにベストを尽くしています。それゆえ、自分のもっとも良い面だけを見せるよう、ものすごく努力しています。あなたには適応力と自制心が十分に備わっているのです。

第一アドバイス

ただ、あなたの影子はかなり弱気になっていて、愛されるためには〝他の誰か〟にならなければいけないと思ってしまっています。そこで、あなたの影子にこう言いましょう。「それは意味のないことだよ」と。そして、影子がもっと自分を出すことに自信を持てるようにしていきましょう。そのためにまずは、あなたの「大人の自分」がたっぷりの愛情と好意を持って影子に接していくことが大切です。それから、ちょっとした場面で、**あなた自身とあなたの考え、あなたの願望に対する責任をもっと持ち、それらを主張するよう練習してみてください**。そうするほうが周りの人に喜んでもらえることを知って、驚くはずです。

ここまでで、とくに重要な防衛戦略についてざっと見てきました。すでに本章の初めにお話ししたように、あなた自身の防衛戦略を知ることが重要ですが、その防衛戦略はこれまでに挙げた防衛戦略とぴったり同じとはかぎりません。また、これまでの話でわかったかと思いますが、防衛戦略はあなたが抱えている問題や悩みの本当の原因であることも多いのです。そこで次は、あなたの個人的な防衛戦略を知る方法を紹介していきます。

レッスン　自分の防衛戦略を知る

使用する防衛戦略は、日常生活の場面によって異なることがあります。たとえば、攻撃から身を守るために、仕事ではあらゆる要求にできるかぎり完璧に応えようとしているけれども、人づき合いではしばしばいきなりケンカを始めたり、とっぴな行動をしたりしてしまう。このような人もいるでしょう。しかし、ほとんどの人は、困難な状況や問題が起こったときに最初に使おうとする「基本的な防衛戦略」を持っています。ですから、ある人はどのような場面でもまずはできるかぎり完璧でいようとし、また、ある人はほぼどのような問題にも退却と回避で対処しようとします。そのため、私たちは自分の防衛戦略や他者の防衛戦略をそれぞれの人格の特徴と見なすことも多くあります。たとえば、退却と偽装で身を守っている人は内気な人、ナルシシズムの防衛戦略を使う人はナルシスト、というように。

そして**私たちは、自分の防衛戦略を表す信念を少なくとも一つは持っています。**「私はかわいらしく、お行儀良くしていなければいけない！」あるいは「私はミスをしてはいけない！」というような信念です。

こうした人格や信念以外にも、あなたの基本的な防衛戦略をすぐに見つけられる方法がもう一つあります。その方法を紹介します。まずは、あなたが先週、気分を害したり、「またこの問題が起きた！」と思ったりした状況を二つ、三つ思い浮かべてみましょう。それは、仕事でモヤモヤした気分になったときかもしれませんし、パートナーと一緒にいてイライラしたり腹が立ったり混乱したりしたときかもしれません。すると、あなたに〝ありがち〟で、しかもあなたを再三悩ます状況がはっきりとしてきます。さらに、**その状況から、あなたがどのような防衛戦略を使っているのかも見えてきます**。そのときにあなたは攻撃していますか？　それとも引き下がっていますか？　あるいは周りに合わせていますか？

では、そのあなたの防衛戦略を子どもの絵の足元に書き入れていきましょう（表紙の裏を参照）。防衛戦略を文章にして、できるかぎり具体的に書いてください。たとえば「退却」とだけ書くのではなく、「私は争いを避ける」あるいは「私はインターネットに逃げる」といった具合に。防衛戦略は私たちの行動の一部なので、ほとんどの防衛戦略は具体的な行動で言い表すことができます。ですから、「私は作業場へ行って、自分の車を修理する」「私はショッピングに行く」「私は嘘のストーリーを考える」など、あなたの個人的な防衛戦略を言葉で表してみましょう。

その防衛戦略を子どもの絵に書き込んだら、影子の完成です。それこそが、あなたの心のプログラムの中で「あなたを繰り返し生きづらくさせる部分」なのです。

自分の問題を防衛戦略から見てみる

すでにお話ししたように、あなたが関与している日常生活の問題はどれも、あなたの影子から生じています。あなたの問題はそれ以上のものではありません。つまり、問題のテーマはつねに同じで、一つ一つの問題はそのテーマから派生しているバリエーションに過ぎないのです。「そんなの信じられない」と言う人も多いでしょう。確かに、仕事の問題と恋愛の問題は違うように思えますし、それぞれの問題はいろいろな要素が絡み合っているようにも思えます。しかし、**どのような問題であっても、その背後には単純な信念を持った影子が隠れているだけなのです。**とはいっても、実際、このことを理解するのは簡単ではありません。そのことを、私もクライアントを通して何度も実感しています。

ビリー（27歳の女性）もその一人。ビリーは10回目のカウンセリングで、その前の週に起こった親友とのトラブルについて私に語りました。その後、私が「そのこともみんな、あなたの『内なる子ども』の絵に書いてあるじゃない」と言うと、彼女はびっくりしていました。そこで再度一緒に彼女の信念と防衛戦略を見ていくと、彼女は目からうろこのように、「先週起こったトラブルも、これまでの問題と同じテーマから起こっていたんだ」とわかったのです。彼女の影子は、「私は十分ではない」という強い信念を持ち、その劣等感から、些細な非難を受けただけでも侮辱されたと感じ、それに対して退却で対応していたのです。

私はすでに自分の影子と親しくなりましたが、何気なく生活していると、影子のことをつい忘れてしまうことがあります。そのときには、私が影子の目線から周りの人を認識して昔からの思考・行動パターンをとっていても、そうした自分に気づけません。**人は、自らが行った投影にだまされてしまうほど、本来の自分が見えなくなってしまうものなのです。**

「現実」は自分で自由に変えられる！

あなたの現実は、あなたが自分の影子とその影子の信念と共につくり上げたものです。これを認めることが、子どものころのプログラムから抜け出すため、ひいてはもっと幸せになるための前提条件になります。あなたが抱えている問題が運命だけによるものでなければ、その問題は、あなたがあなた自身と周囲の人を主観的に認識した結果、起こったといえるのです。ということは、**「あなたは、あなたの認識と思考、感情を自分で自由につ**

くり上げていくことができる」のです。このことを必ず理解してください。

もしかしたら、あなたはこの私の言葉をまだ信じていないかもしれません。それほど私たちの感情は強く、なかなか変えられないものであり、そういった経験を私たちはしょっちゅうしているはずです。さらに、私たちは「現実は〝一つ〟しかない（自分に見えている現実しかない）」という考えに子どものころから慣れてしまっています。でも、ここでちょっと思い返してみてください。あなたのネガティブな信念があなたの感情にどれだけ影響を与えているのか。また、あなたの防衛戦略があなたの日常生活にどれだけ浸透しているのかを。

ではなぜ、子ども時代のプログラムがそれほど心身の奥深くに組み込まれ、「主観的認識の眼鏡」のような機能を果たしているのでしょうか。それは、**私たちの脳が「習慣づけ」によって物事を覚えていくからです。**あることを考えて感情を抱き、行動を起こす。私たちがこの同じ思考−感情−行動を経験すればするほど、それらが真実味を帯び、脳（意識）に「刺激と反応の連鎖」としてより深く刻み込まれていくのです。その連鎖を起こす「脳細胞同士のつながり」は、情報が通る道のようなもので、同じ思考−感情−行動が習慣的にくりかえされるたびに、道は広くなり、高速道路になっていきます。一方で、それに代わる思考−感情−行動のための道は、せいぜい踏み固められた小道にしかなりません。

ここでもう一度、言っておきましょう。あなたの現実は、あなた自身がつくり上げたものです。あなたがそのことに気づかないかぎり、現実をつくるプロセスは自動的、それゆえ無意識のうちに進行していきます。しかし、そのことに気づけば、あなたの現実とそれに伴って、あなたの思考、感情、行動を変えることができるのです。これは、脳研究の最新の見解によるものであり、秘儀のようなものではありません。どうすればこの変化を起こせるのか、どうすればあなたの現実を建設的、かつ適切につくり上げていけるのか、といったことも本書で説明していきます。それには日向子に取り組んでいく必要がありますが、その前にまずは、傷ついたかわいそうな影子を受け入れて慰め、できれば傷を完治させていきましょう。

16章 「影子」の傷を癒す

私たちが日常生活で悩みを抱えてしまうのは、たいてい、誤った決定をしてミスをするのではないかと心配になるからです。私たちは、自分のミスをなかなか許せないため、正しい存在でいよう、正しく行動しようと懸命に努力します。しかも、誤った決定をした場合、その決定を嘆くだけでなく、自分自身の存在が誤りなのではないかと思ってしまう人も多くいます。そのような人は潜在意識下で「私は十分ではない。なんとかして別人にならなければいけない」と感じているのです。そう感じるのは、影子のネガティブな信念のせい。影子は、自分は理想とは逆だと思っているのです。そして、大人、つまり「大人の自分」から理解されておらず、ないがしろにされていると感じています。おそらく昔も、影子ママとパパ（や他の子ども）からきちんと理解されていないと感じていたのでしょう。

は、「ないがしろにされている」と感じれば感じるほどますます不機嫌になっていきます。
この章では、あなたの影子の傷を癒すレッスンをいくつか紹介したいと思います。すでにお話ししたように、そのためには、あなた自身が「大人の自分」を使って次のことをはっきりと理解することがとても重要になってきます――**「影子のネガティブな信念と感情は、単に子どものころの刷り込みから生じたものに過ぎず、真実ではない」**。あなたはまだこの私の言葉をあまり信じていないかもしれません。でも、本書を読み進めていくうちにこのことがどんどんわかっていくように、私は最大限の努力をしていこうと思っています。

私たちは自らの影子と影子の防衛戦略のために自分自身を傷つけ、ときには他者も傷つけてしまいます。ですから、自分自身をうまく調整し、良い方向へ導くためには、「大人の自分」から影子を引き離すことがとても重要になってきます。それには、**影子の目線から感じて行動している自分に毎回、気づくことが必要です**。なぜなら、その自分に気づけたときしか、影子モードから抜け出して「大人の自分」モードに切り替えることができないからです。この章からのレッスンでは、こうして自分自身の認識と思考、感情を調整していきます。いうなれば「セルフマネジメント」のレッスンです。

その際、自分を変えていくことに対して、責任を持って取り組んでください。要は、本書のレッスンを行って、それを日常生活でもきちんと実践していく、ということです。**実践する回数が多ければ多いほど、新たなプログラムとポジティブな感情があなたの脳にしっかりと刻み込まれていきます。**ダンスを覚えるときも、そうですよね。最初は全神経を集中させてダンスの動作を覚えなければならず、少々きつく感じますが、レッスンを続けていけば、次第に一つ一つの動作が身体記憶に保存されていき、最終的には意識しなくても最後まで行えるようになります。本書のレッスンも同じです。

レッスン1　「心の支えとなる存在」を感じる

私のセミナーで、ある男性の参加者が「毎回、独りで練習するなんて、僕にはきついです」とコメントしたことがあります。この方は、苦しい状況に見舞われると、すぐに「誰かがそばにいてくれたら、乗り越えられるのに」と思ってしまうそうです。このコメントに対して、私のアシスタントトレーナーで良き友人でもあるカーリンは、こう答えました。「苦しい状況を独りで乗り越える必要はまったくないです」。そしてカーリンは、彼女の友人であるラメーについて語りました。

ラメーはカメルーンで生まれ、幼少期に家族と共にドイツへ移住し、現在は実業家として成功している女性です。ラメーは、ビジネスパートナーと重要な交渉を行うときには、その交渉に独りで臨むようなことはしません。強力な助っ人である親族たちが同席していると想像します。家長である祖母と家系の長老である祖父、故郷の村で医師をしている伯父です。こう想像することで、ラメーは強くなれ、自信を持って行動できるようになるのだそうです。このようにして自分を強くするのはすばらしい方法だと、私も思いますので、ここでその方法についてもう少し詳しく説明しておきましょう。

大変なときにあなたの味方になってくれる人を思い浮かべてみてください。一人だけでもいいですし、ラメーのように何人かいる場合はチームにしてもいいでしょう。また、実在（すでに亡くなっていても）の人物でもいいですし、童話の中の妖精やスーパーマンのような架空の存在でもかまいません。状況によって助っ人を変えてもいいと思います。

そして、あなたが心の支えを必要とするときにはいつも、その人たちがあなたのそばにいてくれる、と想像してください。もちろん、次のレッスンでもそうしてくださいね。

レッスン2 「大人の自分」を強くする

影子を癒すためには、安定した強い「大人の自分」が必要です。なぜなら、そのような「大人の自分」は、「ネガティブな信念は単に子どものころの刷り込みによるものに過ぎない」ということをきちんと理解できるからです。私たちの頭脳（大人の自分）には、理にかなった根拠にもとづいて自分の主張を組み立てていく能力が備わっています。**主張の根拠（論拠）は、私たちを強くし、安定させてくれる骨組みのようなものなのです。**ここではまず、「大人の自分」から影子を少し引き離すのに役立つ、論拠と事実をいくつか伝えますので、ぜひ頭に入れておいてください。

- 悪い心を持って生まれてくる子どもはいません。子どもが悪い人間であることはあり得ません。
- 子どもは周りの人をイライラさせ、疲れさせることもありますが、それによりその子どもの価値が変わることはありません。親には、そうしたストレスを引き受ける責任があります。そのため、その責任を引き受ける覚悟があるかどうか、親になる前に考えなければなりません。
- 子どもは、むしろ周りの人をイライラさせなければならないのです。なぜなら、子どもはまったく無力であり、自分にとって重要な欲求を満たすためには親をどうにかして動かさなければならないからです。子どもの行動目的は、「生き残る！　大きくなる！　あらゆることを学ぶ！」なのです。

・子育てがあまりにも大きな負担となっている人は、助けを求めるべきです。子どもは、親のその負担をどうすることもできません。

・子どもは、自らの精神的、身体的な欲求が満たされる権利を持っています。親には、その欲求を満たす責任があります。

・感情と欲求は、基本的にノーマルなもので、適切なものです。もちろん、あらゆる感情と欲求をいつでも言葉で表していいわけではないということを、子どもは学ばなければなりませんが、それでも前述のことに変わりはないのです。

・子どもの感情と欲求を理解するのは、親の任務です。親の感情と欲求を理解し、満たす責任は、子どもにはありません。

・子どもを愛し、この世界に喜んで迎え入れるのは、親の任務です。親に愛されるようにふるまうのは、子どもの任務ではありません。

・子どもは周りの人を疲れさせる性質（さまざまな物事に興味を持つことや、一つのことをやり出すと止まらないことなど）をたくさん持っていますが、大人になってからこれらは非常に良い、重要な性質と見なされます。そのため親は少し我慢をして、これらの性質を良い方向へと導いていくべきであり、それが親としての任務なのです。これらの性質を安易につぶしてしまう人は、親としての無能さを自らさらけ出しているようなものです。

あなたもぜひ、このような論拠を挙げて自分の主張を組み立てていく練習をしてみてください。すでにお話ししたように、論拠はあなたの「大人の自分」を強くし、安定させてくれますからね。

アドバイス あなた自身のことについて考えたり語ったりするときには、つねにあなた自身を少し離れたところから見るようにしてみましょう。そのためには、決してこう考えないようにします。「私は不安だ」「私は拒絶されている」「私は放っておかれている」「私はあざ笑われている」など。その代わりにこう考えましょう。**「私の中にいる影子が、不安になっている」「私の影子が〜」**と。私のカウンセリングでも、このレッスンはよく行われ、実際にこの方法によってクライアントは毎回、自分の状況を少し離れたところから見ることができています。私も、このように表現することで、自分の影子と完全に一体化することを防げています。

レッスン3

影子を受け入れる

ストレスや負担を感じることが多ければ多いほど、自分自身と闘うことが多くなり、自分自身と闘うことが多ければ多いほど、ストレスや負担を感じることが多くなる――これは、心理学で証明されている法則です。自分自身と絶えず闘うことで、自己の存在を実感するという人も多くいますが、そんなことをしていたら疲れてしまいますし、なんの利益も得られません。**「自分を受け入れること」こそが、リラックスとさらなる成長の前提条件になるのです。**

ただ、誤解しないでくださいね。「自分を受け入れる」というのは、自分のすべてを良いと思う、という意味ではもちろんありません。今の自分に対して「そうだよね」と言うことなのです。「自分を受け入れる」というのは、自己嫌悪と自己不信の反対であり、自分のポジティブな感情もネガティブな感情も自分の一部として受け入れるということ。要は、それらの感情を持ってもいいということなのです。そして、「自分を受け入れる」というのは、自分の強みだけでなく、自分の限界も〝認める〟ということでもあります。なぜなら、自分の限界を認めなければ、受け入れることも、ましてやそれに取り組むこともできませんからね。つまり、「自分を受け入れる」ことは、「停滞」を意味するわけではないのです。

ではここで、心の中にあなたの影子を呼び起こしていきましょう。目を閉じてください。あなたのネガティブな信念を心の中でつぶやいて、それらをじっくり感じてみましょう。あるいは、影子が活動的であった、もしくは活動的である状況を思い浮かべてみてもいいでしょう。このほうが簡単に影子を呼び起こせるかもしれません。思い浮かぶのは、子どものころのことで、恥ずかしい、あるいは理解されていない、寂しい、不当に扱われたと感じた状況でしょうか。それとも、大人になってからあなたの影子がひどく不快に感じるようになった状況でしょうか。

いずれにしても、その状況を思い浮かべたときにあなたにわき起こってくる感情を意識してください。おそらく、不安や動揺、悲しみ、プレッシャー、怒りのような昔からよく知っている感情が現れることでしょう。その感情に向き合ってみましょう。そして、お腹の奥深くまで息を入れて、その息を吐き出し、こう言いましょう。**「そう、これが私の影子。これが私の愛する影子。君は今、そこにいるだけでいいんだよ。私は君を喜んで迎え入れるよ」**と。

あなたが自分の影子を受け入れるたびに、影子は安らかな気持ちになっていきます。そのことに、あなたも気づくでしょう。影子は「私のことをきちんと見て、受け入れて、理解してくれている」と感じているのです。

レッスン4

「大人の自分」が影子を慰める

次のレッスンで、もう少し先に進んでいきます。このレッスンの目的は、「影子のネガティブな信念とネガティブな感情は、誤ったプログラミングによるもの」ということを、「大人の自分」が影子に理解させることです。

そのために、「大人の自分」は影子に対してとても好意的に、親のような立場で接するようにします。ですから、あなたの子どものころの写真を目の前に置きながら行うといいかもしれません。自分の影子に対して好意的な態度をとることが難しいようであれば、どこかの幼い子どもが悲しんで不安になっていると、想像してみてください。その子どもは、他の子どもたちから仲間はずれにされているのではないかと不安になっているようです。あなたはその子どもをどのように慰めますか？「そんなに大げさに考えるなよ、弱虫だな！」と言うでしょうか。それとも、その子どもを励まして、他の子どもたちがいるところまで手をつないで一緒に行ってあげますか？　たぶん、あなたは後者でしょう。このような好意的なふるまいは、自分の影子とのつき合いにも有益ですので、自分自身にも好意を持てるように、ぜひ練習してみてください。好意は、人づき合いには欠かせない要素ですが、それだけでなく、自分の影子、ひいては自分自身とうまくやっていくためにも欠かせない要素なのです。

好意的にふるまおうと思うと、自然と影子に対してとてもやさしい声で話しかけるようになるでしょう。また、ゆっくりと大きな声で話しかけるのもいいですね。そのほうがもっと効果的です。でも、「そんな変なことはできない」と思うのであれば、心の中でつぶやくだけでもかまいません。

1. 「大人の自分」が影子に、当時のママとパパがどうだったのかを説明します。たとえば、このように言います（これは一例なので、あなたに合った内容に変えてください）。「ああ、私のかわいそうな影子。あのとき、君はママとパパのことで大変だったね。ママはいつも疲れていて、イライラしていた。それに、病気がちだった。君は、ママがすごく大変そうだとよく思っていたね。だから、ママにこれ以上大変な思いをさせないように、いつもとてもお行儀良くおとなしくしていた。でも君は、ママを本当に幸せにしてあげることが一度もできなかった……。ママはいつも悲しそうだった。そして、そのときにパパは君を助けてはくれなかったね。パパはママに文句ばかり言っていた。ただ、パパは機嫌がいいと本当に楽しそうだったよね。そういうとき、君は心から幸せを感じていて、パパの良い機嫌がずっと続くようにとすごく願っていた。なのに、パパはすぐにまた機嫌が悪くなり、ママと口ゲンカを始めてしまう。ママとパパがあれほどまでにお互いを不幸にし合っていて、そのために二人共いつもイライラしていて大変そうだったから、君はまったくおかしなことを思ってしまったんだよ。こんな風に――『私は十分ではない』『私はお行儀良く、おとなしくしていなければいけない』『私は大変な思いをさせてはいけない』と（ここで、14章で見つけたあなたの中心的信念を読み上げましょう）」

2. あなたの「内なる子ども」に話しかけるときには、子どもが理解できる言葉を使ってください。そうすると、「内なる子ども」は話しかけられていることを実感できます。たとえばあなたのママがすごく支配的だった場合、この「支配的」という言葉は大人が使う言葉なので、その代わりに「いつもママがなんでも決めていた」というように言ってみてください。また、「うつ」や「攻撃的」という言葉も子どもとの会話では使わない言葉なので、「悲しげ」や「怒りっぽい」などと言い替えたほうがいいでしょう。

3. 次のステップでは、もっとも重要なメッセージを影子に伝えていきます。それは、「子どものころに起こったことはどれも、影子のせいではない。親があれほど大変な状況に見舞われていなかったら、影子はまったく違う信念を持っていただろう」という趣旨のメッセージです。たとえば、それをあなたの影子にこう話してもいいでしょう。

「すべて君のせいではなかったんだよ！　そのことをぜひ君にわかってもらいたいんだ。ママとパパが間違ったことをしてしまったんだよ、君じゃないんだ！　もしママとパパがあれほど大変じゃなかったり、君の両親が違う人だったりしたら、君は、そのままの君で十分だということがわかっていたかもしれない。そして、ママとパパが君のことを心の中ですごく褒めていたことに気づいていたかもしれない。君がちょっと生意気でも、君が自分の思いをもっと言っても、ママとパパは変わらず君のことを愛しているんだよ。もちろん、君はママとパパにときどき迷惑をかけてもいいんだ。君がママとパパを必要としているときには、ママとパパは君にかまってあげたいと思っているんだから」

この文章を、あなた自身とあなたの問題、あなたのネガティブな信念に合うようにつくり替えてみてください。ここで重要なのは、影子へのメッセージを言葉で表現することではなく、あなた自身がメッセージの趣旨をきちんと理解することです。つまり、**影子の信念はどうにでもなるものであり、かつなんの意味もなく、当然、あなたの実際の価値を決めるものでもまったくない**ということを、あなたが「大人の自分」を使って影子に理解させることが一番大切なのです。

ところで、もしあなたが子どものころに幸せな経験ばかりして、あなたの両親がおそらく間違ったことをほとんどしなかったとしても、もちろん、このレッスンを行うことができます。その場合、あなたの影子にこう説明しながら話を進めていくのもいいでしょう。

「私のかわいい影子。ママとパパは、正しいことをたくさんしてくれた。私も君も、ママとパパの子で本当に良かったと思っているよね。唯一、ママとパパがもう少し〜してくれていたら／もう少し〜していなかったら〜」

このレッスンからは、**あなたの行動の主導権を影子に握らせないよう十分注意することが肝心です**。影子は、弱気や不安な気持ちになりやすく、その場から逃げ出したくなったり、場合によっては攻撃したくなったりもします。しかし、そのときにどうすべきかを決めるのは、「大人の自分」です。これは、幼い子どもがいる実際の家庭と同じです。たとえば、歯医者へ行かなければならない子どもが不安を抱えているとします。愛情深い親だったら、その子どもの手を取り、歯医者へ行けるよう助けてあげるでしょう。子どもの言いなりになって歯医者の予約をキャンセルするようなことはしないはずです。また、子どもが単に学校へ行きたくなくてサボろうとしているときに、親は安易に「サボってもいい」とは言いませんよね。このように、あなたも自分の影子と一緒にいると想像してみてください。影子の話に耳を傾け、どのような不安と心配を抱えているのか語らせてあげましょう。ただ、**最終的にどうすべきかは、あなたが知力を使って決定します**。

このレッスン（影子との会話）をたびたび行い、あなたのメッセージが影子にきちんと届くまで繰り返しましょう。毎回、長い時間をかけて会話をする必要はありません。ちょっとした言葉を影子にかけてあげることでも、影子を慰め元気づけることができます。とくに、日常生活で困難な状況に直面して、自分がネガティブな信念からまったく離れられないことや、不安や怒り、絶望感にさいなまれていることに気づいたときには、心の中で影子の頭をなでてあげるだけでも、影子を励ましたり落ち着かせたりすることができます。こうした影子への対応によって、〝子どものころの心のプログラム〟と〝大人の目線から見た現実〟とを少し引き離すのです。すると、子どものころのプログラムが自動的に始動してしまうこともなくなり、昔からの思考・行動パターンを省みることができるようになります。こうして、これまでとは異なる行動を起こすチャンスが生まれるのです。

レッスン5

昔の思い出に上書きする

子どものころに両親などの身近な人と経験した出来事は、記憶に深く刻み込まれます。このことを、あなたも本書のレッスンで実感したことと思います。思い出が詰まったフィルムは電気信号に変換され、その電気信号を伝えるネットワークが脳内に形成されるのです。ですから、ちょっとしたきっかけ（トリガー）だけで、昔の出来事がはっきりとよみがえることもあります。しかも、まったく意識していない事柄もトリガーになり得ます。ミヒャエルもそうでしたね。ソーセージを買ってきてもらえなかったことで、子どものころの出来事がよみがえってきました。

私たちは、同じようなことを何度も経験して、脳に深く刻むと、そのときの思考・行動パターンにすぐに、かつ繰り返し陥ってしまいます。ただ、このネットワークを新たにつくり直すこともできるのです。**私たちの脳は、現実と想像をはっきりと区別できません。**たとえば目前に迫っているテストなど、大変そうな状況を想像するだけで不安を感じますよね。このように、あなたの想像力を駆使すれば、ネガティブな思い出をつくり直すことができます。**昔の思い出に上書きすることは、脳科学的に可能なのです。**そしてこの方法は、昔の傷を自分で治していく際に役立ちます。上書きすることで過去の一部を変え、さらにその過去によって呼び起こされるネガティブな感情も変えていくのです。エーリヒ・ケストナー〔ドイツの作家〕は、ずいぶん前からそのことに気づいており、こう言っています。「良い子ども時代をつくるのに遅過ぎるということはない」

では、次のレッスンでネガティブな思い出に上書きしていきましょう。このレッスンは、スキーマ療法の一つで、ジッタ・ヤコブとアーノウド・アーンツの共著『スキーマ療法実践ガイド』（金剛出版）から借用したものです。

1. あなたにも、子どものころに〝嫌な〟思い出が少なくとも一つはあると思います。それはおそらく、養育者があなたの前でいつもとっていた態度に関連する出来事だったのではないでしょうか。
そうした子ども時代の出来事を思い出してみましょう。思い出すと、とてもつらくなるようであれば、完全に思い出さなくても大丈夫です。たとえば、親に虐待されていた場合は、親がどのように手を上げたのかを思い出すだけでも十分です。思い出フイルムの全シーンを上映する必要はありません。ただし、思い出の中のあなたを、第三者の目ではなく、当時のあなたの目を通して見てください。

2. その時の感情を、ここでもう一度正確に感じてみましょう。前述したように、その感情にどっぷりと浸る必要はありません。当時、不安を感じていたのであれば、ここでは、それを少し感じるだけでも十分です。

3. あなたの想像力を使って、その出来事からあなたをどう救えるのか思い描いてみてください。まずは、そこに助っ人を登場させてみましょう。助っ人は、誰でもOKです。大好きな叔母や祖母といった実在の人物でも、スーパーマンや童話の中の妖精でもかまいません。このレッスンでは、あなたの想像力を存分に働かせてください。大人になったあなた自身が助っ人として登場し、子どものあなたを救ってもいいでしょう。そうして、昔の思い出に上書きしていきます。

レッスン6

結びつき欲求を満たす

次のレッスンの目的は、あなたの「内なる子ども」と、大人であるあなた自身の結びつき欲求を満たすことです。そのために、親などの近親者と結びついているという感覚を、想像の中で強めていきます。

まずは、たくさんの幸福感と愛情、そして親密さと心地良さ、優しさを感じた時間を思い出し、その中にあなたをもう一度登場させましょう。その状況に浸り、「守られている、安心できる、大事にされている」という感覚を心の中にたっぷりと入れます。その人との結びつきを感じてください。この思い出の中では自分がとても歓迎され、愛されていたということを再確認しましょう。

もし近親者を身近に感じた思い出がなかったら、想像上の両親をつくってしまいましょう。子どものころに求めていた両親を、想像の中のあなたにプレゼントしてください。新たな両親となる人は、友人の両親など実在の人物でもいいですし、架空の人物でもかまいません。さあ、目をつぶって、愛情深い両親をあなたの「内なる子ども」にプレゼントしましょう。

次に、その新しい両親があなたと一緒にいて、どんなに楽しく幸せなのか、思い描いてみてください。あなたが子どものころにしてほしかったことを、その新しい両親にしてもらいましょう。あなたには、まったく新しい家庭ができるのです。これで、両親にそばにいてほしいと思うときにはいつでも、この新しい両親を呼び寄せることができるようになります。

レッスン7

影子に手紙を書く

このレッスンでは、あなたの子どものころの写真を目の前に置いておくといいでしょう。その後、あなたの影子に手紙を書きます。子どものことを心配する優しいママやパパになったつもりで、あなたの影子を慰めるための手紙を書いてください。たとえば、このように書いてみてもいいでしょう。

僕の大好きなユルゲンへ

ユルゲンはいつもいろいろなことを考えて苦しんでいるよね。失敗するんじゃないか、落ちこぼれになるんじゃないかって、いつもすごく心配している。だから、仕事でも、休み時間でも、つねに全力で頑張っているんだ。でもね、つねに全力を出す必要はないんだよ。そのままの君で十分なんだから。ちょっと力を抜いたとしても、君は十分良くやっているんだよ。それなのに、君はまったくおかしな思い込みをしてしまったよね。「僕は十分ではない」「僕は独りでやらなければならない」

といったように。こういった思い込みは、じつは昔のママとパパが原因となっているんだよ。その当時も、君はのんきに過ごしてはいなかったよね。ママはいつもイライラしていて、パパはほとんど家にいなかった。君は、ママを幸せにしようと、ものすごく頑張っていた。ただ、それが本当にうまくいったことなんて一度もなかったね。ママはいつも疲れ切っていて、不幸せだった。だから、君は自分がもっといい子でいなければいけないと思ったんだ。そこで、勉強も一生懸命頑張っていた。

でも、ちょっと考えてみて。ママの機嫌がいつも悪かったのは、君のせいではないよね！　あのときママは他の誰かに助けを求めるべきだった。心のお医者さんに助けてもらうのが一番良かったんだ。ママの中にも、自信のない不安で一杯な影子がいたから、ママはいつも「すごく大変」と感じていたんだよ。ママも「私は十分ではない」といつも思っていたんだ。だけど、それに対して君はどうすることもできないよね。それに、今、目の前に広がっている世界は、そのときの世界とはまったく違う。僕たちは、もう大人になっていて、自由なんだ！　僕たちはそろそろ人生を楽しもうよ！　つねに一番でいる必要はないよ。少し休んで、またサッカー場にでも行こうよ。昔は、よく行きたがっていたじゃないか。もっと楽しむようにしてみて。そうするほうが、頑張り続けているよりもずっと気分が良くなるから。

愛情を込めて

君を愛するユルゲンより

レッスン8 影子を理解する

次のレッスンは、あなたの影子の認識と「大人の自分」の認識を区別するのに役立ちます。これができるようになれば、あなたはより自由に物事を決定し、行動できるようになります。

1. このレッスンでは、周りの人やあなた自身に関する具体的な問題を取り上げていきます。まずは、二脚の椅子を用意し、その椅子を向かい合わせに置きます。そのどちらかの椅子に座り、影子モードになるよう試みてください。そして影子の立場から、あなたの問題について話してください。その問題に関連する、影子の信念と感情を影子に語らせましょう。そうして影子の立場からあなたの問題をとらえて語ると、その問題がどう聞こえ、どういう感じになるのか、注意深く認識していきましょう。

2. 次に、影子モードから抜け出して「大人の自分」モードになるよう試みてください。影子を〝ふり払う〟ために、手の平で身体を軽くはたいたり、軽く飛び跳ねたりしてもいいでしょう。「大人の自分」モードになったら、もう片方の椅子に座ります。今度は、「大人の自分」の立場から、先ほどまで反対側の椅子に座っていた影子について考察し、あなたの問題を批判的思考力で分析していきましょう。

例を挙げておきますね。パニック発作に悩んでいるバブシの場合です。彼女は独りで出歩いたり車で出かけたりするのが怖いと思っています。外出先で自分をコントロールできなくなり、気絶してしまうのではないかと不安になっているのです。そこで、私は彼女に「完全に影子の気持ちになって、影子の立場からあなたの問題について説明してみて」と言いました。

すると、彼女の影子はこう説明しました。「私が独りで道を歩いている。そう想像するだけで、もうどうしたらいいのかわからなくなる。そのとき、私は自分がちっぽけで、誰からも助けてもらえないと感じるの。ものすごく不安になるのよ。そんなこと絶対イヤ。

もしかしたら死んじゃうかもしれない。誰も助けてくれないから、ママに来てもらって、私のそばにいてもらわないと……。だから、独りで出かけるなんて、無理！」

次に、私はバプシに「もう片方の椅子に座って、完全に『大人の自分』になってみて」と言いました。

彼女の「大人の自分」はこう言いました。「さっきまでそこに座っていたのは、自分のことを自分でする自信がまったくない幼い女の子。客観的に考えると、彼女が心配しているようなことは起こり得ない。万が一、気絶したとしても（まずないでしょうけれど）、通行人が必ず助けてくれるはず。いいえ、その女の子の本当の問題は、そんなことではなくて、ママなしでは何もできないと思っていること。ということは、彼女がまったく親離れできていないということだわ。彼女は、誰かが自分の面倒を見てくれて、自分の責任を負ってくれればいいと思っているのよ。自分は自立していなくて、人生に立ち向かっていくことなんてできないと感じているんだわ。そうだったのね……私はこれまで彼女のことをまったく理解していなかった。これからは彼女のことをもっと気遣い、彼女が本当はどう感じているのか、ときどき聞いてあげなければいけないのね」

この対話式レッスンで、バプシには次のようなことが明らかになってきます。「独りで出かけることに不安を感じるのは、子どものころに抱いていた不安が関係しているのだ」

と。それによりバプシは「不安になっている影子は思いやりと心の支えを強く求めていたのに、自分はそうした影子をあえて意識しないようにしていた」と気づきます。さらに、「そうしていたから、影子はいつまでも不安を抱えたままであり、だから今でも自分は親のもとを離れられないのだ」と自分自身を省みることができるようになります。こうして初めて、自立してもっと自信を持てるよう積極的に取り組んでいけるようになるのです。

ただ大半の人は、**「大人の自分」と「内なる子ども」をはっきり分けるのは難しいと感じるでしょう**。たとえば、影子の立場にいるのに、大人が使う言葉で話したり、幼い子どもが絶対に使わない表現で言ったりしてしまいます。「大人の自分」の立場でも、その逆をしてしまいがちです。バプシも最初はそうでした。先ほどの対話は、私が要約、修正しています。バプシの場合、影子モードのときに「自分が行き過ぎた不安を抱いていることを、自分でもわかっている」と話しましたが、これは、彼女の「大人の自分」の理性にもとづいた考えです。一方、バプシは「大人の自分」モードのときに、「できるかぎりずっと家に引きこもっていたい」と言いましたが、これは彼女の影子から出た願望です。でもここで、「それは大人のバプシの願望でもあるんじゃないか」と反論する人もいるでしょう。なぜこれが影子の願望かというと、この「家に引きこもっていたい」という願望はもともと、外の世界ではうまくやっていけないかもしれないという影子の不安によって生じているからです。大人のバブシの願望は、「外の世界に対して不安がなければ、人々の間に入っていきたい」ということなのです。

自分のどこが子どもの部分で、どこが大人の部分かをつねにきちんと区別するのは、実際には簡単ではありません。ですから、子どもの立場でいるときには、本当の子どものように話したり、感じたりするよう細部まで気をつけてください。そして、大人の立場では、あなたの問題を客観的に、感情に左右されずに分析するよう細心の注意を払ってくださいね。

このレッスンを紙に書いて行ってもかまいません。場合によっては、そうするほうが子どもと大人の部分を区別しやすくなるでしょう。

レッスン9 状況を三つの立場から認識する

このレッスンでは、前述のことをさらに推し進めていきます。ただ、このレッスンを〝練習〟ではなく〝あなたの現実を構築するための手引き〟と考えてもらうほうがいいでしょう。ここでは、「状況を三つの立場から認識すること」を行っていきます。この認識は、あなたの問題を解き明かしてネガティブな感情を変えていくための、いわば頑丈な基礎になります。異なる立場で考えられるように、初めのうちは立場が替わるごとに、実際に部屋の中で自分の立ち位置を替えていきますが、徐々に自分の頭の中で自分の立ち位置を替えられるようにしていきます。これができるようになると、いつでもどこでも異なる立場から状況を認識できるようになります。

まずは、あなたとある人物との間に繰り返し起こる問題を思い出してください。たとえば、パートナーからきちんと理解されず、真剣に考えてもらえないと思うようなことがこれまでに何度かありませんでしたか？　あるいは、あなたがすでに仕事をたくさん抱えているのに、いつも上司があなたのところに新たな仕事を大量に持ってくるとか。はたまた、あなたが自分の仕事で一杯一杯になっているのに、同僚が毎回あなたにアドバイスを求めてくるなど。

1. 部屋の中で立ち位置を決め、影子モードになってください。その問題となっている状況について影子の立場から見ていきましょう。影子はその状況についてどう感じ、その状況にはどのような信念が影響しているのか、注意深く認識していってください。

2. 影子をふり払うために、身体を軽くはたいたり、軽く飛び跳ねたりします。その後、同じ部屋の別の場所へ移り、相手の気持ちになります。相手の立場から、あなたとその状況を見ていきましょう。相手はあなたのことをどう思っていますか？

3. 同じ部屋のさらに別の場所へ移り、あなたの影子と相手のことを離れたところから見ていきます。「大人の自分」モードになり、その状況を客観的立場から分析していきましょう。影子と相手が舞台の上で芝居をしていると思ってください。影子にどのようなアドバイスをしますか？

ここで、私のクライアントの例も挙げておきましょう。ヘルマン（69歳）は、2〜3年ほど前からミランダ（65歳）と恋愛関係にあります。ヘルマンの影子は、次のような信念を持っています。「僕は逆らってはいけない！」「僕はあなたに合わせなければいけない！」「僕はありのままの自分でいてはいけない！」。この信念をできるかぎり感じないようにするために、ヘルマンの影子は〝逃避と自由を極度に求める衝動〟を持つようになりました。ですから、ヘルマンは〝人と結びつくことに対する不安〟にさいなまれているともいえます。

ある日のカウンセリングで、ヘルマンは「ミランダに腹が立った」と私に言いました。その内容はこうです。ヘルマンは、もともと友人との小旅行から日曜日の夜に帰宅するつもりでしたが、旅行中に、彼の成人した息子であるマーヌエールから「ぜひ自分のところにも寄ってほしい」と言われたので（旅行先の近くにマーヌエールは住んでいます）、ミランダに電話をかけ、帰宅が一日延びることを告げました。さらに、月曜日にはマーヌエールのところに、ヘルマンのもう一人の息子であるベルントが訪ねてきて、二人はヘルマンにもう一日滞在を延ばすようお願いしたのです。ヘルマンは「それはいい考えだ」と思い、ミランダに「もう一泊する」と伝えました。すると、ミランダは〝ぶつぶつと文句〟を言い始めたのです。ヘルマンはこれに苛立ち、できればミランダとの関係を終わりにしたいと思うようになりました。

そこで私は、ヘルマンと一緒に三つの立場からこの状況を考察してみることにしました。

1. **ヘルマンの影子の立場**：「僕に命令するというのか。僕がしたいことをしてはいけないのか。ミランダの言う通りにしろというのか。もっと頭を柔らかくして考えられないのか。本当にムカつく！」

2. **ミランダの立場**（ヘルマンがミランダの立場になる）：「がっかりだわ。日曜日の夜にヘルマンに会えることを楽しみにしていたのに、それが月曜日の夜になり、しまいには火曜日になるなんて。ヘルマンはいつも自分がしたいようにする。私には意見を言う権利なんてないように思う。一緒にいる日とそうではない日を決めているのは、いつも〝ヘルマン〟」

3. ヘルマンの「大人の自分」の立場：「なんてことだ。私のことをなんでも決めていたのは、ミランダではなかった。〝私〟がなんでも牛耳っていたんだ。確かに、すべてが私の思う通りになっていた。私が突然、予定を変えたときに、ミランダはそのことを不満に思いながらも受け入れていた。だが私は、自分がミランダの被害者だと思ってしまっていた。バカだった」

この三つの立場をそれぞれ完全に切り離すことによって、ヘルマンは、まったく新しい、これまでよりもはるかに適切な切り口から自らの問題を考察できるようになったのです。ヘルマンは、日常生活ではたいてい1の立場から物事を見ていました。いわば、影子と完全に一体化していたのです。1の立場からでは、自分の外側の世界をきちんと見ることができません。自分自身にしか共感できず、ミランダの気持ちになって考えてみようとは思えないのです。しかも、そのような影子の立場から物事を見ると、自分がかわいそうな被害者に思えてきます。一方、2と3の立場から物事を見ることで、ヘルマンはその状況に自分がどのように関わっているかを知り、さらに、相手に多くのことを要求しているのは、じつはミランダではなく自分だったということに気づけます。これによりヘルマンの感情に変化が現れ、それに伴ってヘルマンの行動も変わってきます。ヘルマンの行動はこう変わりました。ミランダと歩み寄れるよう話し合いをすることが、以前よりもはるかに増えました。そして、日常生活でもこの「三つの立場からの認識」ができるよう、二人の間でトラブルが発生したら少し考える時間を設けることにしたのです。

ヘルマンは、周りの人から文句を言われると、それを突っぱねて**相手との接触を断つことで、影子の不安をなくそうとするタイプ**です。だから、自分の影子の立場からしか物事を見られないことが多いのです。

これに対して、ハーモニー志向で自分の影子の不安をなくそうとする人は、自分と周りの人との間に境界線を引くことがなかなかできないといった問題を抱えています。そのような人は、しょっちゅう2の立場から物事を見ています。要は、**他者の感情や期待に対して過剰に共感してしまう**のです。ですからこれらの人は、自分が本当は何をしたいのか、自分にとって何が重要なのかをもっと感じ取れるよう練習していかなければなりません。つまり、自分と他者との間に境界線を引くことを学んでいく必要があります。そのためのヒントを、この後もたくさん紹介していきますね。

17章 自分の「日向子」を見つけ出す

日向子とは、誰もが好む心の状態です！　とはいっても、いったい日向子はどのような特徴を持っているのでしょうか。まずいえるのは、**日向子には「ここ」と「今」に没頭する能力が備わっているということです。**さらに日向子は、楽しいことやくだらないことが大好き。好奇心が旺盛で、感じるままに動きます。自分自身のことを深く考えずに、ありのままの自分でいたいと思っています。日向子の目は、自分自身にではなく外の世界に向いているため、自分と他の子どもとを比べることもしません。自分自身のことをあまり気にしていないので、自分が他の子どもからどのように見られているのかということも考えていないのです。日向子は、衝動のままに大声で笑ったり、飛び跳ねたり、歌ったり、ジャンプしたりして、生活を楽しみます。それだけでなく、仕事や学習に没頭することもできるのです。

私たちは皆、悩みのない子どものように喜んだり楽しんだりする能力を、日向子という形で持ち合わせています。まれにしかその能力を使わなくても、日向子は存在しているのです。子どものころにいかに夢中になって遊び、大声で笑うことができたか、振り返ってみてください。子どものころの好奇心と冒険心を思い起こしてみましょう。そして、**他者の影響や偏見にとらわれず、自分の内部からの衝動で行動していたことを思い出してみましょう。**幼いころは、他者と比べることがどれほど少なかったか、ちょっと考えてみてください。大人になったあなたの今の規準（美しいことと醜いこと、正しいことと間違っていること、成功と失敗の規準）は、子どものあなたの頭の中では、ほぼ役に立っていなかったことに気づきましょう。物事や感情はシンプルだったのです。家族と過ごした幸せな時間や、遊び友達との楽しい時間を思い出してみてください。

トラブルを起こす思考・行動パターンから解放されて新しい道を歩みたいのであれば、これまでの心のプログラムの代わりとなる新たなビジョンを持つようにしなければなりません。それには、自分が目指し、維持したい〝目標となる状態〟を知る必要があります。そのために、ここからまた私と一緒にレッスンを行っていきましょう。

今度は、あなたの日向子を見つけ出していきます。まずは、「心の支えとなる信念」と

「あなたの強み」を探っていきましょう。その後、新しい思考・行動パターンの支えや助けになる「価値」を見つけ出していきます。そして最終的には、どうしたらあなたの人間関係をより健全なものに、よりストレスの少ないものにしていけるのかを、あなたに伝えようと思います。つまり、防衛戦略の代わりとなる行動の指針を提示しようと思っています。**それを「黄金戦略」と呼ぶことにしましょう。**

こうして、あなたの日向子を思う存分発揮させていきます。ただ、それは〝あなたを新しくつくり直す〟ということではありません。なぜなら、あなたの大部分はすでに優れていて正しいからです。問題を引き起こす、あなたの思考・行動パターンだけを積極的に変えていきましょう。この後、具体的なレッスンに移りますが、その前に、自己責任についてもう少しお話ししておきます。

感情、思考、行動の決定権を握るのは？

大半の人は、他者や出来事、事情によって自分の感情が生まれると思っており、その思い込みの中で生活しています。ですからあのミヒャエルも、怒りの感情が起ったのはソーセージを買い忘れたザビーネのせいだと考えていました。ミヒャエルでなくても、ほとんどの人がミヒャエルと同じように感じたり、考えたりするでしょう。

たとえば、あなたの妻か夫が朝に機嫌が悪かったら、あなたの気分も下がりますよね。また、褒められると、うれしく感じ、非難されると、気分が落ち込んだり腹が立ったりします。交通渋滞にはまれば、イライラすることでしょう。私たちは、多くの場合、自分の感情と気分は外的要素（周りの人や自分に降りかかった事柄）によって引き起こされたと解釈します。しかし、**このように解釈すると、自分の問題と自分の気分の責任を他者や運命に負わせることにもなります。**私たちは、自分の気分が悪いのは不誠実なパートナーのせいだと思ったり、あるいは気分屋の上司や更年期、天気、場合によっては壊れた車などのせいにしたりしますが、実際には、私たちの気分と決定に対する責任は自分自身にあります。「自分の気分」と「自分の決定」は、とても密接に関連しているのです。

ある出来事に対してどのような行動をとり、どのような考え方をするのかは、最終的には自分自身にゆだねられています。たとえば、パートナーがエロチックなビデオを見ていたら、そういうパートナーの気分に対して「侮辱された」と思う代わりに喜ぶこともできます。もしかしたら、気分屋の上司に対して共感できることもあるかもしれません。女性は、更年期を「どんな変化が起こるのかワクワクする時期」ととらえて、快く迎え入れることもできるはず。また、人はどんな天気でも冷静に受け止めることができるのです。

車が壊れたとしても、「もっと歩いたり、もっと良い車を購入したりする良い機会になった」と思うことだってできます。これらのどの出来事についても、「忍耐と落ち着きを育む良い練習になる」と考えることもできるのです。

「そんなのばかばかしくて非科学的だ」と思う人もいるかもしれません。確かに、「外的要素にまったく左右されずに、つねに機嫌良くいられるなんてあり得ない」と誰もが思うでしょう。じつは私も、そのようなことが可能だとは思っていません。おそらく、周りの人の行動や自分に降りかかった悲運に一切煩わされないという人はいないでしょう。自分の人生をいくら省みて深く考えたとしても、同じだと思います。とはいうものの、**私たちが思っている以上に、私たちの感情や思考、気分、行動には自由裁量の余地があり、それらを形づくる能力も私たちに備わっているのです。**こうした自己責任をきちんと認めると、自分の精神状態に能動的な影響だけを与えることができるようになります。

ただ、私たちは自分の責任を他になすりつけていることになかなか気づけません。私のクライアントの中にも、そのことに気づけない人もいます。そのような人の多くは、心理療法士の〝私〟がなんらかのことをして悩みを解決してくれるのではないかと期待しているのです。でも、心理療法はそのようなものではありません。**心理療法では、医療行為のように人に直接何かを施すことはできないのです。**

クライアントが「心理療法では、受け身でいればいい」、要は「心理療法士が仕事をして、クライアントはそれを一種のサービスとして受け取ればいい」と考えている場合、そのクライアントが良い方向へ進むことはありません。自分の人生にあまり責任を持っていないクライアントは、たとえカウンセリング中に私の言うことを十分理解していたとしても、それを日常生活の中で実践していないのです。その場で足踏みしているだけ。

一方、クライアントの中には、カウンセリングを2～3回受けただけでも、その間に自分自身を見つめ、省みて、新しい行動を練習するといった、自らの問題にとても積極的に取り組む人もいます。このような人は、スムーズに良い方向へと進んでいきます。本書についても、これとまったく同じことがいえるのです。あなたは、本書を読めば、それだけで何かが良い方向へ変わると期待していますか？　それとも、自分を変えるプロセスに責任を持ち、本書を参考にして積極的に自分自身に取り組んでいきますか？

あなたが自分の責任を転嫁してしまっているのはどのようなときなのか、ここで一度よく考えてみてください。「誰々が変われば、私は気分良くいられる」と思うことが、どのような場面でありますか？　自分のことが周りの人や状況に左右され、決められていると、どの程度思っていますか？　ひょっとしたら、あなたの気分は周りの人や状況によってまったく変わってしまうのでしょうか？

ただ、あなたの「大人の自分」は、その状況や自分の気分に責任を持ち、自らの力で改善していくアイディアをいくつか持っているはずです。たとえば、仕事がうまくいっていなくても、「大人の自分」だったら「他の人のせいにするよりも仕事を変えるか、あるいは仕事に対する考え方を変えるほうがいい」と考えることができます。パートナーに対しても、「パートナーが変わるのを待っているよりも、そのパートナーのありのままの姿を受け入れるほうがずっと意味のあることだ」ということがわかっているでしょう。あるいは、「パートナーとの関係を改善するには、パートナーに対する自分の行動を変えていくのもいいだろう」と思うかもしれません。それとも、「パートナーと別れたほうがいい」ということがわかっているかもしれません。でも、もしあなたがパートナーを得たことが一度もなく、いつの日か目の前にパートナーが偶然に現れることを期待しているとしたら？　この場合、気をつけてくださいね。これは影子の願望だと思います。「大人の自分」だったら、パートナーを得るには自ら積極的にパートナーを探しに行く必要がある、ということがわかっているはずですから。

このように、**「大人の自分」はたいてい、すべきことがわかっています。変化を恐れ、それゆえ大人の行動力を失わせているのは、影子です。**変化を恐れているのは、ほとんどの場合、「良い方向へ変わっていかないかもしれない」という不安があるから。自分の行動に責任を持つのであれば、失敗するリスクにも立ち向かっていかなければなりません。そのためには、ある程度の欲求不満耐性（ネガティブな感情に耐える力）が必要になってきます。

すでに本書の初めにお話ししましたが、世の中にはもちろん、自己責任による出来事だけでなく、自らの力ではほとんど変えられない運命的な出来事もあります。愛する人が亡くなった、あるいは自らが重い病気に見舞われているといった場合です。また、戦争やなんらかの危機に陥っている地域に住んでいる人も、その運命にはほんのわずかな影響しか与えることができません。当然、このような人が運命を克服できる心の状態になるのは、他の人と比べてはるかに難しいことです。

しかし、そうした最悪の生活環境で死が迫っていても、その運命を受け入れ、なんらかの方法で自分の人生をつくり上げていこうと思える人もいます。もっとも、あなたの悩みがこれほど大変なことでなければいいのですが……。**まずは、「あなたの幸せの責任はあなた自身にある」と思えるような心の状態にしていきましょう。**１００％そう思える状態にしていきます。そして、他者が変わることや、自然と〝何か〟が起こることを待つのではなく、あなたの人生にあなた自身が踏み込み、変えたいと思うことを変えていきましょう。次のレッスンは、こうしたことを行いやすくするためのレッスンです。

レッスン1

「ポジティブな信念」を見つける

ここでは、あなたの日向子を見つけ出していきます。Ａ４サイズ以上の大きさの紙一枚と色鉛筆を用意してください。

その紙に再度、子どものシルエットを描きます。影子とは違って、日向子は色鮮やかで、かわいらしく、楽しそうな姿に描きましょう。日向子は、あなたの目標となる状態です。モチベーションを上げ、新しい経験をしたいと思わせてくれるよう、見た目も魅力的にしていきましょう。「絵画コンクールで優勝するぞ」という心意気で描いてみてくださいね。表情と髪の毛も加え、空白には気の向くままに絵を描いていきましょう（裏表紙の裏側の例を参照）。

次に、あなたのポジティブな信念を見つけ出していきます。これは、二つのステップで行います。第一ステップでは、あなたが両親などの養育者からどのようなポジティブな信念を受け継いだのか、見ていきます。第二ステップでは、あなたの影子の中心的信念を逆の意味にして、ポジティブな文章に書き換えていきます。

1. 子どものときに得たポジティブな信念

あなたが両親とうまくいっていて、日向子の絵に両親のことも書き加えたいと思う場合は、日向子の頭の左右にそれぞれ、「ママ」「パパ」と書きましょう。両親以外の養育者でもかまいません。そして、その養育者はどのような長所を持ち合わせていたのか、あなたのためにどのような良いことをしてくれたのか、考えてみましょう。それを書き入れてください。

両親との関係が良くない（または、良くなかった）ために、日向子の絵に両親のことを書き加えたくないと思うのであれば、このレッスンの部分を飛ばしてください。あるいは、別の紙に両親の長所を書き出し、その中からあなたが受け継いだポジティブな信念だけを日向子の絵に書き入れてもいいでしょう。

もし、両親の代わりにあなたを温かく包んでくれた、優しいおばあちゃんや親切な近所のおばさん、理解のある先生がいたのであれば、その人の長所を日向子の絵に書き入れてもかまいません。

両親など身近な人の長所を書いたら、心の中で次のことを感じ取ってみましょう。あなたは、その人たちからどのようなポジティブな信念を受け継ぎましたか？　以下の「ポジティブな信念のリスト」を参考にしてください。

ポジティブな信念

「私は愛されている！」「私には価値がある！」「私は歓迎されている！」「私は満足している！」「私には楽しむ権利がある！」「私はミスをしてもいい！」「私には幸せになる資格がある！」「私はありのままでいい！」「私はときには重荷になってもいい！」「私は逆らってもいい！」「私は自分の意見や感情を持ってもいい！」「私は自分と他者との間に境界線を引いてもいい！」「私はできる」

あなた自身のポジティブな信念がいくつか見つかった場合は、二つまでに絞り込んでください。それを日向子の胸の辺りに書き入れます。日常生活の中で日向子を簡単に呼び起こせるよう、ここでは信念の数を少し抑えておきましょう。

2．ネガティブな中心的信念を逆にする

すでに14章のリストを利用して、あなたのネガティブな中心的信念を選んだことと思いますが、その中心的信念をもう一度見てみましょう。ここでは、その信念の意味を逆にして、ポジティブな意味に変えていきます。たとえば、「私には価値がない」「私は十分では

ない」というネガティブな信念を、「私には価値がある！」「私は十分である！」というように変えていきます。ただ、逆の意味にするのが少し難しい信念もあります。なぜなら、**ポジティブな意味にするには、「〜ない」という否定形を使わないほうがいいからです。**

「私にはあなたを幸せにする責任がある！」を「私にはあなたを幸せにする責任が『ない』！」と変えても、ポジティブな意味になったとは思えませんよね。そのため、これをポジティブな意味にするには、「私は自分と他者との間に境界線を引いてもいい！」「私は自分自身のことをしてもいい！」「私の願望と欲求も重要！」というような文章にする必要があります。

他にも、「私は重荷になっている！」という信念をポジティブな意味にするには、「私はときには重荷になってもいい！」と変えることができます。「**ときには〜してもいい**」という文章にするのです。病気になったときや、助けてほしいときなど、ときには他者に負担をかけてしまうことは誰にでもありますからね。同じように、「私はミスをしてはいけない！」を「私はときにはミスをしてもいい！」と変えてもいいでしょう。

また、自分にとって受け入れやすい表現にする必要もあります。たとえば「私は醜い！」を「私は美しい！」というポジティブな信念に変えたとしても、ほとんどの人はそのポジティブな信念をかえって重荷に感じてしまうはずです。そこで、こうした場合には、その信念に「**このままでも十分に**」という言葉をつけてみましょう。「私はこのままでも十分に美しい！」あるいは「私はこのままでも十分に優れている！」といった具合です。

受け入れやすい信念にする方法が、もう一つあります。それは、「**〜にとって**」という言葉を加えて、信念の対象を制限する方法です。「私は重要！」という信念では「言い過ぎ」と思うようであれば、「私の子ども／友人／親にとって、私は重要」という信念にしてみましょう。このようにして、あなたに〝しっくりくる〟新しい信念をつくり上げてください。

それをあなたの日向子の絵に書き入れましょう。

レッスン2　「自分の強み」と「リソース」を見つける

ポジティブな信念の他に、あなたの「強み」と「リソース」も意識することが大切です。ユーモアや勇気、コミュニケーション能力など、生活する上で役立っている性格や能力も、あなたの「強み」になります。ここでは、遠慮せずに自分に寛容になってみましょう。「自画自賛は鼻持ちならぬ」という表現がありますが、これは、誰が考えたかわからない、まったくだらない文言です。でも、もし自分の良いところを言葉で表すのが難しければ、**「友人は私のどのような性格や能力を褒めてくれるだろう」**と想像してみてください。あるいは、友人に直接そう聞いてみるのもいいでしょう。

以下の例を参考に、あなたの「強み」と「リソース」を見つけ出していきましょう。

「強み」の例

ユーモアにあふれている、誠実、忠誠心がある、協力的、知的、創造性がある、内省的、コミュニケーション能力がある、好感度が高い、自律性がある、魅力的、柔軟性がある、寛容、スポーツマン、愛想がいい、気前がいい、教養がある、知識欲が旺盛、バランスの取れた性格、情熱的、堅実、話し上手、慎重、意欲的など。

あなたの「強み」を日向子の絵に書き入れましょう。

次に、あなたの「リソース」を集めていきましょう。「リソース」とは、あなたの力の源、つまり生活する上で心の支えになったり、力を与えてくれたりする人や物事です。

「リソース」の例
良き友人、良い人間関係、家族、子ども、良い仕事、十分なお金、健康、自然、音楽、素敵な住居、ペット、親切な同僚、旅行など。

あなたの「リソース」を日向子の周りに書き入れてください。次は、あなたを強くしてくれる「価値」を見ていきましょう。

不安に打ち勝てる行動とは？

長いこと、「人間は利己主義的な生き物に過ぎず、自分のメリットになる行動しかしない」と考えられてきました。しかし近年の脳研究によって、その概念は誤りであることが証明されています。確かに、利己的な行動しかできない人は、社会の中でうまく生き残っていけないでしょう。それゆえ人間は、集団の中で生活し、協力し合うための性質を生まれながらにして持っているのです。

著名な科学ジャーナリストであるシュテファン・クラインは、著書『与えることの意味』（未邦訳）にこう書いています。「**利他主義は、セックスやチョコレートと同じような**

作用を脳内に起こす」と。すなわち、「自分の行動が社会に（あるいは一人の他者に対してであっても）役立っていて、自分の行動には意味がある」と感じると、心の奥深くから幸せな気分になれるのです。ですから私たちは、つねに自分の行動に意味を見出そうとしています。逆にいうと、意味を見出せないことばかりしていると、うつ病になります。また、あらゆることが無意味に思えてくるのは、うつ病の初期症状であるともいえます。

オーストリアの精神科医ヴィクトール・フランクル［ナチス強制収容所での実体験にもとづいた書籍『夜と霧』の著者でもある］によって、「ロゴセラピー」（「意味療法」とも呼ばれている）という治療法も考案されています。フランクルは、こう考えたのです。**人間は〝意味のある行動〟をとれば、自己の不安に打ち勝つことができる**、と。さらにフランクルは、自己を守ることよりも意味のあることをすれば、自己を成長させることができる、とも考えました。たとえば、私が「上司に私の考えを正直に言ったら、上司は私を昇進させてくれなくなるんじゃないかしら……」と不安に思い、なかなか自分の考えを言えずにいたとします。でも、「正直に言ったら、同僚が不当に責められることもなくなる」ということがはっきりとわかれば、「正直に言うほうが黙っているよりも意味のある行動だ」と思え、不安に打ち勝てるのです。

私がこのような筋立てをしたのは、「正義」と「自分の意見を言う勇気」という価値を重要視しているからです。私はこれらの価値を自分の行動に見出せると、自分の行動には意味があると思え、影子が抱える不安に打ち勝てるのです。

価値は、優れた抗不安薬（不安を和らげる薬）になります。私たちの日々の行動は、そうした価値にもとづいています。私たちは、たいていその価値を意識していませんが、それでもこのことに変わりありません。自分の行動の価値に気づくのは、ほとんどの場合、その価値が傷ついてからです。なかでも「正義」は、傷つけられるとものすごい力を放つことがある価値です。だからこそ、有益な価値を強く意識して積極的に使っていけば、力と心の支えを得ることができるのです。

影子を守る自己防衛戦略はどれも、私たちに自己中心的な行動を起こさせます。さらに、自己を守ることにあまりにもかかりっきりになっていると、それよりも大切なはずの価値が見えなくなってしまうのです。ここで、ちょっとした、でもよくある例を挙げておきましょう。

サブリナは、自分の外見について友人のアイシャから指摘され、そのことに傷つきましたが、自分が傷ついたことをアイシャに話すつもりはありません。そんなことを話したら、自らの恥をさらけ出すことになると思っているからです。そこで、サブリナはアイシャとなるべく顔を合わせないようにしました。

とはいえ、サブリナは内心、アイシャに対するこの態度が本当にフェアなのか、疑問に思っています。「フェア」は、サブリナが重要視していて、そのためなら柄にもないことができると思っている価値。友情も同じです。サブリナはこれまで、アイシャと楽しい時間を過ごすことを大切にしてきました。だからアイシャは、なぜサブリナが最近自分と距離を置くようになったのか、まったくわかりません。サブリナから避けられているため、弁明したり謝ったりする機会も持てないままになっています。もしサブリナが、なぜこのような態度をとってしまったのか、きちんとアイシャに話せていたら、そのことについて以前のように二人でよく話し合うことができ、二人の友情はすでに元通りになっていたことでしょう。しかし、サブリナが口を閉じてアイシャを避け続けている(「無言の退却」の防衛戦略をとっている)かぎり、アイシャも傷ついて友情は壊れてしまいます。そもそも、サブリナが最初から「フェア」や「友情」、「率直」、「自分の意見を言う勇気」といった価値を重んじて行動していたら、このようなことにはならなかったのです。

ただ、あなたはこう思ったのではないでしょうか? サブリナを侮辱したのはアイシャなのに、なぜ友情が壊れたのはサブリナのせいになるのかと。では、ここでもう一度、それぞれの責任について見ていきましょう。

侮辱されたと感じたのはサブリナであり、それゆえこの感情に対する責任はサブリナに

あります。なぜなら、アイシャの発言が本当に侮辱的なものだったのか、あるいはサブリナが自身の影子のゆがんだ認識から「侮辱された」と思い込んでいるだけなのかどうかは、この時点ではまったくわからないからです。

もし、サブリナが「私は醜い」「私は十分ではない」「私は太り過ぎている」といった信念にとらわれていたとしたら、アイシャの発言の中に自分の外見に対する批判が含まれていると解釈した可能性があります。たとえば、アイシャは「ミニスカートよりも黒いパンツのほうがいいんじゃない」と言っただけなのに、サブリナはこの言葉を自身の影子の耳で聞いたため、「足がそんなに太いんだから、ミニスカートなんて似合わないわよ！」と聞こえてしまった、というように。アイシャはそんなことを思ってもいなく、そのスカートの模様や形がサブリナに似合っていないことを伝えたかっただけなのかもしれません。いずれにしても、**それ以前からサブリナは自分のことを侮辱されるような存在だと思っていたのです**。

本当は侮辱ではなかったのに、侮辱だと思ってしまったというのは、よくある話です。**自分自身を不安定に感じている人ほど、他者の言葉や行動の中に自分に対する批判や拒絶が含まれているとすぐに解釈してしまいがちです**。ですから、サブリナが口を閉ざしていなければ、アイシャとの友情も難なく続いていた可能性があります。その場合、サブリナがアイシャに「どうしてそう言ったの？」と聞いてみるだけで良かったのです。そうしていたら、誤解せずに済んでいたことでしょう。

ここでもう一つ、頭に入れておいてほしいことがあります。それは、**お互いのことを、100％わかり合える完璧なコミュニケーションなどない、ということです**。私たちは、自分と関わる人たちのことを自分自身のことと同じくらい少ししかわかっていないのです。私にも、意図せず男友達の気持ちを傷つけてしまうことがときどきあります。また、批判した相手が私の予想よりもはるかにひどく落ち込んでしまうといったこともあります。私たちは、自分の言葉と行動が相手にどのような感情を引き起こすのか、正確に推測することはできません。相手に対してどんなに尊敬の念を持って礼儀正しく接していたとしても、つねにそのことが相手に伝わるわけではないのです。その上で私たちができるのは、**「適切なタイミングで、心の内を相手に率直に語ること」**です。

そして、「退却」の防衛戦略を使っていることに気づいたら、まずは自分の心に注意を向け、自分の行動が相手に対して本当にフェアであるのか自問してみてください。行動を起こすときに「どうしたら私自身をもっともうまく守れるか？」ではなく、**「私がしようとしている、あるいは、しないようにしていることは、〝意味のある〟ふるまいなのだろうか？」と何度も自問してみるのです**。この問いにもとづいて行動できるようになれば、影子の不安を乗り越えて、大きく成長することができます。人とうまくつき合えるようになるだけでなく、より善良な人になれるのです。

レッスン3 自分を強くしてくれる「価値」を見つける

では、あなた自身の影子の不安と劣等感に打ち勝つための「価値」を見つけていきましょう。まず、自分にとって重要な価値とは何だろう、と考えてみてください。すると、寛容や正義、親切など、いろいろ思い浮かんでくることと思います。でも**ここでは、その価値を三つまでに留めておきましょう**。なぜなら、ポジティブな信念と同様、日々の生活の中でそれらの価値をすぐに思い起こし、できるかぎり効果的に使いこなすためには、三つまでに留めておいたほうがいいからです。そして、防衛戦略に対する〝特効薬〟になるような価値だけにしておくのがベストです。

たとえば、「退却」と「ハーモニー志向」の防衛戦略を使っている人には、自分自身（と他者）にもっと立ち入って、闘う心意気にさせてくれる価値が必要です。そのような価値として、正直、自分の意見を言う勇気、フェア、責任、礼儀などがあります。また、つねに完璧を求め、あらゆることを正しく行おうとするタイプの人は、そうすることと同等の価値を、平静や生きる喜び、謙虚、場合によっては謙遜にも見出せるといいでしょう。権力志向の防衛戦略を使っているのであれば、信頼や共感、民主主義といった価値によって、権力を持ちたいという欲求を和らげることができます。

このように、あなたの影子の不安と劣等感に打ち勝つための「価値」を探していきましょう。

それらを、あなたの「大切な価値」と呼ぶことにします。

価値の例を挙げておきますので、参考にしてください。

価値の例

フェア、正義、率直、自分の意見を言う勇気、忠誠、正直、貞節、責任、信憑性、博愛、友情、信頼、生きる喜び、温和、平静、慎重、寛大、内省、自律、賢明、教養、共感、礼儀、思いやり、親切、謙虚、透明性、民主主義、寛容、理解、平和、好意、愛

あなたの「大切な価値」を見つけたら、日向子の頭の上に書き入れてください。その文字に鮮やかな色をつけてもいいでしょう。その部分は日向子の頭の中を表し、そこにある

価値はとくにあなたの「大人の自分」を強くしてくれます。

気分を良くする力は筋肉のように鍛えられる

ポジティブな信念、大切な価値、強み、リソース——これらによって影子を癒し、日向子を呼び起こすことができるようになります。ただし、影子も日向子も感情と気分の影響をものすごく強く受けることを忘れてはなりません。気分が優れないときには、どのような良い信念も役に立ちませんし、どのような価値も心に響きません。

もちろん義務感からだけでも正しい決定を下すことはできます。しかし心理学者イェンス・コルセンは、著書『私と他者』（未邦訳）の中で「**〝明るい気分〟のときに決定を下したほうが、はるかに生きやすい人生になる**」と述べ、気分が思考と評価にいかに大きな影響を与えるのかを詳しく説明しています。私も気分が良いときのほうが、好意やユーモア、親切心、思いやりを多く持てます。ですから私の気分が良いと、周りの人の気分も良くなるのです。逆に、気分が優れないと、私はすぐにイライラして攻撃的になるか、あるいは自分の殻に閉じこもって口を閉ざしてしまいます。

私たちは基本的に、良い気分でいられるように行動しようとします。このことは「快感」と密接に関係しています。つまり、できるかぎり不快感を避けて、快感を得ようとしているのです。さらに別の表現をすると、幸福を得ようとしている、ともいえます。幸福を得るまでの道のりは、人によって千差万別ですが、幸福を得るためのいくつかの基本的条件は、どのような人でも同じです。この条件については、すでに古代ギリシャの時代から考えられており、ギリシャ語の「良い精神」に由来する「ユーダイモニア」と名づけられた概念で表されています。古代ギリシャ人にとって、ユーダイモニアは外的要素によって得られるものではなく、「正しい生き方」をすることによって得られるものでした。「正しい生き方」の中には、自分に満足すること、自律、美徳などが含まれています。そのためユーダイモニアは、感覚的な喜びを追求する快楽主義とは異なります。**感覚的な喜びを得ても、高揚した気分になれるのは短時間だけです。それに比べて「正しい生き方」は、穏やかであるものの安定した幸福をもたらしてくれます。**古代ギリシャの哲学者プラトンらが唱えたこの幸福概念は現代にも通じ、いまだにこれよりも心に響く概念は生まれていません。それほど彼らの見識はすでに高かったのです。近年の脳科学研究によっても、この概念が全般的に正しいことが証明されています。**幸福とは、訓練によって得られるものであり、人生に対する考え方に大きく左右されるものなのです。**

仏教でも、同じようなことがいわれています。仏陀は「外的な幸福を手に入れることばかりに目を向けるのではなく、自らの苦悩を取り除くことを人生の目的にし、そのために『八正道』という八つの事柄を実践すべきである」と説いています。ですから、仏教徒も「正しい生き方」について明確なイメージを持っているといえるでしょう。

脳科学者であるリチャード・デビッドソンは、幸福が訓練によって得られるものであるかどうかを科学的に調べるために、ダライ・ラマの同意の下、彼の8人の愛弟子を被験者とした研究を行っています。同研究には比較対照群として、仏教徒ではない150人も参加しています。被験者はMRIという、大きな音が鳴る筒状の検査装置に入り、この悪条件の中でもできるかぎりリラックスするよう求められ、その際の脳の状態が撮影されました。その結果、僧侶の脳に大きな変化が認められました。僧侶群の左前頭前野（額の左側のすぐ後ろにある脳領域）の活性度が、比較対照群と比べて著しく高かったのです。この脳領域の活性度は「機嫌の良さ」や「楽観」に関連しており、楽観的な人は不幸を感じることの多い人よりも、この活性度が高くなっています。すなわち、ここが活性化することで明るい気分や落ち着いた気分になると考えられています。ということは、修行を重ねた仏教徒は、もともと幸せを感じやすい人と同じようにこの脳領域をうまく活性化させることができるということです。この研究によって、**幸福は筋肉のように訓練によって得られるものであることが証明されました。**

ここからは、気分を上げるため、また「正しい生き方」をするための手助けやヒントになることをたくさんお話ししていきます。それは、新たな行動の指針（黄金戦略）を見つける方法だけではありません。想像力と身体記憶を使って、新たな心の状態、いわば日向子の状態をつくり出し、あなたの中にインストールする方法も伝えていきます。

イメージと身体を使って気分を上げる

日向子の状態をつくり出す前に、あなたの「大人の自分」にもう一度次のことを伝えておこうと思います――私たちの脳は現実と想像（イメージ）をはっきりと区別することができません。ですから、何かを変えようとしているときには、イメージを利用するといいのです。私たちの脳は、形、色、匂い、音などからネガティブな事柄だけでなくポジティブな事柄もすぐに連想します。あなたもしょっちゅう、そういうことを経験していると思います。ある光景やメロディ、香りだけで、想像の世界や感情を丸ごとつくり上げることができるのです。そこで次のレッスンでは、この脳の能力を利用してポジティブな事柄をすぐに思い浮かべられるようにしていきます。そうして、素早く日向子モードに切り替えられるようにしていくのです。

さらに、日向子をあなたの身体感覚に結びつけていきます。身体の状態は、気分にとても大きな影響を与えますからね。**神経生物学の研究で、気分が姿勢に影響を及ぼすだけでなく、姿勢も気分に影響を及ぼすことが証明されています。**背中を丸めてうつむき加減に歩くよりも、背筋をまっすぐ伸ばして歩くほうが、自信を持って行動できるような気になってきます。ちょっと試してみてください。また、立って腕を上方へ伸ばし、空を見上げ、この姿勢で嫌な気分になるようにしてみてください。逆に、頭を下に向けて肩をすぼめ、床をじっと見つめ、この姿勢でとても楽しい気分になるようにしてみてください。どちらの場合も、なかなかそういう気分にはなれないと思いますよ。

では、姿勢は気分にどれほど影響を与えるのでしょうか。この研究でとくに名が知られているのは、アメリカの社会心理学者エイミー・カディです。カディはこう報告しています。面接を受ける直前に「パワーポーズ」と名づけた姿勢を2分間とった被験者は、その後の面接で比較対照者よりも良い成績を収めた、と。この実験は複数回行われ、いずれの被験者も2分間、腰に手を当て、脚を広げてまっすぐ立っていただけでした。もし、このことについてもっと知りたければ、インターネットでエイミー・カディの講演を聴いてみてください。

レッスン4

日向子を心と身体につなぎとめる

このレッスンで、日向子をあなたの感情と心、身体にしっかりとつなぎとめていきましょう。レッスンというよりもゲームと思ってもらってもかまいません。日向子はレッスンよりもゲームのほうがずっと好きですからね。

1. あなたのポジティブな信念を声に出して読み、あなたの内面を意識しましょう。ポジティブな信念をつぶやくと、どのような感じがしてきますか？
2. これまでの人生で、まさに1のように感じたことが少なくとも一度はあったことと思います。そうした、ポジティブな信念が実現した状況を思い浮かべてください。それは、友人との集まりでしょうか？　それとも、仕事やスポーツ、休暇、あるいは音楽を聴いているときや自然の中にいるときでしょうか？
3. 次に、あなたのリソースを思い出してください。視覚、聴覚、嗅覚、味覚、これらすべてを使って、そのリソースを呼び寄せましょう。リソースがどのようにあなたに力を与えてくれるのか、感じ取ってください。

4. あなたの強みも思い出しましょう。それらを頭で考えるだけでなく、つぶやいて、自分自身に言い聞かせましょう。このとき、あなたの身体にどのような感覚が生じているのか、意識しましょう。

5. では、あなたの「大切な価値」も思い出しましょう。それらをつぶやいて、自分自身に言い聞かせましょう。このとき、あなたの身体にどのような感覚が生じていますか？　価値をつぶやくと、ある感覚が強くなっていきませんか？　価値がどのようにあなたに力や落ち着きを与えてくれるのか、感じ取りましょう。

6. これらすべてを一緒に感じてください。それがあなたの日向子です。

この状態で部屋の中を動き回り、日向子を表現するジェスチャーを見つけていきます。このときにあなたの身体全体がどう感じているのか、意識してください。どのような呼吸をしていますか？　日向子を表す、ちょっとしたジェスチャーを見つけましょう。あなたの身体から自然に生まれるジェスチャーです。このジェスチャーは船の錨《いかり》のように、日向子をあなたにつなぎとめる役割を果たします。**これを利用すれば、日向子を日常生活で必要なときにいつでも呼び起こせるようになるのです**。私のクライアントは、日向子モードになったときに自然と手の平を上に向けて丸め、器のような形にしていました。これが、このクライアントの日向子を表すジェスチャーになりました。

次に、日向子の状態のときに起こってくる快い感情を、日向子の絵のお腹辺りに書き入れましょう。

そのままの状態でいてください。このとき、自然とどのような画像が思い浮かびますか？　海や美しい大地の風景でしょうか？　それとも遊園地や、森の中にある小屋でしょうか？　今の気分にぴったりの画像を日向子からプレゼントしてもらいましょう。どのような画像がプレゼントされるのか、ワクワクしながら待ちましょう。

その画像と画像のキーワードも、日向子の絵に書き入れてください。

日向子を呼び起こしやすくするには

これで、色鮮やかな日向子の絵ができ上がったことと思います。その日向子が、あなたの目標となる状態です。日向子は、まずはあなたを外側から支えてくれます。そして、あなたが定期的に楽しみながら日向子を強くしていくと、日向子はあなたを内側からも支えてくれるようになります。次の章では、日向子モードや「大人の自分」モードになるための黄金戦略を見つけていきましょう。

ただ、前述のレッスンを何度も行っていれば、黄金戦略を使わなくても、すでに日向子の状態を呼び起こしやすくなっているはずです。すぐにそうした状態、いわば日向子モードになる必要があるときには、ポジティブな信念と（あるいは）大切な価値をつぶやいたり、強みとリソースを思い出したりするだけでもいいでしょう。もしかしたら、日向子を象徴する画像を思い浮かべるほうが、早く日向子モードになれるかもしれません。通常は、それらすべてを使ってほしいのですが、状況によっては、そのときにもっとも必要なものだけを使うのでもかまいません。肝心なのは、ポジティブな信念と大切な価値、強み、リソース、画像によってあなたの身体にどのような感覚が生じるのかを、日常生活の中でちょくちょく意識し、その感覚を味わうことです。そうすることで、日向子をあなたの身体につなぎとめておくことができます。

もちろん影子のことも忘れてはなりません。影子とはいつでも一体化してしまう可能性がありますからね。影子がぴょんと、あなたに乗り移ると、あなたはすぐにまた昔の感情と信念を抱くようになってしまいます。そのため「大人の自分」は、影子と一体化していることに素早く気づけるよう、つねに影子に気を配っていなければなりません。そうすれば、影子と一体化しても、意識的に日向子モードに切り替えたり、影子を慰めたりすることができます。あるいは「大人の自分」モードに切り替えて、昔の感情と投影は現実にそぐわないことを、知力を使ってあなた自身に理解させることもできるでしょう。

また、日向子が力を発揮できるように、普段から余裕を持って生活することも必要です。それには、**楽しい気持ちや生きる喜び、心地良さを感じることを自分自身に〝許して〟、もっと行えばいいだけ**。健康や他者を害することでなければ、あなたの気分を上げてくれることをなんでもしていいのです。どんなことがあるのか、あなたの日向子にぜひ聞いてみてください。日向子はたくさん挙げてくれると思いますよ。

そうした気分が上がることで一日を始められたら、ベストです。たとえば、以下のようなことであれば、5分もかかりません。

笑うと、気分がものすごく上がります。**笑う気分ではないときでも、笑えば気分が上がります**。つくり笑いでも気分に好影響を与えることが科学的に証明されていますからね。笑いヨガは、この原理にもとづいてつくられています。また、私のうつ病のセミナーでこのことを説明したら、参加者の一人がこう言いました。「笑いは、私のうつ病をやっつけてくれるんです！」。その通り。ですから、朝に1分間だけでも笑ってみましょう。まずは気楽に笑ってみてください。最初はつくり笑いでも、だんだん本当に愉快な気持ちになってくることに驚くはずです。ひょっとしたら笑いが止まらなくなるかもしれませんよ。

さらに、次のようなことをしてみるのもいいでしょう。空に向かって腕を伸ばし、空を見上げ、あなたのポジティブな信念と大切な価値を唱えるのです。そのときに、「強みとリソースも唱えてみよう」という気になったら、ぜひそうしてみてください。

その後、ぴょんぴょんと軽く跳び、あなたが子どものころにしていた動きをしてみましょう。たとえば、腕をぶらぶらさせたり、お尻を振ったり。

他にも、気分を上げてくれる、ちょっとしたエクササイズを朝に行ってみるのもいいですよ。好きな音楽に合わせて踊ったり、トランポリンを使ってエクササイズをしたりするのはどうでしょうか。私は、毎日（いえ、〝ほぼ〟毎日ですが）トランポリンを使っています。脳は、ぴょんぴょんと跳ぶことや大きくジャンプすることから〝良い気分〟を連想するのです。しかもトランポリンは、身体を鍛えるのに理想的な道具で、値段もそれほど高くなく、簡単に片づけられます。家の中で跳ぶだけなので、気楽にできますよ。

こうして日向子モードになれば、黄金戦略を使いやすくなります。また逆に、黄金戦略を使えば、日向子モードに替わりやすくなります。

18章

「本当の自分」が心地良くいられるための黄金戦略――基本編

この章からは、元気一杯の日向子や理性的な「大人の自分」にできるかぎり頻繁になれるように、自分自身の認識と思考、感情を調整する方法を伝えようと思います。具体的には、ネガティブな刷り込みと信念、それに伴う投影と「認識のゆがみ」を取り去り、本当の自分を後押ししてくれる「黄金戦略」を使いこなすことができるようにしていきます。**要は、できるかぎり防衛戦略を使わなくても済むようにしていくのです。**また、自分自身をもっと好きになるようにしていく、ともいえるでしょう。

自分が自分の味方になればなるほど、目の前の世界から身を隠す必要がなくなります。そして、自分の心に正直に生きれば生きるほど、幸せな人間関係を築いていけるようになります。**本当の自分を受け入れれば受け入れるほど、本当の自分でいるときに心地良く感**

じ、また他者と一緒にいるときも心地良く感じるようになるのです。さらには、他者もそのようなあなたと一緒にいると、心地良く感じるようになります。

ですから、自分の影子と友情を結んで日向子を笑わせるため、すなわち自分自身とこの世界に満足するために重要なのは、自分をもっと優秀に、もっと美しくすることではありません。自分自身を受け入れて、適切な方法で自己主張していくことなのです。この章からは、どうしたらそれができるようになるのかを詳しく説明していきます。

人生のほぼすべては、人間関係によって決まります。良い人間関係は人を幸せにし、悪い人間関係は人を不幸にします。寂しいときに、巨額の富はなんの役に立つというのでしょうか。大成功を収めても親しい人がまったくいなければ、幸せとはいえませんよね。強い孤独感は、人の心を最悪の状態にします。

私たちは、自分の存在価値を他者から認めてもらって社会に属していたいと強く思っています。すでにお話ししているように、こうした結びつき欲求は、生存に関わる重要な欲求です。それゆえ私たちは、他者から認められて好かれるために、また、攻撃や拒絶をされないようにするために防衛戦略を使います。世界中の人や物事がこの「認められる」ために動いているのです。認められたいために、他者と比べて優れ、美しく、強く、裕福、あるいは〝まったく違う人〟になろうとします。その一方で、自分の弱みは見せないようにします。

　しかし、**こうした防衛戦略を使うことで、本当の自分ではなくなってしまう、もしくは部分的にしか本当の自分ではなくなってしまうのです**。自分の強みと思っている面だけを見せ、弱みと思っている面を隠している、要は取り繕った外面しか見せていません。すると、周りの人と親しくなれるどころか、むしろ周りの人が離れていってしまいます。完璧であり、他者から能力を称賛されている人だから、周りの人と親しくなれるのではありません。また、口先だけで周りの人と合わせようとしても、その人たちと親しくはなれません。非難や攻撃、偽装や隠ぺい、権力、逃避、退却を使っても、親しくはなれないのです。**本当の親密さは、〝信頼、率直、共感〟からしか生まれないのです。**

　もしかしたらあなたは、こう反論するかもしれませんね。「誰かとそれほど親しくしたいとは思わないし、他の人と距離を置いているほうが心地いいよ」と。そうだとしたら、あなたは退却の防衛戦略をとっています。生まれつき内向的な人は、外向的な人よりも人づき合いをあまり必要としませんが、それでも、本当に親しいと思える人が少なくとも一人はいないと、幸せを実感できないはずです。お互いに好き、あるいは愛している人が、お互いにとって〝本当に〟必要な人なのです。そういう人を、誰もが強く求めているのです。

そのため、**「黄金戦略」の目的は人間関係を改善することであり、成功することではありません。**黄金戦略を使いこなせるようになれば成功するかもしれませんが、その成功は、黄金戦略により本当の自分に戻ることが多くなって、うまく自己主張できるようになったから手に入ったのであって、黄金戦略の副次的効果に過ぎないのです。

黄金戦略は、理想的な自分（こうであってほしいと思う自分のイメージ）**ではなく、現実的な自分のためのものです。**言い換えると、〝ありのままの自分〟の味方になるためのものなのです。人と接するときに理想的な自分でいるよりもありのままの自分でいるほうが、その人と親しくなれることを、皆知っているはずです。実際に、自分の弱みを受け入れてありのままの自分を見せている人と一緒にいるときに、とても心地良く感じますよね。反対に、**完璧に見える人と一緒にいると、私たちは少し劣等感を覚えます。**ですから、完璧で理想的な姿を見せたところで、相手から妬まれることはあっても、真の意味で好かれるわけではないのです。私たちは、このことを繰り返し意識すべきでしょう。**完璧ではないからこそ、好感を持たれるのです。**

人間関係を決めるのは「認識」

私のクライアントの大半は、人間関係におけるなんらかの問題を抱えていて、その問題解決の助けを求めています。うまくいかない相手がパートナーや同僚、友人、家族であるケースや、どのような人ともうまくいかないというケースもあります。

どのようなケースであれ、**他者とのつき合いがうまくいっていないのは、自分自身とうまくつき合えていないからです。**また、うつ状態やパニック発作など、一見つき合いとは関係なさそうに見える問題でも、多くの場合、その背後には自分自身とうまくつき合えていないといった問題も隠れています。16章のレッスンで例として挙げた、パニック発作に悩むバブプシもそうでしたね。

人間関係の問題は、影子の信念から生まれた防衛戦略から起こっています。相手が不誠実であったり悪事を企んだりして、関係をこじらせている責任が相手のほうに多くあった場合でも、あなたの問題は〝あなたの影子の信念から生まれた防衛戦略〟から起こっているのです。ですから問題が起きたら、つねに次のようなことを自分自身に問いかけなければなりません。「なぜ自分はこの人に騙されたのか？」「なぜこの人から逃げられないのか？」「なぜ何度もこの人に腹が立つのか？」「なぜこの人とうまく距離を置くことができないのか？」。このように、自分が相手にどう関わっているのか、自分自身に聞いてみましょう。どのような関係でも、そこから何かを学びとれるはずです。なかでも気難しい人とつき合うと、ものすごく多くのことを学べますよ。気難しい人は、あなたを極限まで追い詰めますからね。

著名な心理学者であるロベルト・ベッツは、そのような人のことを「意地悪天使」と名づけています。私は、じつに愉快で的を射た表現だと思っています。この天使は、私たちの中にすでにある感情を引き出し、私たちに〝本当の自分〟を教えて心の平和を得るきっかけを与えてくれるのですが、そうしたことを天使の良い面ではなく悪い面を使って行います。そのためにベッツは、天使とは真逆な表現を「天使」の前に付けたのです。たとえば、ハーモニー志向の防衛戦略を使う人は、意地悪天使によって自分の中にある怒りの感情に気づけ、自己主張することを学べます。また、すぐに取り乱す人は、意地悪天使とつき合うことで冷静になる訓練ができます。

あなたも、意地悪天使によって不当な評価をされたり、誤解されたりしたことが少なくとも一度はあるはずです。ただ、そのような行為は、怒りだけでなく無力感も引き起こします。もし、あなたがしたり言ったり思ったりしていないことを、誰かが勝手にあなたの中に投影したら、あなたはもうどうすることもできなくなってしまうからです。そうなってしまうと、普通はコミュニケーションで解決することができません。〝加害者〟である「ゆがんだ認識をした人」が、投影をやめて自分自身を省みるしか、解決の手立てがないのです。ところが、加害者がそうしようと思わなかったり、そうできなかったりすれば、被害者になす術はありません。**とくに厄介なのは、「自分は上司（あるいは妻、親）だから、部下（あるいは夫、子ども）は私の言うことを聞くべきだ」というゆがんだ認識をしている人です。**このような人は、そのゆがんだ認識に強くとらわれればとらわれるほど、ますます自分の意見を疑問視できなくなり、他者の意見に同意することができなくなります。それゆえ、こうした場合には、被害者のほうから加害者との連絡を絶つか、あるいはそれが不可能であれば、心の中で加害者と距離を置くしかないこともあります。

とはいっても、誰でもときには他者の意地悪天使になっているのです。**私たちは皆、被害者にもなるし、加害者にもなります。**他者から不当な扱いをされることも、ゆがんだ認識によって他者を不当に扱うこともあるのです。ある人の苦しみを見て見ぬふりをしているだけであっても、相手にとっては意地悪天使になってしまいます。ですから、**人間関係を良くしたいのであれば、自己認識も含めて「認識」というテーマに取り組んでいかなければなりません。**影子の認識から行動しているかぎり、相手と同じ目線で物事を見ることはできません。「自分が相手よりも下の立場にいる」と感じると、すぐに相手が〝攻撃者〟に見えてきて、「自分が相手よりも上の立場にいる」と感じると、相手が〝愚か者〟に見えてくるのです。認識は、主観的な現実を送受信するアクセス・ポイントのようなものなのです。そこで、防衛戦略と同様、あなたの黄金戦略を見つける際にも、まずはあなたの認識について見ていきましょう。

影子と一体化した自分に気づく

なんでも繰り返すとよく覚えられますので、私が本書を通じてあなたにもっとも伝えたいメッセージを、ここでもう一度思い出してもらいたいと思います。それは、「**影子モードになっても、すぐそのことに気づき、『大人の自分』がいる現実に自分を引き戻すこと**」です。

私たちは、自分の影子と影子の信念について理解していたとしても、しょっちゅう影子の現実にとらわれてしまいます。私はクライアントとのやり取りの中で、このことを何度も実感しています。そのようなクライアントは、自身の問題を解決するためのあらゆる知識を得たにもかかわらず、その知識をときどき忘れてしまうのです。それは以下の三つの理由からだと私は思っています。

1.「大人の自分」が「影子のことをそんなに真面目に考えることなんてできるはずがな

い」と思っている。

2. 子どものころに刷り込まれた見方で世界を見ることにあまりにも慣れてしまっているため、それ以外のところに真実があるとはなかなか思えなくなっている。

3. 自分の感情や考えに責任を負うことから逃げ、自分を救ってくれる何かが外の世界で起こることを期待している。

影子との一体化は自動的に、それゆえ無意識のうちに起こります。ここで、私のクライアントであるクリスティン（33歳）の例を挙げておきましょう。彼女は、住居のまた貸しの件で腹立たしいことがあったというのです。

彼女の大家はまた貸しの件を不動産業者に委託しており、その不動産業者が約束の時間に30分遅れて彼女の家に到着し、内覧者を15人連れて来ました。クリスティンは、その人が遅れて来たことと、多くの内覧者が来ることを事前に知らされなかったことに怒り心頭。彼女は、内覧者がもっと少ないと思っていたのです。怒りを抑えながら内覧者に家の中を見せましたが、内覧者が帰ったとたんに、その不動産業者と口論してしまいました。

彼女はこの状況を例に挙げて、私にこう言ったのです。「私はこのように『良い気分』から、いとも簡単に『嫌な気分』になってしまい、怒りがなかなか収まらないのです」と。

彼女は、それ以前にすでに心理療法を受け、自分の影子に何度も取り組んでいます。にもかかわらず前述の状況で、腹を立てているのが自分の影子であることに気づかなかったのです。そこで私たちは一緒に、この出来事に影子がどう関わっているのかを見ていきました。すると、彼女はこの場合の怒りにも影子が関わっていたことに気づき、さらに、不動産業者が遅れて来たことと、予告なしに15人の内覧者を連れてきたことが、彼女の子どものころからの思い込みを呼び起こすトリガーになっていたこともわかりました。その思い込みとは、「あの人は、相手が私だから、そうしてもいいと思ったんだ！」といった考えです。この思い込みの背後には、次のような信念が隠されています。「私は重要ではない」。

この信念に対して、彼女は「攻撃や非難」の防衛戦略で反応したのです。ですから、**彼女の感情と行動を引き起こしたのは、その〝状況〟ではなく、影子の「認識のゆがみ」にもとづいた、彼女の〝解釈〟だったのです。**もし彼女が、不動産業者の行動を「自分に対する侮辱」と解釈していなかったら、取り乱すことなどなかったでしょう。

このようなことは、クリスティンだけでなく誰にでも起こります。私たちは子どものころからの物事の見方にあまりにも慣れてしまっているため、その見方にとらわれていることになかなか気づけません。一つの状況について異なる解釈ができるとは、まったく思えなくなっているのです。このことを説明するために、もう一人のクライアントの例も挙げておきましょう。

レオ（24歳）は、私にこう話しました。「元恋人と再会し、やり直すことになったので、今度こそは彼女に対して〝絶対に間違った行動をしない〟ようにしたい」と。私は彼に「では、彼女が以前のおつき合いで抱えていた不満について、心を開いて彼女と話し合ってみるのですか？」と尋ねました。彼は、「いいえ。彼女はそのことについて話すつもりはなさそうです。たぶん、僕と楽しい時間を過ごすことだけを望んでいるんじゃないかな。以前のことは気にしないようにしているのだと思います」と答えました。

彼は、自分が影子と非常に強く結びついていることに気づいていません……。彼の主な信念は、「僕は十分ではない」「僕はありのままの自分でいてはいけない」。この信念に対する、彼のもっとも重要な防衛戦略は「同調」です。彼は、彼女が抱いている望みを想像し、その望みをすべて満たそうとしています。そして、「彼女は昔の不満について話すつもりはなさそうだ」と感じると、彼もそのことについて話さないようにしています。つまり、子どものころの見方で彼女を見ており、今も〝お行儀の良い男の子〟でいるために〝すべてのことを正しく〟行おうとしているのです。そのため、彼はつねに自分のアンテナを受信状態にして、彼女が何を求めているのかを〝直観的〟に察知できるようにしています。拒絶されるのではないかという不安と、彼女に対する見方は、彼にとって至って普通のことであるため、彼はそれらが自分の影子から来ていることにまったく気づいていません。

しかし通常、**影子の見地から物事を見て、行動しているときには、それを示唆する感情が現れています。**クリスティンは、自分が影子と一体化していることに怒りの感情で気づけ、レオは失うことに対する不安感で気づけたはずなのです。

あなたの影子も生活のさまざまな場面で、あなたの認識と思考、感情を決めています。しかも、何気なく。このことを意識するようにしましょう。そして、もう一度言っておきます。抱えている問題を解決し、自分自身を成長させたいのであれば、自分のことに責任を持ち、新たな信念や戦略などと共に〝積極的に〟自分自身に取り組んでいくことがとても大切です。なぜなら、そうすることで初めて、影子と一体化していることに気づけるからです。**結局は、あなたが意識した部分しか変えられないのです。**

事実と解釈を区別する

もしあなたが、影子モードになっていて不快感を覚えている自分に気づいたら、その場の状況を一歩離れたところから分析し、自分がその状況をどう〝解釈〟したのか自問してみてください。その際、「大人の自分」モードに切り替え、自分が影子の目線になる眼鏡をかけて世界を見ていたことを強く意識し、どのような眼鏡をかけていたのか探ってみましょう。なぜなら、**私たちは通常、この〝解釈〟に反応しているのであって、〝客観的な現実〟に反応しているのではないからです。**このことは、物事を実際よりも良いように認識する場合にもいえます。私たちは、痛みを伴う事柄から身を守るために物事を美化することもあるのです。

無意識のうちに絶えず行っている解釈によって、自分の認識がどれほど濃く自分色に染まってしまうのか——多くの人がこのことにまったく気づいていません。たとえば、ある人が笑っていることに対して、Aさんが「あいつ、なんであんなにへらへら笑っているんだ!」と思ったとしましょう。その後でAさんが「あの人は〝本当に〟へらへら笑っているのだろうか(つまり、自分のことをばかにしているのだろうか)? それとも、優しい笑みを浮かべているだけなのだろうか?」と自分の認識の背後を顧みることがあるでしょうか?いいえ、普通はないですよね。ですから私が心理療法士として重要視しているのは、クライアントと共に具体的な状況について分析し、クライアントがどのように事実を主観的に解釈しているのかを明らかにしていく、ということなのです。

影子と一体化している人は自己価値感がゆらぎやすく、他者のことを悪く見る傾向があ

ります。そのような人は褒められても、「あの人は私をいい気にさせて、丸め込もうとしているんだ」とか、「私をからかっているに違いない」と思ってしまうのです。影子と一体化すると、他者が自分のことを、自分が思っている以上に良く評価するはずがないと思ってしまいます。さらに、**褒められることが重なると、〝バレる〟心配をつねに抱くようになります**。「相手がいつか私の本当の姿に気づいてしまうのではないか」と不安になるのです。こうなってしまうと、この不安の背後にあるネガティブな信念に目を向けることはできなくなり、当然、「思い違いをしていたのは自分のほうかも」といった考えにも行き着きません。

一方、自分の周りの世界と人間関係を実際よりも良いように認識する、いわゆる〝おめでたい人〟もいます。このような人は、たいてい「ハーモニー志向」の防衛戦略を持つようになり、「私はまだ子ども」というような信念を抱えています。そして、本来は積極的に抵抗していかなければいけない状況でも、不快な状況に身を置くことを恐れているために、その状況を美化してしまいます。**調和を非常に好む人は、衝突を避ける性質だけでなく、衝突をときどき認識しない性質も持っているのです**。もし、あなたがお人好しで〝おめでたい人〟であれば、相手の行動を正当に評価しているのか、ぜひよく考えてみてください。とりわけ批判的な目で見るようにしてみましょう。その際、「大人の自分」を使って、できるかぎり物事のありのままを見るようにしてみてください。もし再び、相手を擁護する口実を考え始め、本当はすごく嫌なことなのに、そのことに関して相手に理解のあるところを見せようとしていたら、すぐに「あ、またそうした自分になってしまっている」と気づきましょう。

レッスン1　現実をチェックする

このレッスンは、自分が現実をどう解釈しているのかを把握し、その解釈を変えるのに役立ちます。以下は一例です。内容はあなたの状況に合わせて変えてください。

具体的な状況（トリガー）：上司が私のミスを指摘した。

私の影子が思うこと（信念）：私は十分ではない。私は完璧にならなければいけない！　私はミスをしてはいけない！

私の解釈：上司は「この人にはこの仕事は無理だ。他の人に任せよう」と考えている。

私の感情：情けない。不安だ。

私の防衛戦略：完璧主義とコントロール志向：もっと頑張って、あらゆることを細部までチェックし、残業もする。

私の日向子が思うこと（ポジティブな信念）：私はミスをしてもいい！　私は十分だ！

日向子モードでの私の解釈：私が少しミスをしても、上司は変わらず私の能力に満足している。

「大人の自分」が言うこと（論拠）：君は、その分野についてすごく良くわかっていて、勉強も続けている。上司と同僚だって、ときにはミスもする。君の影子は指摘されることに敏感になり過ぎているんだよ。

私の感情：穏やかな気持ちのままでいられる。

私の黄金戦略：ミスから学ぶ。完璧ではない自分と他者にも、思いやりを持って接し、理解を示す。

内省と転換のバランスを取る

私たちが何を感じ、どう行動するかは、事実をどう解釈するかによってほぼ決まります。そのため、事実を誤って解釈している場合は、すぐにそのことに気づき、「認識のゆがみ」を直して、影子モードから日向子モードに切り替えるべきですが、誰しもつねにそうできるわけではありません。影子のネガティブな感情にはまってしまうこともあります。そうなってしまった人は「もっと自分を守る」をモットーに防衛戦略を強化していきます。しかし、そうすることでかえって一層深みにはまってしまうのです。何か問題があったときに自分が引き下がるようにしている人は、次第に自分の四方を壁で固めてその中に引きこもるようになります。また、すぐに反抗的な態度をとる人は攻撃的になっていき、完璧を求める人はもっと完璧を目指していくようになります。この悪循環により、気分もさらに悪くなっていきます。こうして影子と強く結びついて一体化してしまうと、影子から離れる方法をもはや見つけることができなくなってしまうのです。

このように、影子の感情からなかなか抜け出せないために、昔からの思考・行動パターンを変えられない、といった場合もあります。**この場合に役立つのが「転換」です。「転換」とは、注意を自分の感情や問題から外の世界へ向け変えるということです。**私は、外の世界で起こっていることや自分の活動自体に注意を集中させると、自分自身のことを認識しなくなり、忘れてしまいます。この状態になると、身体の痛みも心の痛みも感じなくなります。そのため慢性疼痛患者に対する心理療法では、この注意転換法がよく使われます。夢中になって踊っている間は、足に負担がかかってきても痛みを感じませんよね。夢中になれば、我を忘れることができるのです。すると、嫌な感情も完全に引っ込みます。**転換によって自然と良い気分になり、そのおかげで抱えている問題からも距離を置けるよ**

うになるのです。

あなたも、次のような経験をしたことがあるのではないでしょうか――Xさんから誤解され、不当な扱いをされていると感じるため、Xさんにひどく腹が立っている。「なぜこんなことをされるのだろう」としょっちゅう考え、どんどん怒りが募ってくる。でも仕事など、集中しなければいけないことがあり、しばらくそのことについて考えなかったら、怒りが薄れてきて気持ちが落ち着いた――。こうなれば、Xさんとの問題についてかなり冷静に考えられるようになります。この問題から距離を置くことができたのです。

距離を置くと、状況の解釈も変わり、その状況に自分がどう関わっているのかが見えてきます。ひょっとしたらあなたは、蚊を象だと思うように些細なことを大げさにとらえていたことに気づくかもしれません。あるいは、解決策が見つかる可能性もあります。それとも、「この出来事自体、たいして重要なことではなかった。もうこのことは忘れよう」と思うかもしれません。

ただ、ここであなたはこう思ったのではないでしょうか。「問題が起こったら、自分自身のことを慎重に見つめ直すべき？　それとも他のことに注意を向けるべき？　どっち？」と。私の場合、そのときに自分が以下のどちらの状態であるかによって、答えは変わってきます。

1. 広い視野で物事を見ることができている状態。
2. ひどく感情的になっていて、自分の考えがつねに頭から離れずに堂々巡りをしている状態。

①のときには、自分自身のことを正確に省みることができ、もし影子と一体化していれば、そのことにすぐ気づけます。私はネガティブな感情を募らせると、前に進めなくなるため、そうなる前に自分自身を離れたところから眺めることが重要だと思っています。

しかしすでに②の状態になっているときには、自分自身のことを考えると影子の感情と信念に一層とらわれて身動きできなくなる可能性があるため、まずは気をそらすようにしています。こうして問題から少し離れると、自分の感情と問題について冷静に考えられるようになるのです。

そこで、普段から次のようにしてみることをお勧めします――あなたの活動を少し中断し、あなたの中で起こっていることを感じ取ってみてください。それから、再び外の世界に注意を向け、あなたの周りでどのようなことが起こっているのか、意識して見てみましょう。その後、あなたの活動に注意を集中させます――こうして、注意を自分に向けるときと、自分の周囲に向けるときのちょうど良いバランスを見つけてみてください。もし、差し迫った問題を抱えていて、その問題ばかりに注意が行ってしまうようであれば、毎日30分間その問題について集中的に考え、その内容を紙に書いておくといいでしょう。これで、あなたの「大人の自分」は「**この問題に関することはすべてこの紙に書かれているので、気になったらこの紙を見ればいい。だから、他の時間はこの問題以外のために使おう**」と思うことができます。そして、手首に輪ゴムを巻きつけておくといいでしょう。その問題について再び考えていることに気づいたら、その輪ゴムをパチンとはじいて、あなたの活動に再び注意を向けるようにしてください。

「ありのままの自分」を認めると、どうなる？

すでにお話ししてきたように、**「自分を受け入れる」というのは、自分のすべてをすばらしいと思うことではなく、自分の弱みも受け入れるということです。**

自分のことをどの程度受け入れることができるのかは、どの程度自己認識ができているのかによります。結局は、自分が認識したこと、つまり自覚したことしか受け入れることができません。そのため、自分の強みしか受け入れることができない人は、つねに自分の一部だけを受け入れ、他の部分をなんらかの形でフェードアウトさせていくか、意識から排除しなければいけなくなります。多くの人が、このようにして本当の自分を知るのに少し遠回りをしてしまっているのです。たとえば、比較的害のない点、あるいは**むしろまったく弱みではない点を弱みと思ったり、良く見るとじつは強みである点を意識の隅のほうへ追いやろうとしたりしています。**

私のクライアントもその一人。彼女は絵のように美しい方なのですが、自分が醜いと思っていて、最初のカウンセリングではそのことでなんと1時間も泣いていたのです。このクライアントは「認識のゆがみ」の極端な例ですが、前述のことを示す良い例といえるでしょう。彼女の弱みは、決して外見ではありません。ヒステリーを起こしやすい点、言い換えると、ものすごく大げさに反応する点です。ただ、彼女のように完全な思い違いをしていることは、誰にでも多かれ少なかれあります。

もし私が痛みを伴う事実を認めるのが怖いために、その事実を見ないようにしていたら、確かに認めずに済みます。でも、前に進むこともできなくなります。失敗を恐れて重要な決断を下すことから逃げているのに、そういう自分を認めなければ、そこで足踏みをしているだけになります。あるいは、ある人のことをすごく妬んでいるのに、そういう自分を認めなければ、その妬みの感情を健全な方法で消すことはできません。また、自分の才能に限界があることを認めなければ、自分の能力に満足することも決してないでしょう。

ですからあなたには、自分自身に対してできるかぎり正直になってもらいたいのです。とはいっても、自分自身を客観的に認識するのは簡単ではないので、一度、信頼できる友人に、あなたのことを本当はどのような人だと思っているのか聞いてみるといいかもしれません。**ありのままの自分を認めると、不安を感じることが少なくなるため、ものすごくラクになります**。たとえば、自分には自分の夢を実現するほどの才能がないと認めてしまえば、今後は、〝それを認めることへの不安〟を抱えずに済みます。リラックスでき、「そういう自分なんだ」と思えます。そして、より現実的な人生計画を立てることができるようになるのです。

私たちの潜在意識の中では、決定的な事実に対する漠然とした不安がしょっちゅうわき起こっています。事実を認めることから逃げ、それに対する不安を抱えているかぎり、自分自身をさらに成長させることはできません。でも一度立ち止まって、「**そう、そういうこと！**」と認めてしまえば不安はなくなり、心の中に新たなスペースが生まれます。そのスペースには、もしかしたらある種の悲しみが入るかもしれません。そうであったとしても、心の中に新たなスペースが生まれることに変わりはありません。私の場合、そこに入るのは「自分にもっと合う他のことに関心を向けて、自分の夢を方向転換させること」だったり、「自分の能力では、ものすごい高揚感が得られる目標は達成できないけれども、満足感が得られる目標は十分に達成できる、と思うこと」だったりします。あるいは「自分の能力不足を努力で補おうと決心すること」かもしれません。いずれにせよ、ありのままの自分を認めることを恐れているよりも、**ありのままの自分を認めるほうが、自分の目標と行動を最終的にははるかに満足できるものにしていくことができます。**逆に、ありのままの自分を認めることを恐れていると、つねに間違った方向へ進むことになります。

しかし自分の弱みと向き合うと、一番認めたくない「自らの過ち」に突き当たります。罪悪感は、耐え難いものです。ただ、**自分が誰に対して過ちを犯したのかをきちんと認めることで、その罪悪感からものすごく救われるはずです。**そして、こう言えばいいのです――「そう、私の行動はその場にふさわしくなかった！」「そう、私はもうそんなことはしない！」。私は自分の行動の責任をきちんと負えると、自分の行動の被害者に対しても正義感が芽生えてきます。すなわち、自分の過ちを認めて初めて、相手に謝ることができるようになります。**私たちは、もっとも身近な人に対して過ちを犯してしまいがちです。**あなたも、周りの人に言ったことやしたこと、しなかったことに対して申し訳なく思っている自分に気づいたら、それを機にその人に謝ることを考えてみてください。大人になってからでも自分の親から「あのときは悪かった。忙し過ぎて、手が回らなかった。今なら、まったく違った接し方ができると思う」とちょっと言ってもらえるだけで、すごくラクになれる人はたくさんいます。それなのに、実際には多くの親が自分の過ちに対してまったく責任を取らず、言い訳をしたり、なかったことにしたりしています。だから、その子どもの影子は昔の傷を負ったままになっているのです。あなたも両親や片親に対して、子どものころのことで一度は謝ってほしいと思っているのではないでしょうか。

もし、あなたにすでに成人した子どもがいて、あなたが昔の自分について批判的に省みたときに、子どもに対してなんらかの過ちを犯したことに気づいたとしたら、子どもにそのことを謝ってみてはどうでしょうか。謝ることで、あなた方の間に新たな関係が生まれるかもしれません。あるいは、子どもが未成年者であれば、**子どもに対するあなたの教育にあなたの影子が影響していないかよく吟味してみてください。**

また、過去の自分を振り返って、自分が友人や同僚に不当なことをしていたと気づいたら、その人たちに「ごめんね」と謝りましょう。何年も前のことでもいいのです。逆に、あなたが不当な扱いを受けて、被害者になったこともあるかと思います。そのずっと後でも、加害者から「ごめんね」と言われたら、どうですか？　うれしいですよね。そう、謝るってすごくいいことなのです！

レッスン2　「あるがまま」を受け入れる

次のレッスンで、あなたの心を落ち着かせていきましょう。このレッスンは、仏教の瞑想からヒントを得ています。私は仏教徒ではありませんが、「瞑想は、現状に対して『然《しか》り』（その通り）と言い、あるがままを受け入れるための訓練であること」は知っています。敬虔な仏教徒でなくても、この考え方を日常生活に取り入れるといいのではないかと、私は思っています。

「然り」と言う——これは、とても良いアイディアです。すでにお話ししているように、**痛みを伴う事柄を認めないようにしていると、潜在意識の中でしょっちゅう不安がわき起こるようになります**。じつは不安を認めないようにしているほうが、その不安を認めて受け入れるよりもエネルギーを要するのです。また、そのように抵抗していると、不安以外のネガティブな感情（悲しみや寄る辺なさ、怒り、羞恥心）も起こってきます。ですから、私はこれらの感情をできるかぎり早く消したいときには認めて受け入れることにしています。

私は、「不安」と「影子」を同義語として使っています。**自分の影子を認めて受け入れ**

るということは、自分の不安、さらには劣等感や羞恥心、悲しみ、寄る辺なさをも認めて受け入れるということです。それができると、影子は理解されていると感じ、次第に落ち着いてきます。それには、日常生活で「そう、そういうこと」としょっちゅう言うだけでも十分なことが多いのです。歯医者に行かなくてはいけないときでも、友人とのケンカについて考えているときでも、渋滞に巻き込まれているときでも、子どもたちにイライラしているときでも、電車に乗り損ねたときでも、「そう、そういうこと」と言ってみてください。呼吸に合わせてこの言葉を言うのがベストです。深く息を吸って吐いてから、「そう、そういうこと」と心の中で言ってみましょう。これを繰り返し言っていると、この言葉のおかげでどれほど落ち着いていられ、救われた気持ちになるのかがわかってくるでしょう。

感情はつねに一時的な状態に過ぎません。幸福感はまさにそうですよね。とてもうれしいことがあっても、そのうれしさが永遠に続くわけではないことを誰でも知っています。それなのに、ネガティブな感情が永遠になくならないように思ってしまうことも誰にでもあります。とくに恋煩いや不安に陥ったときには、そう思うことでしょう。

そのときには、14章の「ネガティブな感情から抜け出す方法」を思い出してください。

「好意」は自らの力で手に入れられる

影子は、「不十分さ」をしょっちゅう感じています。そして、この「不十分さ」の感覚は、自分の気分だけでなく、他者に対する考え方や行動にも影響を与えてしまうのです。私たちは影子の目線で見ると、相手をすぐに敵と思ってしまいます。さらに**自分に自信がないと、人生を「守りの態勢」で送るようになります**。すなわち、自分が相手よりも下の立場になって攻撃されるのではないかとつねに心配し、自分の身を守ろうとするのです。そのように自己防衛している人は、相手を攻撃者と見るため、相手に共感できません。その結果、相手に好意を持つこともできなくなります。

私は、相手と同じ目線に立っているときにしか、相手に好意を持てません。自分が相手よりも下の立場にいると感じると、自分自身のことを激しく非難するだけでなく、相手のことも激しく非難してしまうのです。もちろん、相手の強さを称えて自分だけに厳しくしたいと思っていますが、正直なところ、なかなかそうはできません。他者の不幸を喜ぶ気持ちや妬みは、とても人間らしい感情でもあるのです。また、それは通常、自分よりも上の立場にいると認識した人にしか向けられない感情です。

ただ、影子はあまりにも些細なことにこだわったり、あまりにも疑い深くなったりします。このため、日向子や「大人の自分」の状態でいるほうが人づき合いはうまくいきます。その状態だと、気分が上がり、より好意を持って周りの人を認識できます。認識と気分は、つねに作用を及ぼし合っているのです。

さらに、私が気分良く過ごし、周りの人に好意を持って接すれば、周りの人も気分良く過ごすことができます。ポジティブな力が周りに伝わっていくのです。攻撃が来たらすぐ逃げられるよう警戒しているよりも、好意を持って他者を見るほうが、私も周りの人もはるかに気楽でいられますからね。私は緊張感とイライラを強く感じれば感じるほど、周りの人にその感情を投影してネガティブな力を与えてしまいそうになります。

このように私は、影子モードよりも日向子モードのときのほうが他者に好意を持ちやすくなります。一方、**自分の些細なことにこだわったり自分を非難したりすると、他者に寛容でいることがなかなかできなくなります**。ですから、自分自身をケアし、自分の心地良さに責任を持つことがとても大切だと思っています。あなたも、ぜひ自分自身をケアしてください。16章の「『影子』の傷を癒す」で行ったように、自分の影子を理解し、繰り返し慰めるのです。そして、自らの力で日向子モードに切り替えることができるよう練習してください。自分で自分の気分を良くするのです。人生の楽しみをできるかぎり多く持って享受することを、あなたの義務と思ってくださいね。このことについては、後の章でもっと詳しく説明します。

「好意」は、自らの力で手に入れることができます。影子と一体化している人の多くは、どのような人に対しても不信感を抱きながら接しています。疑いと不信は、その人たちの防衛戦略なのです。しかも、自分の影子と非常に強く結びついているため、影子の立場から認識したことや考えたことが正しいと信じています。つまり、「世界と人々は、利己的で悪に満ちている」と思い込んでいるのです。

とはいっても、私は「人間は基本的に善良である」と言っているわけではありません。そこは誤解しないでくださいね。**よく考えないお人好しは、ひどく疑い深い人と同じくらい厄介だからです。**ただ、他者に対してつねに不信感を抱き、好意を持たずに接する人は、自ら世界を実際よりも少し悪くしているといえます。また、前述したように、「人間は基本的に利己的である」といった悲観論には、科学的な裏づけがありません。逆に、近年の脳科学研究によって証明されているのは、**「人間は協力し合うようにつくられており、〝与えること〟で幸せになれる」**ということです。このことを覚えておいてくださいね。こうした事実も、好意的な考え方をする際に役立ちます。

もしあなたが、友人や同僚、親族、パートナーに対して心が狭くなってネガティブな見方をしていることに気づいたら、一歩引いて、もっと好意的な目でその状況を分析していきましょう。すでに9章の「ネガティブな出来事ほど記憶に残るわけ」で詳しく説明していますが、人間は残念ながらポジティブな出来事よりもネガティブな出来事のほうにより多くの注意を払い、より重きを置くようにつくられています。そのため、ある友人とのネガティブな出来事が一つあっただけで、その人との100のポジティブな出来事が色あせてしまうのです。

ですから「相手が卑劣な動機で行動している」と決めつける前に、ぜひあなたの「大人の自分」を使って、相手が〝本当に〟そうなのか検証し、これまでに相手とどれほど良い時間を共有したのか思い出してみてください。そして、その状況に対するあなたの解釈がゆるぎないものなのかどうかを徹底的に考えてみてください。

私たちは、さまざまな場面であまりにも早急に「相手が自分に対して悪意を持っている」と思ってしまいます。その相手が長年の親友であっても、です。親友から誕生日を忘れられたり、ちょっと非難されたり、〝見当はずれの〟反応をされたりしただけで、すごくがっかりして、友情をも疑ってしまう人もいます。しかし好意的な見方というのは、自分自身だけでなく他者にも次のことを〝許す〟ということなのです。

基本的に、悪いことよりも良いことをしたいと思っているけど、

- ミスをすることもある
- 親友の誕生日でも忘れることがある
- 不安になって、素直になれないときもある
- 自分の行動によってどのようなことが起こるのか、正確に予測できないこともある
- やる気が起きないこともある
- よく考えないで行動することもある
- 機嫌が悪いときもある
- すぐに影子モードになってしまうこともある

さらに、**「気難しい人の心の中には、ひどい傷を負った影子がいる」ということも頭に入れておきましょう。**

完璧な人間関係なんてありません。私たちは皆、ミスをするし、思い違いもします。ですからあなたも、**自分自身と他者の「不十分さ」に対して、できるかぎり寛容になりましょう。**攻撃と心の狭さは、まずはあなた自身を痛めつけます。あなたの気分を下げ、人間関係をストレスフルなものにしてしまうのです。

す。

褒めることができるようになる!

「好意を示す」というのは、「周りの人を褒める」ことでもあります。 しかし、影子と一体化しているために、そうすることもなかなかできなくなっている人がいます。影子の心になっていると妬みがちになるため、せいぜい必要最低限の賛辞しか口に出せないのです。

また、褒めることにあまりにも気後れしてしまう人もいます。そういう人たちは、褒めたときだけでなく褒められたときにも、気まずさを感じてしまいます。なぜなら、子どものころに良いことをしても褒められることがほとんどなく、そのような状況に慣れていないからです。さらに、非常に高い基準で自分自身と他者を評価する人も、これまで褒めることをあまりしてこなかったために、褒めることが苦手です。

どのような理由であれ、褒めることがなかなかできないという人は、寛容でいられる練習をするといいでしょう。もし、あなたもこのタイプであれば、あなた自身にも周りの人にも一度、寛容になってみましょう。まずは、「君はよくやっているよ」という気持ちで、自分の肩をポンポンと叩きます。そして、自分の容姿と所有物に対して喜びを感じましょう。次に、自分の具体的な良い行動を褒めてみましょう。一日の始まりに、これを行うのがベストです。さわやかな朝になりますよ。その後も、**できるかぎり頻繁に自分を褒めてください**。気分が上がりますし、妬みの感情を持っていたとしても、その感情を少なくすることができます。

あるいは、感謝の気持ちを持つ練習をするのもいいでしょう。あなたの人生の中でうまくいっているあらゆることに感謝してください。また、あなたが持っているあらゆるもの、普段は当たり前だと思っているあらゆることにも感謝しましょう。こうすることで、**自分自身と自分の人生の良い面に目を向けられるようになります**。逆に、自分の弱さや欠けていると思う面を嘆いてばかりいると、恩知らずの人になってしまいます。自分を褒めることと感謝することによって自分自身に十分に〝承認〟を与えると、今度はそれを他者にも与えられるようになるのです。

私たちは皆、強い承認欲求を持っています。でも、承認されるのを待っているのではなく、積極的に承認を〝与え〟始めましょう。さらに、承認だけでなく金銭的にも寛容になって、与えていきましょう。ケチは非常に嫌な性質ですが、残念ながら世の中にはあまりにも多くのケチがいます。あなたもその中の一人で、なかなか寛容になれないというのであれば、まずはあなたの信念をきちんと見直してみましょう。そして、ケチを防衛戦略として使っていないか、分析してみましょう。**ケチは、あなたを幸せにすることも、人生をより安定させることもできません**。反対に、与えるものが多ければ多いほど、得るものも多くなるのです。ぜひ、どんなときでも広い心で人に接してみてください。すると、自分自身の気分と人間関係がものすごく良くなることに気づくはずです。

19章 具体的な黄金戦略

ついに最終章です。この章では、まずは、タイプごとの具体的な黄金戦略を紹介しますので、あなたがどのタイプに当たるのかを考えながら読み進めていってください。その後、あなた自身の黄金戦略を完成させ、それを使いこなすことができるようにしていきます。

本当に完璧な人とは？

すでに説明していることですが、世の中の大多数の人が、ネガティブな信念を持った影子をどうにかして黙らせようとものすごいエネルギーを使っています。なかでも、完璧主義によって影子を黙らせようとしている人が多くいます。ここで、再度次のことを言っておきましょう。「信念はネガティブな幻想です。その信念は真実ではなく、親の過剰な要求に対するあなたの思いに過ぎません。しかし、あなたがその信念から防衛戦略を使ったら、現実の世界でも間違いを犯してしまいます」。**もしあなたが完璧主義の防衛戦略を使っているとしたら、あなたは自分が他者からどう思われているのかを考え過ぎていて、本当に意味のあることについてあまりにも考えていないといえます。**

そこで、あなたの「大人の自分」を強化していく必要があります。それには、あなた自身に次のような批判的な質問を投げかけていくといいでしょう。「どのような動機から完璧になろうとしているのか？」「その動機となっていることだけが、自分にとって本当に重要なことなのか？」「あるいは、周りの人にできるかぎりスキを見せないようにするために完璧になろうとしているのか？」「それとも、褒められたいからなのか？」と。

そして、あなたの行動を少し離れたところから観察してみましょう。あなたが完璧な仕事をすることや、完璧な容姿であること、完璧なホスト役であることは、あなた以外の誰にとって重要なことですか？　完璧でいる理由のうち、あなただけが関与している理由は何パーセントですか？　もしあなたが物事を完璧ではなく、「グッド」にする〝だけ〟でも満足できるようになったら、余ったエネルギーで何ができるでしょうか？　余った時間で何をしますか？　退屈するのではないか、あるいは嫌なことを思い出してしまうのではないかと不安になりますか？　それとも、仕事という逃げ場を失って、プライベートでの差し迫った問題から目をそらすことができなくなりますか？

プライベートの問題から目をそらすためにできるかぎり忙しくしている人はたくさんいます。そういう人は、休むとすぐに不安になるのです。あなたも、ひょっとしたらプライベートの問題から逃げていないか、よく考えてみてください。そうして「大人の自分」を強化していきましょう。

もしプライベートの問題から逃げているとしたら、あなたの防衛戦略によってその問題が片づくどころか増えていないか、自問してみてください。完璧主義の人はしょっちゅうストレスを感じていますが、そのストレスによって自分自身がつらくなるだけでなく、人間関係もうまくいかなくなります。**あなたも、自分自身に課した高い要求のために、身近な人にも極端に厳しく接していないか、よく考えてみましょう。**また、あなたは野心を持つ代わりに、人生を楽しむ余裕を失っています。それゆえ、気楽に物事に取り組む人と比べて、燃え尽き症候群になるリスクも高くなります。そのことを覚えておいてくださいね。

もしあなたが今ほど完璧を求めなくなり、時間に余裕ができたら、誰が喜ぶのか自問してみましょう。あなたの家族や友人でしょうか？　あるいはあなた自身も、新たな友人や人生の楽しみを持てて、その恩恵を受けるのではないでしょうか？

このように、完璧にする意味を自分自身に問うことで、あなたの完璧主義を相対化するようにしてみてください。そして、影子の手を取り、心を込めて根気よく何度も「**君は、ありのままで十分なんだよ。ミスをしてもいいんだよ**」というようなことを言ってあげましょう。また、「大人の自分」をさらに強化していくには、「不安を引き起こすシナリオ」を最後まで考えていくといいでしょう。たとえば、こう考えていきます。「仕事量を減らすと、〝本当に〟失業してしまうのか？」「その仕事は多大なストレスを負ってまでやる価値があるものなのか？」「転職はあり得ないのか？」といった具合です。

もしあなたができるかぎり完璧な友人や完璧な恋人になろうとしているのであれば、それで相手との関係は〝本当に〟良くなるのか、よく考えてみてください。そもそも、完璧な友人や完璧な恋人とはどのような人のことをいうのでしょうか？　あなたの価値基準について、じっくりと考えてみましょう。**できるかぎり正直で心を開いている人のほうが、一番美しい人、一番優れている人、一番すばらしい人よりもはるかに〝完璧〟な人になりませんか？**

私が思うに、あなたがどのような人なのか相手にきちんと伝わり、相手に信頼されているのであれば、あなたはその相手にとってすでに完璧な人なのではないでしょうか。そして、必死に成功を目指して行動するのではなく、あなたにとって何が正しいのかを問いながら行動するほうが、すばらしいことだと思うのです。完璧になる代わりに、単にもっとありのままの自分でいるようにするのは、どうでしょうか？　できるかぎり頻繁に日向子の状態になることや、できるかぎりリラックスすることは、どうですか？

あなたの「大人の自分」に次の二つの事柄を意識させましょう。

1. 影子の眼鏡を通して世界を見ると、その世界には影子の気持ちが投影される。すなわちネガティブでゆがんだ現実が生まれる。
2. 完璧でいることよりも、もっと有意義な「すべきこと」がたくさんある。その中で忘れてはならないのが「自分の人生を楽しむこと」。

人生を楽しめるようになるには

影子の防衛戦略にとらわれている人の多くは、人生を楽しむことにためらいを感じています。そのため、人生をほとんど楽しんでいません。このような人たちは、仕事や義務と思っていることに全力を尽くし、それらがすべて片づいたら楽しんでもいいと思っています。しかしどういうわけか、彼らにはやらなければいけないことがつねに何かしらあります。それは、彼らの影子が「自分は十分ではない」という負い目を感じているから。その負い目から「自分は生きる喜びを享受するに値しない」と思い込んでいるか、あるいはやらなければいけないことに追われて生きる喜びを感じる余裕がないのです。だから、仕事をしないと罪悪感を抱いてしまうのです。なかでもコントロール志向と完璧主義の防衛戦略を使っている人は、気を少しゆるめることでさえなかなかできません。

「大人の自分」から見ると、生活を楽しんではいけないという客観的根拠はどこにもないことがわかります。**「嫌な生活をして、それが誰の役に立つというんだ？」**——私の父がよく言っていた、私の好きな言葉です。生きる喜びと楽しさを感じれば気分が良くなることを、あなたもどうか覚えておいてください。そうなれば、あなたの日向子が力を発揮できるのです。ですから、できるかぎり自分の気分を良くすること、また自分の生活を楽しめるようにすることはあなたの義務と思ってください。ただ、そのためには時間配分をうまく行わなければなりません。楽しむためには、時間が必要ですからね。

ところで、つねに重要な仕事を先延ばしにする「先延ばし病」にかかっている人も、人生を楽しむことにやましさを感じて、ほとんど楽しんでいません。完璧にコントロールしたがる「コントロール病」にかかっている人も同様ですが、両者の違いはこうです。「先延ばし病」の人はやらなければいけない仕事を先延ばしにしているのですから、人生を楽しむことに良心の呵責を感じるのは〝当然〟です。一方、「コントロール病」の人は、主要な仕事以外もできるかぎり完璧に成し遂げようとしているために、いつまで経っても仕事が終わらず、それゆえ人生を楽しむことに罪悪感を覚えてしまいます。つまり、**その罪悪感は、本来は不要なものなのです。**

おいしい食べ物とワインは、人々を心の底から幸せにしてくれます。他にも、自然の中を散歩することや音楽を聴くこと、すばらしいセックスをすることもそうでしょう。もちろん、楽しいと思うことが人によって異なることもありますが、誰にでもいえることは**「楽しくないことはなんの解決にもならない」**ということです。そこであなたも、できるかぎり人生を楽しむことを自分自身に許しましょう。

でも、どうやって楽しめばいいのかまったくわからないという人もいます。そのような人は、楽しむ練習を積んでいないのです。それゆえ、自分自身につねに過大な要求を課してしまい、たいていイライラしていて機嫌が良くありません。なかには、少し休むだけでも頭痛など、休むのに〝ちょうど良い〟理由が必要だと思っている人もいます。じつは、そのようなときに日向子は、自分に相談してくれないことをひどく残念に思っています。というのも日向子は、とても楽しい気分になれることをたくさん知っているから。あなたも、楽しみ方がわからなくなったら、ぜひ一度、日向子の言葉に耳を傾けてみてください。日向子は、自分だったらどんなことをして楽しみたいか、すぐに答えてくれるでしょう。

もしあなたがつねに全力を出し尽くすタイプであれば、あなたの影子に次のようなことを言ってあげましょう。「かわいそうな私の影子。私も君も『自分が役に立っている』と感じるためにつねに頑張っているけど、それほどまでに頑張る必要はないんだよ。君が少し休んでも、君は十分役に立っている。新しい力を身体の中に入れるには、休むことが必要だよ。もし、私たちがすべてのことに全力を出していたら、いつかは倒れてしまうだろう。そうしたら、その頑張りはなんの役にも立たなくなってしまう。私たちは自分に休みを与えて、ゆっくり過ごしていいんだ。人生を楽しみ、心から気分良くなるようにしていいんだよ。少し休めば、また十分に力を出せるんだから」と。

楽しさや喜びは、美しさとも関係しています。周りをちょっと見回してみてください。あなたの家や職場に、あなたの目の保養になるものはありませんか？　あなたを幸せな気分にしてくれる美しいものを、日々の生活の中で眺められるようにしてください。本書で内面を改善しようとしているのであれば、同時にあなたの周りの外の世界も改善していくといいでしょう。机の上に飾られている美しい花など、ちょっとしたものでも喜びを与えてくれます。また、香りも幸せな気分にしてくれます。私はローズオイルが入った小瓶をつねに携帯し、気分を上げたいときにそれを身体につけるようにしています。あなたも、自分の気分に責任を持つようにしましょう。自分で自分をケアしてください。

心療内科の病院では、数年前からいわゆる「エンジョイメント療法」が行われています。楽しむためには、まずは楽しむことを学ばなければいけない人が多いのです。**「楽しむ」ということは、「意識する」ということにも密接に関係しています。**私の場合、何かを楽しみたいと思うときには、五感を働かせるよう意識しなければなりません。そのことに十分に注意を向けないと、楽しむことができないのです。

たとえば、食べ物を急いで飲み込んでしまうと、何を食べたのかわからなくなってしまいます。エンジョイメント療法もそれと同じ考えにもとづいており、楽しむことができるよう五感を鋭くしていきます。患者は、一片のチョコレートを食べるか、あるいはバラの花を観察し、その際に感じたことを紙に書いていきます。こうして、「意識して楽しむ」ことを覚えていくのです。日常生活でも、このエンジョイメント療法を簡単に行うことができます。それには、以下の二つのことを行えばいいだけです。

1. 気分が良くなることをときどき行って、楽しいという気持ちを呼び起こす。

2．注意と五感をそのこと（今とここ）に集中させる。

美しさや楽しさをより意識できるようになる方法が、もう一つあります。それは、散歩です。**美しいものを見逃さないように注意しながら散歩するのです。**散歩の際には、カメラを持っているつもりになるか、あるいは本当にカメラを持って、美しい被写体を探してみましょう。あなたの注意を周囲に向け続けてください。簡単ではないかもしれませんが、こうすると自分自身のことを考えずに済むので、心を休ませることができます。私はすぐに自分の世界に入って考え込んでしまい、周囲の出来事に注意を向けることができなくなるため、このように散歩して、自分の世界から〝気をそらす〟練習をしています。また、美しい花や美しい自然の風景は、私をとても幸せな気分にしてくれます。

「聞き分けがいい自分」をやめると人間関係がシンプルになる

防衛戦略としてハーモニー志向を身につけた人は、すべての人を満足させたいと思っています。そのような人は子どものころに、親に認めてもらうため、あるいはせめて叱られないようにするために親に合わせることを学んだのです。それゆえ**ハーモニー志向者は、**

周りの人の願望や欲求と自分のそれらとの間に境界線をはっきりと引くことができず、周りの人の気分の良し悪しは自分にかかっていると感じています。相手の機嫌が悪いと、自分が何か悪いことをしたのではないかと後ろめたい気持ちになるか、あるいは相手の機嫌を良くするためには何をしたらいいのか考え込んでしまうのです。つまり相手の願望ばかり気にして、自分の願望を後回しにしているのですが、その一方で、いつかは自分の願望も相手に叶えてもらえると期待しています。

しかし、自分の願望を言葉で表すことがほとんどないため(たとえ言ったとしても小声で)、願望が叶うことはありません。その代わりに「自分は雑に扱われる」という感情をつねに抱えるようになります。その感情によって、自分自身のことが嫌になってきますが、それ以上に相手のことが嫌になり、相手が支配者に見えてきます。このことは、15章の「戦略4　ハーモニー志向と過剰な同調性」ですでにお話ししましたね。相手が自分に何を望んでいるのか、つねに感じ取ろうとしていると、自分が望んでいることも相手にわかってもらえると思うようになります。それだから、**相手にわかってもらえないと、すぐに侮辱されたと感じてしまうのです。**

ハーモニー志向者は、すべてのことを正しく行って誰も傷つけないようにしようとしていますが、本心では、相手のことをそれほど大切に思っているわけではありません。そうしているのは、**彼らの影子が拒絶されることに不安を抱いているからです**。その不安から「もし自分の欲求に素直に従ったら、きっとひんしゅくを買ってしまうだろう」と思い、ひんしゅくを買わないようにつねに相手の望み（と思われる）通りにしているのです。そして、「相手は私の行動に感謝しているはずだから、次は私の欲求も感じ取ってくれるだろう」と期待しています。要するに、**ハーモニー志向者は自分のことにあまりにも責任を持っていないといえます**。

もしあなたがこのタイプであれば、まずはあなたの「大人の自分」を使って、あなたとあなたの影子が子どものころの世界に閉じ込められていることを意識しましょう。あなたは親に気に入られるために、できるかぎり親に合わせてきたのです。あなたの親は、とても厳しかったか、それとも冷淡だったのではないでしょうか。あるいは、とても優しかったけれども、やはり非常に調和を好み、衝突をものすごく避けていたのかもしれません。**そのような家庭環境で育ったあなたには、自己主張の良い手本となる人がいなかったのです**。

いずれにしても、あなたは子どものころに親の言いなりになっていたのです。ですから、あなたの影子に優しくこう説明しましょう。「あのころのことは、もう過去のこと。今は、君と私の幸せの責任は自分たちにあるんだよ」と。あなたは、自分自身のことにもっと気を配れるようにしていかなければなりません。**あなたの機嫌を良くする責任は、あなたにあります**。あなたがやりたいこと、やりたくないことを、ぜひ口に出して言ってください。

もしかしたらあなたは、「そんなことをしたら、自己中心的な人になってしまうのではないか？」と思っているかもしれませんが、決してそうではありません。反対に、あなたが自分自身と自分の願望に正直になると、相手はあなたがどのような人なのかがよくわかり、お互いに対等な立場でいられます。これまでのように相手が自分の願望を察してくれなかったからといって、ふてくされるよりも、そのほうがはるかにいいはずです。相手に対して遠慮がちな態度をとると、相手はあなたがどう感じているのか、何をしたいのかがよくわからず、あなたのことで頭を悩ますことになります。相手の意見を受け入れたときに、相手はいつもあなたに「〝本当に〟それでいいの？」と尋ねていたのではないでしょうか。これが続くと、相手はとても疲れてきて、あなたのことを〝よくわからない人〟と思うようになります。でも、あなたが自分自身にもっと正直になり、もっと本当の自分になれば、相手はあなたのことで頭を悩まさなくて済むようになり、あなたともっとラクにつき合えるようになるのです。

また、自分の思いをもっと貫くことも大切です。あなたがすべての人を満足させようとしても、結局は誰も満足させることができません。なぜなら、**あなたは何事に対しても正面から向き合っていないため、周りの人はあなたを信頼できないからです。**「みんなのあなた」でいる必要はないのです。それよりも、あなたにとって重要な事柄や「大切な価値」に関わることであれば、意志をもっと強く持って、ときには異論を唱えるほうが有意義です。自分の意見を言う勇気と正直、疑いを晴らす正義は、嫌われる不安よりも重要なことなのです。自分の意見を主張すると、相手から「あまり感じが良くない人」と思われることもあるかもしれません。しかし、自分の意見を主張しなくても、そう思われることがあります。すでにお話ししたように、自分の意見を主張しないと、相手はあなたがどのような人なのかまったくわからなくなり、そのためにあなたのことを〝ちょっと退屈な人〟と思うようになるかもしれないのです。**いずれにしても、みんなに気に入られるようにするのは不可能です。**このことがわかると、あなたの気持ちもラクになるのではないでしょうか。ですから、あなた自身の意見と尺度を持つようにしましょう。**重要なのは、気に入られるようにすることではなく、あなたの「大切な価値」に沿って正しく行動することです。**このことを繰り返し意識しましょう。

ここであなたは、「自分の意見を言っても言わなくても、感じの良くない人と思われるんだから、結局は同じじゃないか！」と思ったかもしれません。これは、衝突を避けがちな人がよく使うフレーズです。でも、私が前述のように考えているのは、第一に、思っているだけよりも、そのことを口に出して言ったほうがうまくいくことが多いからであり、第二に、人は自分の成功のためだけに行動すべきではないからです。

たとえばあなたが、友人のある行動にいつも傷ついているとしましょう。そのことを友人に言ったら、あなたはその友人と友情に〝チャンス〟を与えることになるのです。つまり、友人はあなたと腹を割って話し合えるようになり、それによって二人の仲が深まるかもしれないのです。あなたは友人との関係を改善するために責任を持って行動を起こしたことになります。ただ、**あなたの行動に相手がどう対応するかは相手次第であって、その結果はあなたの責任ではありません**。

もしかしたらあなたは、自分が何をしたいのか、どう考えているのか、自分でもはっきりとわからないのではないでしょうか。これまで、他者のことに気を配れるよう頑張り過ぎてしまい、その結果、あなた自身の内面との向き合い方を忘れてしまったのかもしれません。そうだとしたら、たびたび自分の心の声に耳を傾け、「今、どう感じている?」「どう思っている?」と心に尋ねてみましょう。また、誰かと討論している場面を想像し、それぞれの論拠を挙げてみるのも、自己主張の良い練習になります。もちろん、現実の世界でもそうしてみるといいでしょう。再び相手から好かれようとして反射的に自分の考えや欲求を抑えてしまうことがあったとしても、そういう自分に気づければ大丈夫。そして、日向子モードに切り替え、相手と話をするようにしましょう。**自分自身にもっと正直になって、相手にもっと心を開くと、人生が驚くほどラクになります。**なぜなら、あなたの人間関係が以前よりもずっとシンプルになるからです。本当の自分でいて、自分のことに責任を持って初めて、相手との間に〝本当の〟ハーモニーと親しみが生まれるのです。

人間関係をつくり上げるための議論

ハーモニー志向者は、目標を立てて、その目標のために何かを克服していくよりも、むしろ事の成り行きに任せようとします。なぜなら、目標を立てるためには、「こうなりたい」「こうしたい」というはっきりとしたビジョンが必要ですが、**ハーモニー志向者は長い間、自分のことよりも周りの人のことに気を配っていたため、自分はどうなりたいのか、何をしたいのかがよくわからなくなっているのです。**また、ハーモニー志向者が生活や人間関係を自らの力で積極的につくり上げていこうとしないのは、衝突をできるだけ避けたいという思いがあるから。「人との関わり合いの中では、自分が我慢しなければいけない」という影子の幻想にとらわれていて、「自分の力で人間関係を変えることができる」とは思えなくなっているのです。行動を起こすというよりも、他者の行動に〝応えている〟という感じです。そのように相手に合わせてばかりいて、それに慣れてしまうと、「自分の意見や願望を口に出して言ってもいい」という考えがまったく浮かんでこなくなり、適切に自己主張することができなくなってしまいます。ただ、そのような人の中には「相手に抵抗したい」という衝動をわずかながら覚える人も少なくありません。すでにお話ししたように、**衝突をできるだけ避けたいと思っている人は、そうした気持ちをしばしば「受動的抵抗」で表します。**たとえば、言われたことをわざとやらなかったり、他のことをしてごまかしたり、連絡を取るのをやめたりします。

ハーモニー志向者が思っていることをなかなか言えないもう一つの理由に、自分に意見や願望を言う〝権利〟があるのかわからなくなっているということもあります。ハーモニー志向者は「自分よりも他者のほうが優れているので、何かを行う権利や資格は他者のほうにある」と思っています。そのため、**これまでに他者と議論して、議論する力を鍛えていくことがあまりなかったのです。**ですからハーモニー志向者は、自分の考えをしっかり持って主張していけるよう練習していかなければなりません。

しかし、「議論すると、かえって自分の立場が悪くなってしまうのではないか？　それだったら何も言わないほうがいい」と考えていて、議論する自信のない人も多いのではないでしょうか。そういう人の大半は、自分と相手との関係を「勝ちか負けか」「上か下か」で考えています。そして、自分が負けて相手よりも下の立場になることを恐れ、自分の影子がこれ以上傷つかないように防衛戦略を使って守りの態勢に入るのです。ちなみに、この「自分が相手よりも下の立場になるのではないか」という不安は、ハーモニー志向者だけでなく、「攻撃や非難」の防衛戦略を使っている〝すぐキレる人〟(15章参照)にもあります。彼らは、スズメのような微弱な存在をも恐れ、スズメにまで大砲を浴びせながら必死に逃げて、自分を守っているのです。

あなたが「闘うよりも衝突を避けたいタイプ」であれば、「大人の自分」の立場から物事を見るようにしてみましょう。また、勝ちか負けかは関係ないということを強く意識してください。もし、相手が自分よりも納得できるような論拠を出してきたとしても、そのことであなたが相手よりも下の立場になることなんてないのですから、そのときは「君の言っていることは正しいよ」とさらっと言って、悠然と構えていればいいのです。そこでは、そのテーマについて議論しているのであって、あなたのパフォーマンスについてどうこう言っているわけではないということを、しっかりと心に留めておきましょう。あなたがどうしたいのか、どのように考えているのかを口に出して言ったとしてもまったく問題ないということを、「大人の自分」を使って自分自身に理解させましょう。相手に軽く

「ノー」と言っても、たいてい、ケンカにはなりませんし、恨まれることもないのですから。この「ノー」と言えるようになる方法はまた後で紹介します。まずは、議論をうまく行うためのちょっとしたコツについて説明しましょう。

レッスン1　議論する力を養う

あなたと険悪な関係になっている人や、あなたの意見を正直に伝えられない人を思い浮かべ、その人と気まずくなった状況を思い出してください。その状況を分析していきましょう。

1. まずは、日向子モードにしていきましょう。
あなたのポジティブな信念と強み、大切な価値を呼び起こします。そして、そのときにどのような良い感情が心の中からわき起こってくるのか、意識して感じ取ってください。できるかぎり良い気分になるようにしてみましょう。これがうまくできなければ、「大人の自分」モードに切り替えて、状況をできるかぎり冷静に見ていきましょう。

2. 相手の心の中にも影子がいて、あなたと相手の目線は同じ高さであることを意識します。その後、相手に好意を持つよう試みてください。

3. 相手との関係について、あなたの心に正直になって考えてみましょう。あなたのほうが相手よりも劣っていると思いますか？ それとも優れていると思いますか？ ときどき相手を妬んでいますか？ それとも、相手を見下していますか？

次に、あなたが自らの問題から相手をネガティブな方向へゆがんで認識していないか、検証していきます。相手と気まずくなった状況でのあなたの思いや行動を、いろいろな角度から注意深く見直してみましょう。これには、18章の「レッスン1 現実をチェックする」と（または）16章の「レッスン9 状況を三つの立場から認識する」方法がとても役立ちます。

4. 日向子あるいは「大人の自分」モードのままで、あなたの意見を支える論拠をよく考えてみましょう。また、相手の意見にはどのような論拠があるのかを考えてみてください。これらの論拠を書き留めておくのがベストです。ここで、第三者の意見を聞いてもいいでしょう。第三者はあなたと相手のどちらの論拠がもっともだと思いましたか？ それらの論拠を総合的に見て、もしかしたら相手の意見が正しいということはないか、検証してみましょう。相手が正しい場合は、そのことを相手に伝えましょう。それで、あなた方の問題は解決します。もし、相手が正しくなければ、5に進んでください。

5. あなたの意見について相手と話す機会を積極的につくりましょう。そのような機会はいつかあるだろうと悠長に構えていないでください。あなたの意見を友好的な態度で相手に伝え、論拠を引き合いに出してみましょう。

6. そして、そのテーマについて**相手が言うことを〝きちんと聞く〟ようにしてください**。相手の意見の論拠を理解しようとし、それを真剣に受け止めましょう。ここでは、**勝ち負けではなく、そのテーマが問題となっていることを強く意識してください**。もし相手の論拠に自然と納得できたら、「君は正しいよ」とさらっと言えばいいのです。そうすれば、あなたは完全に落ち着いたままでいられ、あなた方の問題も解決します。相手があなたよりも良い論拠を示すことができない場合は、あなたは自分の意見を変えなくていいですし、あるいは話し合ってお互いに歩み寄ればそれに越したことはありません。

これは、話し合いや討論に対してどう臨めばいいかを示した一例に過ぎないため、右記の順番通りにきっちりと行う必要はありません。ただし、どのような場合でもつねに頭に入れておいてほしいことは、「人は、どんなに厄介な問題についても、機嫌が良い状態や日向子の状態で話し合うことができる」ということ。**じつは物事を好意的な言葉で言い表すほうが、言いたいことが言えるのです。**

ですからあなたも、相手に対して基本的に好意と敬意を持っていれば、なんでも話せるはずです。そして、相手が正しければ、それをきちんと認めると、あなたは相手から〝落ち着いた、感じの良い人〟と思われるでしょう。

逆に、あなたが筋の通っていない論拠にこだわって意固地になっていると、相手から〝落ち着きのない、感じの悪い人〟と思われてしまいます。このことを忘れないようにしてくださいね。**どのような話し合いであっても、意思疎通の基盤となるのは、「論拠」と「好意」と「理解」です。**

では次に、実際に日常生活の中でこれをどう行っていけばいいのかを、具体的な状況にもとづいて説明していきます。まずは、話し合いがうまくいった例を挙げておきましょう。

ラーラとヨルクは同じ職場で働いています。ラーラは「ヨルクがしょっちゅう会議中に私の話をさえぎって、言葉をかぶせてくる。嫌だな」と思っていますが、内気で衝突を避けたいタイプなので、気軽にヨルクに「やめてよ」と言えません。しかし、数日前にヨルクからまた同じことをされ、さすがにひどく腹が立ってきて、「なんとかしなければ」と思い始めました。

1. ラーラは、まずは怒りを鎮めるために他のことに注意を向けようと考えました。ちょうど集中してやらなければいけない仕事があったので、その仕事をしたところ、ヨルクの一件から十分に距離を置くことができ、その後は「大人の自分」モードに切り替えられました（日向子モードに切り替えても良かったのですが、ラーラは、あまりにも腹が立っていたため日向子モードになるのは難しいと思ったのです）。

2. 気持ちが落ち着いてきたので、問題の状況に自分がどう関わっているのかを分析しました。分析した結果はこうです——私は、ヨルクのしたいようにさせてしまう。それは、私がきちんと逆らわないからであって、その点では、私は自分のことに責任を持っていないことになる——そしてラーラは、ヨルクから話をさえぎられたときに、自分が影子と一体化し、影子の信念にとらわれていることに気づきました。その信念とは、「私は賢くない」「私は十分ではない」「私はかわいらしく、お行儀良くしていなければいけない」です。そうした信念から、ヨルクを「私のことを真剣に考えてくれない人」「私を尊重してくれない人」と思い込んでいることにも気づきました。

3. 気持ちがさらに落ち着いてきたので、日向子モードに切り替え、ヨルクに対して好意を持つようにしてみました。その状態で、ヨルクの態度を分析してみたところ、次のことがわかったのです。「ヨルクは、私だけでなく他の同僚の話もさえぎっている。ヨルクは、それ以外の点では良い同僚だ」。この分析によって次のことがはっきりとしてきました。「ヨルクがあのような態度をとったのは、私を尊重していないからではなく、衝動的で熱意あふれる人だからだろう」。こうして、ラーラはヨルクの態度を自分自身と自分の劣等感に結びつけるのをやめて、ヨルク自身を見るようになりました（新しい、ポジティブな解釈）。

4. こうした洞察により、ラーラはヨルクと同じ目線に立つことができました。すると、次のような疑問がわいてきたのです。「この件をヨルクに話すべきなのだろうか？　もしかしたら、この件は些細なことであって、ヨルクのあら捜しに過ぎないのではないだろうか？」。そして、こう考えました。「おそらくヨルクにはまったく悪気はないのだろう。だから、ヨルクに『その態度をやめてよ』と強く言うよりも、ヨルクとこの件について一度〝話し合う〟ほうがいいのかもしれない」

5. そこで、話し合うことに賛成する論拠と反対する論拠について考えてみました。賛成の論拠――ヨルクと話し合わないかぎり、ヨルクの考えがわからないのだから、一度、この件について話し合ってみるほうがいい。ヨルクの態度に嫌な思いをしているのは私だけではないはず。ヨルクにそのことを気づかせるほうがヨルクに対してフェアだ。ヨルクの態度を気にしているよりも、早く話をしたほうが私の気も休まる。反対の論拠――ヨルクは私の指摘に気を悪くするかもしれない。ひょっとしたらヨルクは自分の態度に問題があることを認めないかもしれない。賛成の論拠――私が具体的な事例を挙げて説明すれば、ヨルクは私の考えをわかってくれるだろう。それでもヨルクが自分の非を認めないようであれば、もともと批判にうまく対処できない性格なのだ。だから、そうなっても私の過ちではない。話し合ってみる価値はある。

6. ラーラはヨルクと話し合うことに決め、翌日ヨルクを昼食に誘ったところ、ヨルクからOKをもらいました。ラーラは食事をしながら優しい口調で、会議中にヨルクから話をさえぎられたときにどう感じたのか、話してみました。すると、ヨルクはそのラーラの気持ちをすぐに理解し、謝り、態度を改めるよう約束してくれたのです。ヨルクはこう言いました。「僕はときどき、ほとんど考えずに行動してしまう。そこが僕の欠点だってわかっているんだ。でも、絶対に悪気はないし、相手を尊重していないというわけではないんだよ。今度からもっと慎重に行動するよ」と。さらに、ヨルクが再びひどくせっかちになってしまったときにはラーラが軽く指摘することを、二人は申し合わせました。

この場合、ヨルクがラーラの気持ちをすぐに理解したため、それぞれの論拠を何度も出し合わずに済みました。ラーラがこの件についてヨルクに語ったからこそ、ヨルクは自分の思いを言うチャンスを持てたのです。それによりラーラは、ヨルクの態度がやはり自分に対する侮辱ではなく熱意からのものであったことを確認でき、そのおかげで二人の仲も深まりました。

言い争いになる可能性もありましたが、ラーラが自分自身のことを省みて、この件を慎重に進め、ヨルクも素直に自分の誤りを認めることができたため、言い争いにはなりませんでした。しかし、片方だけでも自省できず自らの防衛戦略にひどく固執していると、話し合いは失敗に終わる可能性があります。次の項では、そのようなケースについて説明します。

相手から離れなければならない場合

あなたが相手よりも良い論拠を示すことができたとしても、残念ながら状況を改善できない場合もあります。話し合いをしている片方が、もう片方に対するゆがんだ認識と投影に固執していると、いくら話し合ってもうまくいきません。だからこそ、相手とあなたのどちらがありもしないことをでっち上げているのか、それぞれの論拠から見極められるよう練習しておくことが大切なのです。そして、もし相手がタチの悪い「意地悪天使」とわかった場合は、話し合いをしても意味がないため、相手から離れる（実際に離れることができなければ、心の中だけでも相手から離れる）しかありません。

ではどうしたら、話し合いが無意味であると最終的に判断できるのでしょうか。それを判断する重要な基準となるのは、「**相手があなたの論拠にどの程度耳を傾けているか**」です。相手は、あなたの話を真剣に聞いていますか？　あなたは、相手から理解されていると思いますか？

もう一つ、とても重要な基準があります。それは「**相手の論拠がどのくらい事実に即しているか**」です。相手があなたのことを批判するのであれば、相手はあなたの具体的な行動を例に挙げてそのことを説明できなければなりません。たとえば相手から「君はいつも私に指図をする」と批判されたら、その具体的な事例を挙げてもらう必要があります。なぜなら、相手は自らの劣等感からあなたに一種の〝支配〟を投影しているだけなのかもしれないからです。その場合、あなたは批判を受け入れる必要はありません。相手があなたに対する批判をよくわかる具体的な事例で裏づけることができなかったら、相手の言っていることは正しくありません。ですから、批判する以上は、具体的な事例を挙げる義務があるといえます。相手が正しければ、通常は、あなたも相手が正しいことがわかります。その場合にあなたがとる道は一つしかありません。謝って、態度を改めることを約束するのです！

ただ、ありがちだけど最悪なのは、最初から相手が「君には私を批判する資格などない」と言って、あなたの正当な批判を突っぱねてしまう場合です。そのような相手は、あなたには批判する資格がないのだから、あなたに率直に話すことなど意味がないと思っているのです。**過ちは恥ずかしいことではありません。恥ずかしいのは、過ちを認めないことです**。あなたも、繰り返しこのことを意識するようにしましょう。

また、相手が事実に即した事例ではなく、自らの勝手な解釈にもとづく事例を出してくることもあります。このような場合、**あなたが解釈と事実を区別できるかどうかがとても**

重要になってきます。このことをラーラとヨルクの件で見ていきましょう。「事実」は、「ときどきヨルクがラーラの話をさえぎり、言葉をかぶせてくる」ということです。これは、第三者からも認められている、ヨルクの具体的な行動です。この行動に対するラーラの最初の「解釈」は、こうです。「ヨルクは他の人を尊重せず、男らしさを誇示する人だ」。

もしラーラがこの解釈を省みなかったら、この解釈のままヨルクを非難していたことでしょう。それでも、ラーラが声を大にしてはっきりと非難したら、ヨルクは自分の思いを言うチャンスをなんとか得ることができます。しかし、ラーラが黙って怒りを抱えたままにしていたら、ヨルクはそのチャンスを得ることができません。その場合、ラーラはヨルクを避け、ひょっとしたらヨルクに対する怒りを同僚にぶちまけていたかもしれません。ラーラが誤った解釈をし、衝突を避けたことで、最悪の場合、ヨルクに対する嫌がらせが始まっていたかもしれないのです。**ラーラにとって〝支配的な加害者〟であったはずのヨルクが、実際にはラーラの被害者になってしまいます。**

率直な話し合いの中で、ヨルクはラーラに「僕がそのような態度をとったのは、絶対に、相手を侮辱しているからではないよ。僕の〝出しゃばり口〟がときどき勝手に暴走するだけなんだ」とはっきりと主張したからこそ、ラーラのほうもさらなる論拠を挙げる必要がなくなり、ヨルクのこの言葉を信じることができたのです。このように、自分自身の解釈にも相手の解釈にも、十分に注意を払うようにしましょう。

一般的には、「二人の関係がうまくいっていないときには、双方に問題がある」といわれていますが、じつはそうとはかぎりません。極端な例えですが、心が健康である人がものすごいナルシストとボートに乗ったら、そのボートは転覆してしまうでしょう。これは、心理学で証明されている〝自然の法則〟です。つまり、**心が健康である人でも、結局は相手のゆがんだ認識に打ちのめされて、二人の関係を救うことはできないのです。**影子の強い「認識のゆがみ」にとらわれている人にどんなに良い言葉をかけても、なんの役にも立ちません。心理学のプロでもない人がこのような相手とうまくコミュニケーションを取るのは、ほぼ不可能です。とくにその相手が権力志向者である場合、相手から身を守るためには、できるだけうまく相手を避けるようにするか、あるいは革命を起こすしかありません。

相手がきちんとした事実からではなく、〝なんとなくそう感じたから〟という理由で、あなたの人柄を誤って認識し、その認識に固執している場合、あなたは相手が正しくないことにすぐ気づくでしょう。相手にそのことを理解させようとするのはかまいませんが、あまり頻繁にしないようにしてくださいね。**自分を正当化することに際限なくのめり込んでいかないように注意しましょう。**そして、このような相手とはいつかはピリオドを打つようにしましょう。相手の頑固さと自省力のなさによって、いずれあなたはどうすることもできなくなります。相手は、おそらく権力志向の防衛戦略によって自分の影子の不安をなくそうとしているのでしょう。自分のほうが正しいと主張しなければいけないため、次第にあなたとの接点をあまり持たなくなり、あなたの言うことをきちんと聞かなくなります。相手の共感力は、防衛戦略によって大幅に低下してしまっているのです。**この「共感」こそが、人間関係にもっとも役立つ黄金戦略**となりますので、次の項では共感についてお話ししたいと思います。

共感力はなぜ必要？

共感とは、「他者の気持ちになって考える」ということです。私は、自分自身のことや自分が抱えている問題にかかりっきりになると、周りの人の欲求に気づけなくなります。けれど、私だけでなく誰でも、身体や心に痛みがあると他のことに集中できなくなってしまうはずです。それは、身体全体が何よりもまずは痛みを鎮めようとするから。そのため、**私たちが他者にもっとも共感できるのは、自分自身の欲求が鎮まって気にならなくなったときです**。だからこそ、パートナーと絶えずもめている人がいるのです。そのような人は、パートナーの欲求について考える前に、自分のことを気にしてほしい、理解してほしいといった自分の欲求をまずはパートナーに鎮めてもらおうとしています。ところが、自分のことを理解してもらおうと必死に闘っていると、ますますパートナーに対する共感力が失われていってしまうのです。ちなみにこうした事実も、「自分で自分をケアすべき」という「大人の自分」の意見を支える良い論拠となります。**自分で自分を幸せにすればするほど、余裕を持ってパートナーなどに向き合えるようになるのです。**

とはいえ、攻撃者と思われる人あるいは本当の攻撃者に共感することなど、なかなかできませんよね。人間はそのようにできているのですから、仕方ありません。自分の命を敵の攻撃から守らなければならないときには、敵に同情してはいけません。ただ、私たちの今の生活では、敵と思っている人は実際には敵ではないということがときどきあります。というよりも、**自分のパートナーを敵に仕立て上げている人が多い**といったほうがいいかもしれません。

また、なかなか共感できない人は、自らの感情とうまく向き合えていない可能性もあります。これについてはすでに14章の「感情を表すことが少ない人」の項でお話ししていますね。**とくに男性の中には、合理的な考え方しかできない人が多くいます。**もっとも、そのような共感力の乏しい人でも、相手に好意と関心を持って接すれば、相手と建設的な話し合いをすることはできます。なぜならこのような人は、相手がどのような問題を抱えているのか、少なくとも頭では理解できるからです。そのため、話し相手が「好意的ではあるけれども他者にあまり共感できない人」の場合は、理性的に話し合いを進めていくほうが、相手から積極的に助けてもらえる可能性が高くなります。

こうした頭だけで相手のことを理解する人よりもはるかに厄介なのは、先ほどお話しした「影子と一体化し、自分は敵からの攻撃を受けている被害者だと思い込んでいる人」です。このような「認識のゆがみ」に陥ると、自分自身にしか同情できず、相手に対してはある意味、冷酷になります。

とくに夫婦間でのいざこざで、この極端なケースがよく見受けられます。私のクライアントにもそうした方がいました。リンダとジョナサンは、結婚して約20年になる夫婦です。彼らは性生活の問題を抱えており、そのアドバイスを求めて来院しました。ジョナサンが長年、リンダとセックスする気になれず、リンダはそのことで傷ついているというのです。ジョナサンがその気にならないのは、かなり前からだったようです。カウンセリングで私は、ジョナサンが性生活のことになると完全に影子と一体化してしまうことに気づきました。ジョナサンは、リンダから性生活のことで咎められると、1000分の1秒のうちにリンダを敵と見なすようになり、身体が硬直し、リンダを拒絶してしまうのです。

ジョナサンがリンダを誤って敵と認識してしまう原因は、彼の信念にあります。彼の信念は、「僕には、あなたを幸せにする責任がある」「僕は罪を負わされる」「僕はあなたの期待に応えなければいけない」です。その信念から彼の影子は、リンダが自分よりも上の立場にいると認識したのです。そして、クールで要求をはねつける母親の姿をリンダに投影していました。それゆえジョナサンは、「どんなときでも、僕がリンダを良い気分にさせなければいけない」と思い込み、自分にものすごいプレッシャーをかけていたのです。また、本当は「ノー」と思っているのに「イエス」と言ってしまうことが、彼には多くありましたが、それも前述のことが原因となっています。彼の防衛戦略は、ハーモニー志向と偽装です。この防衛戦略のせいで、彼は夫婦生活の中で自分の気分を自分で良くすることがほとんどできていませんでした。彼自身の欲求がなおざりにされていたのです。

こういう場合にありがちなことですが、彼は「自分の欲求が満たされないのは自分のせいではなく、自分よりも強い存在である（と勝手に思っている）リンダのせいだ」と思っていました。そのため、彼はリンダに対して、身を引く「退却」とセックスの「拒絶」によって受動的攻撃を行ったのです。その態度で、「せめてベッドの中だけでも、自分の好きなようにさせてくれ！」と暗に訴えていたのでしょう。彼の影子は、リンダのエロチックな要望まで満たさなければいけないことに猛反対していたのです。彼にとって、自分の妻とセックスすることは義務の一つに過ぎませんでした。リンダの気分を良くする責任を強く感じていたからこそ、リンダの願望を満たすことを拒絶してしまったのです。

これはよくあるパラドックスです。リンダはジョナサンをもっと身近に感じたいと思っているのに、ジョナサンはその願望に気づかず、リンダのことを「僕をせかし、制圧し、独占しようとしている」と認識していました。リンダの「ジョナサンともっと親密になりたい」「ジョナサンに自分を受け入れてもらいたい」といった願望を、ジョナサンはまったく汲み取れなかったのです。それゆえ、セックスを拒絶されて傷ついているリンダに共感することもできませんでした。また、リンダがなすすべもない状況に陥っていることは理解していましたが、そのようなリンダを憐れむこともできなかったのです。

後に、ジョナサンはそうしたものの見方を改め、被害妄想から脱け出し、それによって、やっとリンダに対して共感を抱けるようになりました。その結果、二人の仲は深まり、性生活も改善しました。

もしあなたが、人づき合いにおける問題を自分の視点からしか見ていないことに気づいたら、そのときに生じている感情を強く意識し、その感情から一旦距離を置くようにしてみましょう。それから「大人の自分」モードに切り替え、観察者の立場になってみましょう。問題となっている状況が舞台の上で繰り広げられ、あなたはその芝居を客席から見ていると想像してみてください。あるいは、16章で紹介した「レッスン9　状況を三つの立場から認識する」方法を利用してみてもいいでしょう。問題となっている状況を離れたところから見るようにしてください。その状況のいったい何が問題となっているのでしょうか？　問題となっているのは、**ほとんどの場合、承認に関すること**（相手からあまりにも評価されていないと感じている）**あるいは正当性に関すること**（相手からあまりにも不当に扱われていると感じている）、**そしてこれらによる心の傷です。**そこでまずは、あなたの心の傷だけでなく、相手の心の傷も強く意識して感じ取るようにしてみましょう。相手の心の中に入り、あなたと一緒に居るときの相手はどのような気分なのか感じてください。あなたの行動が相手にどのような心配や不安、心の傷を引き起こしていますか？　相手の影子を理解するようにしてみましょう。このように共感力を使って相手を理解すると、問題解決のまったく新しい突破口が見つかる可能性があります。

その際、次のことをつねに頭に入れておいてください。「**あなたのコントロール下にあることはすべて、あなたが簡単に変えることができる。しかし、それ以外のことは、そうではない**」。だからこそ、「共感」という橋を渡ることで相手に歩み寄れそうであれば、その橋を渡ってもらいたいのです。**そのための第一歩を相手が踏み出してくれるのを待つのではなく、あなたから踏み出しましょう。**相手に歩み寄る行為は、どのような場合でも、スケールの大きな人の象徴であって、弱者の象徴ではありません。

人の話をよく聞けるようになる方法

「人の話をよく聞くことができる」というのは、すばらしい美徳の一つです。そして、それはまさに〝共感するための橋〟になります。とはいっても、人の話を聞くのは苦手、という人も多いでしょう。そのような人は、すぐに自分の考えに意識が行ってしまい、いつの間にか自分のことばかり考えてしまっているのです。しかも、人々のその能力は年々低下してきているように思います。私の親の世代では、最大12人ほどが一つのテーブルを囲んで、みんなで一つのテーマについて話をすることができていましたが、今の時代では、4人でもなかなかそうできません。おそらく、誰かが話に割り込んで他のことを話し始めたり、スマホをいじり出したりするでしょう。

ただ、「人の話をよく聞くこと」は、積極的にそうするよう努めていれば、次第にできるようになります。その際、人の話をよく聞くためのテクニックだけでなく、〝心構え〟も身につけていくことが大切です。**相手の言っていることに〝本当に〟興味を持つようにするのです**。まずは、相手の話を受け入れることができるように、あなたの心配事と考えをしばらく隅にどけておく必要があります。これらを金庫に入れて、鍵をかけておく、と思ってみましょう。鍵はあなたが持っていて、いつでも開けることができるので安心してください。人の話を聞いているときに自分のことばかりに意識が行ってしまうのは、**ほとんどの場合、相手の問題を自分がコントロールしようとしているからです**。そのため、話を聞いている間は自分自身に関する事柄を金庫に入れておくと、リラックスして相手の話に集中することができます。また、逆もしかりで、相手に注意を集中させれば、忘己利他(己を忘れて、他を利する)の精神状態になれます。

でも、大半の人は、話を聞いているうちに自分の頭の中に浮かんだ(あるいは口にも出した)言葉をきっかけに、再び自分自身に注意を向けてしまいがちです。そこで、人の話をよく聞くための第一ステップとして、次のことを習慣にしてみましょう。「注意を相手に向け続ける。頭の中に自分に関連する考えが思い浮かんだら、それをすぐに金庫にしまう。そして、相手の話に再び注意を向ける」。相手が話しているにもかかわらず、すぐに自分のことを話し始める人は大勢います。たとえば、相手がイタリア旅行の話をしているのに、その言葉をさえぎって自分の旅行話を始めてしまう人。そんなことをしたら、相手は気を悪くしますよね。こうしたちょっとした場面でも自分の人生に思いを馳せ、自分の話にすり替え、相手の注意を自分に向けさせてしまうことが、あなたにもあるのではないでしょうか。そうなったときには、あなた自身にそっとこう言いましょう。「おっと、自分のことを話そうとしてしまった。まずは、相手の話をよく聞こう！」と。

第二ステップでは、相手の話をあなたの言葉で端的に言い換えてみましょう。そうすることで、自分が相手の思いを正しく理解しているかどうかを確認することができます。このように相手の話を自分の言葉で表現し直す手法は、「パラフレーズ」と呼ばれています。例を挙げておきましょう。

アニタ：あのね、最近、「参った～」と思うことが多くて、もうどうしたらいいのかわからなくなってきた。朝から仕事をして、夜も子どもの世話をして。でも、助けてくれる人もいないし……。しかも、上司はひっきりなしにプレッシャーをかけてくるの。イライラすることが多くなってきて、子どもや自分の思い通りにならない人にひどいことを言ってしまう。休みを取ろうかな。

ベルント：すごく疲れているんだね。

アニタ：そう。本当に疲れている。

この「パラフレーズ」によって、アニタは「ベルントは私のことをよくわかってくれている。だから、もっと話してみよう」と思えるようになります。また、もしベルントがアニタの話を誤解していたとしても、アニタはそれを直接正すことができます。

あなたは、「こんなの特別な方法ではないよ」と思ったかもしれません。けれども生活の中では、小さな思い違いがしょっちゅう起こっているのです。**私たちは、相手の話をすぐに〝解釈〟しようとします。それゆえ、すぐに見当違いの解釈をしてしまう可能性もあるのです。**とくに影子の耳で聞くと、誤解しやすくなります。たとえば、ベルントがアニタの友人でも同僚でもなく夫だったら、このアニタの言葉を自分への非難と受け取った可能性もあるでしょう。その場合、ベルントには、アニタが「あなたは私のために十分なことをしてくれていない！」と言っているように聞こえたかもしれません。

そのような場合でも、ベルントがアニタに優しく「僕がもう少し手伝ったほうがいいってこと？」と聞いて、自分の解釈が合っているのかを確認することはできます。アニタのほうもこの質問によって、ベルントが正しく解釈しているかどうかを確認し、間違っていればそれを正すチャンスを得ることができます。さらに、ベルントが「間接的に非難されている」と感じていることも、アニタに伝わるため、アニタはベルントのこの思いに対処できるようにもなるのです。

しかし、ベルントが自分の解釈を内に秘めたままにしていたら、自分がどれだけ大変なのかをアニタにいちいち説明し出すなど、アニタに対して直接、攻撃し始めた可能性もあります。これによってアニタのほうも「なんで私が非難されなくてはいけないの。私のことを全然考えてくれていない」と思うでしょう。こうして、二人のケンカが始まるのです。

「パラフレーズ」は、難しくもあり簡単でもあります。簡単というのは、簡単にお互いに理解し合い、コミュニケーションを高めることができる方法という意味です。そして、難しいというのは、相手の言っていることを端的に言い換えるのは、簡単ではないという意味です。その例を挙げてみましょう。

ヤーナ：何日か前に、ザンドラからメールが来て、私の誕生日パーティーでどこのケータリング会社を使ったのか教えてほしいといわれたの。だから、ザンドラにパーティーをする予定があるのか聞いたら、「とくにない」っていう返事が来たのよ。でも、今日ペーターから「ザンドラが主催するサマーパーティーにヤーナも招待されているの？」って聞かれて……。

リヒャルト：ザンドラに騙された、と思っているんだね。

ヤーナ：そうなのよ！

ヤーナはリヒャルトの言葉で初めて、自分が「ザンドラの策略に〝やられた〟」と感じていることをはっきりと認めることができました。このように、的を射た「パラフレーズ」は話し手の洞察を少し前に推し進めます。しかし見当違いの「パラフレーズ」も、話し手を前に進ませることができます。相手が誤った「パラフレーズ」をした場合、話し手は自分が本当は何を言いたかったのか、すぐに考えなければいけなくなりますが、それは自分の考えや気持ちを明らかにしていくことにもつながるからです。さらに、**いずれの場合も「パラフレーズ」によって、話し手は「相手が自分の話を本当に理解しようとしてくれている」と感じることができます。**

「パラフレーズ」の際にとても役立つフレーズがあります。それは、「あなたは～（と思っている）ということだよね？」というフレーズです。たとえば、「あなたはXさんとはまったく合わないと思っている、っていうことだよね？」というように。このフレーズによって、「もし誤った解釈をしていたら、いつでも正していいよ」という思いが話し手に伝わります。また、「あなたの話を真剣に聞いているよ」ということも強く印象づけられます。

逆に、あなたが聞き手に対してこう思ったことが少なくとも一度はあるはずです――「この人は私の話を自分勝手に解釈して、完全に誤解している」。そのとき、あなたは自分のことを相手にわかってもらおうと一生懸命説明したにもかかわらず、なかなかわかってもらえなかったのではないでしょうか。お互いにイライラしてきて、言い争いになってしまったかもしれません。このようなときこそ、先ほどの「あなたは～（と思っている）ということだよね？」というフレーズが役に立ちます。このフレーズは、相手を苛立たせる言葉ではなく、むしろその正反対の言葉なのです。

「パラフレーズ」は、アメリカの臨床心理学者カール・ロジャーズが提唱したカウンセリング技法の一つです。私は、ロジャーズのカウンセリング法を学び、今ではこの「パラフレーズ」が私の治療法の重要な柱となっています。あなたも、ぜひ「パラフレーズ」を練習してみてください。どのような会話でもかまいません。会話の中であなたが感じたことを「パラフレーズ」してみましょう。

自己ケアと他者ケアのバランスを取るには

調和を強く求め、周りの人の欲求に合わせる人は、しばしば積極的に人を助けようともしますが、防衛戦略として救世主妄想を使っている人は、自らの精神的、身体的な限界を超えてまでも、他者を苦境から救い出そうとし、ときには援助を強引に受け取らせようとします。自分自身をケアするよりも他者をケアしたいと考えているのです。なぜなら、そうすれば相手から感謝され認められると期待しているから。このような人の影子は、「他者の役に立ったときだけ、自分のことを認めてもらえる」と思っているのです。すなわち、**自己価値感を安定させるために、〝援助を求めている人〟を必要としているのです。**

飛行機に乗ったことがある人は、緊急時の対応に関するビデオを離陸前に見たことがあると思います。そのビデオでは、機内の気圧が急激に低下した場合に酸素マスクが出てきますよね。そのようなことが起こったら、酸素マスクを誰が最初につけるべきですか？　そうです、あなた自身です！　自分自身が十分な酸素を吸えなければ、同乗者を手伝うことなどできません。自分自身を十分にケアしていない人は、他者のことに責任を持てないのです。

もし、あなたが救世主妄想を抱いているのであれば、あなたの影子に次のことを意識させましょう。「**自分の価値を上げるために、自分が他者の犠牲になる必要はない**」と。そして「大人の自分」は、自分の欲求が満たされ、良い感情が起こるよう積極的に自分自身をケアして、自分の感情と欲求にきちんと責任を持たなければなりません。周りの人や支援組織にケアしてもらえるのではないかと期待することはやめましょう。あなたがあなた自身のことにもっと気を配ることが大切です。私は、わがままやエゴイストになるべきだと言っているのではありません。もちろん、あなたの親切心は優れた性質でもあります。ですから、安心して親切心を持ち続けていいのです。ただ、**あなた自身が安定すればするほど、あなたの助けを本当に必要としている人とそうでない人をうまく見極めることができるようになるのです。**

そこで、自己ケアと他者へのケアのバランスをもっとうまく取れるようにしていきましょう。そのための第一ステップとして、あなたには自己ケアと自己主張の権利があることを、あなた自身がきちんと認めることが大切です。なぜなら、自己価値感がゆらぎやすい人の多くは、それらの権利が自分にあるのかつねに疑問に思っているからです。権利を認めたら、あなたの影子を膝の上に乗せて、以下のことをあなたの言葉で影子に伝えましょう。影子がそばにいてくれて、とてもうれしいことと、影子は他者から歓迎されるために闘っているけれども、その必要はないこと、です。また、あなたと影子はすでに成長しており、外の世界はもうママとパパと暮らした世界ではないことを繰り返し影子に説明し、今後は「大人の自分」が影子にもっと気を配って、影子をリードするということも伝えましょう。

あなたはたびたび、自分が本当は何をしたいのかよくわからなくなっていることでしょう。それは、あなたがつねに自分の願望よりも他者の願望を満たそうとしているからです。すでに14章の「自分の内面を感じる練習法」の項でお話ししているように、そのような場合は、**自分自身の欲求に注意を向ける練習をする必要があります**。物事を認識する際に、もっと自分自身に焦点を当てるようにしていくのです。

それと、自分の身体にも気を配りましょう。ひどく不安定な影子を抱えている人の多くは、自分自身に対してほとんど何も感じなくなっていて、そういう状態に慣れてしまっています。これは心だけでなく身体も同様で、あなたは自分の身体が受けた刺激をきちんと感じられなくなっているのです。

さらに、他者といるときに、その状況をあなた自身がどう感じているのか意識してみましょう。相手の願望や欲求を察知しようとする衝動を抑えてください。口を開き、あなたがしたいことを言いましょう。したくないことも！　これは大切なことです。自分の言動に責任を持ってくださいね。**話し相手があなたの考えを言い当ててくれると期待することはもうやめましょう**。

あなたは、ある人を救うために、その人の生活スタイルや人格を変えようとしていませんか？　そして、それがなかなかうまくいかないために、その人から離れられないと感じているのではないでしょうか。

しかしそのような場合、あなたは表面的にしかその人のことを大切に思っていないのです。このことを自分自身に強く意識させましょう。その人は、あなたの影子を投影するスクリーンに過ぎません。承認欲求の強い、あなたの影子は、その人が変われば、必ず自分の存在価値を証明できると思っているのです。その人は、きっとあなたのパートナーになっていることでしょう。でも、**あなたの価値はパートナーの行動によって決められるものではありません。**このことを頭にしっかりと入れておき、50ページで説明した「自分の価値を鏡に映す行為」から自分自身を解放してあげましょう。もしあなたが自分の価値を認めてもらうために長年、パートナーを追い回しているとしたら、もうパートナーが変わるのを期待することはやめて、今度はあなた自身があなたの価値を認めていくようにしましょう。そのために、パートナーではなく**あなたがどうしたらあなた自身を満足させることができるのか、よく考えてみてください。**

自分の幸せは自分でつかむ。これはとても大切なことです。新しい趣味を始めてみてもいいですし、以前からの趣味を深めていくのもいいでしょう。友人ともっと頻繁に会うようにするのもいいですね。仕事関係の勉強をしてみたり、リラックスするためのサービスを楽しんだりしてもいいでしょう。あなた自身がより幸せに、より満足するように、いろいろとやってみてください。そして、**パートナーが変わるのを待つことはもうやめましょう。**

燃え尽き症候群にならないために必要なこと

ものすごく頑張っても成功を収められない人は、燃え尽き症候群になる可能性があります。「成功を収められない」というのは、自分の仕事が上司や同僚などから高く評価されない、かつ（または）自分が望む結果を出せない、ということです。とくにソーシャルワークは、燃え尽き症候群になりやすい職業といえます。たとえば介護士は、たいてい非常にタイトなスケジュールをこなさなければならず、そのため一生懸命働いても「一人一人に十分なケアをしていない」という思いを抱いてしまいがちです。最近では、経営者やスポーツ選手、公務員、会社員、学生でも、「もう無理。疲れた……」と訴える人が多くなってきています。その背景には、人々の仕事に対するプレッシャーがここ数十年間で、大幅に高まったという事情があります。さまざまな業種の人たちが、さらに短い時間でさらに多くのものを生み出すことをつねに求められていますからね。それに伴って、医師や心理療法士が燃え尽き症候群の徴候に対してより敏感になってきました。そうしたこともあり、燃え尽き症候群と診断される人の数は年々増加しています。

燃え尽き症候群は、うつ病の一種で、疲労困憊型のうつ病といえます。ただ、「うつ病」よりも「燃え尽き症候群」のほうが聞こえはいいため、その呼び名が定着してしまったのです。

燃え尽き症候群になりやすいかどうかは、労働環境だけでなく、その人の性質にもよります。燃え尽き症候群者の影子は、「完璧主義」の防衛戦略をものすごく頻繁に使います。すなわち燃え尽き症候群になりやすい人は、仕事を〝グッド〟に行うだけでは満足せず、完璧に成し遂げようと、細かいところまで延々とこだわる性質を持っているのです。

そのためワーカホリック（仕事中毒）の人は、燃え尽き症候群になる可能性が非常に高いといえます。**重要な事柄と重要でない事柄を区別することができないのは、ワーカホリックの典型的な症状です。**そうなってしまうと、夜寝る前に翌日の洋服をきちんと並べておくことが、年度末報告の準備と同じくらい重要なことに思えてくるのです。そうしてあらゆることを自分のコントロール下に置こうとします。私は、完璧主義とコントロール志向は、いわば姉妹のような関係だと思っています。

燃え尽き症候群になる条件は、労働環境と完璧主義だけではありません。燃え尽き症候群になりやすい人は、他にも二つの性質を持ち合わせています。一つは、自分が負える負荷の限界になかなか気づけない性質。そしてもう一つは、周りの人から求められていることと自分が求めていることをうまく区別できない性質です。

それゆえ、燃え尽き症候群者の影子は「同調」の自己防衛にも、とりつかれています。要するに、燃え尽き症候群者の影子は、称賛と承認を得るために、あるいは少なくとも罰を受けないために、あらゆることを正しくうまく行おうと必死になり過ぎて、自分自身に対する感情を持てなくなってしまったのです。

そこで、燃え尽き症候群に対する心理療法では、再び自分自身に対する感情を持てるようにしていくことがとても重要になってきます。そのためには、自分のことにもっと注意を向ける練習をする必要があります。すでに何度も強調しているように、**過剰な同調によって自分を守っている人は、周りの人の欲求にばかり注意を向けているために、自分の欲求を見失っています。**ですから、自分の欲求に注意を向けることを学ぶのはとても重要なのです。

また、自分の欲求に責任を持ち、自分で自分をケアできるようにしていく必要もあります。そのためには、自己主張することを学んでいかなければなりません。**燃え尽き症候群になってしまった人は、要求をきちんと拒むことができなかったのです。**私たちには、プライベート生活だけでなく職場でも「ノー」と言う権利があります。これについては、この後の「『ノー』と言えるようになれる」の項でもっと詳しく説明します。

あなたも燃え尽き症候群にならないようにしたいのであれば、自分自身に注意を向ける練習をして、**負荷の限界を知らせるサインにもっと敏感になっていきましょう**。それと、**自己主張することを学びましょう**。本書には、これらに役立つレッスンがたくさん載っています。さらに、「大人の自分」（批判的思考力）を使って、あなたの労働環境について検証してみましょう。次のようなことをあなた自身に質問していきます。「何のためにいつもそんなに働いているの？」「それは〝本当に〟必要なこと？」「その答えがはっきりとわからないのであれば、仕事を変えたほうがいいとは思わない？」と。このときに、あなたの影子と影子の防衛戦略をあなた自身から少し引き離し、状況を外側から観察するようにしてください。これはとても重要なポイントです。

「ノー」と言えるようになれる

「私は十分ではない」と思っている影子を抱えている人には、大きな問題点があります。それは、「ノー」と言うことがなかなかできないという点です。このような人は、周りの人をがっかりさせることを恐れ、そうならないようにすべての人を満足させようと思っています。その思いの根底にあるのは、「拒絶されることに対する影子の不安」。影子は**「すべてのことを正しく行えば、〝十分な私〟になれて、拒絶されることがなくなる」**と思っ

ているのです。しかしこの場合、何が正しくて、何が間違っているのかを判断しているのは影子であり、「大人の自分」ではありません。つまり**その判断は、適切な論拠ではなく、「他者がどう思うか」にもとづいており、その結果、他者に同調するという行動に行き着いているのです。**

こうした場合によく起こる「投影」について、ここでもう一度説明しておきましょう。私が「ノー」と言ったら、相手はがっかりする――私がそう考え、その考えを相手の頭の中に投影したとします。その場合、相手をがっかりさせないようにするためには、私は相手の要求をのんで「イエス」と言わなければなりません。クラブや町内会、子どもの学校でボランティア活動が必要であれば、引き受けるでしょう。また、私がすでにどんなに忙しくても、その活動をしなければいけなくなります。

しかし、それは自分のかわいそうな影子をなんとか落ち着かせようと必死になっているだけなのです。影子の現実では「ノー」と言うことは罪であり、社会から排除されるリスクを負うことでもありますが、実際はそうではありません。「ノー」と言うことを学んでいるクライアントたちは、しょっちゅう私にこう報告してくれます。「私が『ノー』と言ったり、自ら進んで仕事を引き受けなかったりしても、周りの人には問題がないことを知って、驚いた」と。そして、「自分の願望にもっと責任を持って、ときには要求を拒むようになったら、エネルギーを蓄えておくことができるようになった」とも言っています。なんと、**「ノー」と言ったら、かえって気分が良くなったのです！**

良い気分は善良な人でいるための前提条件でもあります。というのは、気分が良ければ、心にエネルギーがきちんと蓄えられ、そういう状態だと、他者に快く親切にすることができるからです。ここでもう一度強調しておきますが、私は皆さんがエゴイストになるべきだと言っているのではありません。**自分自身のことをもっとケアすることが大切だということを言いたいのです。**多くの人が自己防衛にとりつかれ、そのためにストレスを抱え、疲れ果て、不機嫌になっています。そのような状態では、快く「イエス」と言うことも、快く「ノー」と言うこともできませんからね。

もしあなたがたびたび、「私には相手の要求を断る権利があるのだろうか？」と疑問に思ったり、「相手の要求を断ったら、相手はすごくがっかりするのではないだろうか？」と不安になったりするのであれば、「大人の自分」を使って、しっかりとした論拠にもとづいてそのことについて考えてみましょう。ただしその際、「ノー」と言う権利が〝あなたに〟あるのかどうか、といったことばかり考えるのではなく、**相手には、なんの権利があってあなたに怒ったり、がっかりしたりする可能性があるのか、よく考えるようにしてください。**

たとえば、あなたが近所の人から「今度グリルパーティーがあるから、ケーキを持ってきてね」と頼まれたけれども、あなたにはケーキを焼く時間やその気がまったくない場合。あなたが相手にそのことを正直に話し、他のことで手伝えないか聞いてみたら、相手はあなたのその態度に気を悪くする可能性があるでしょうか？　そのあなたの意見はどのような論拠に支えられていますか？　他の場合でも同じです。あなたが自分の願望や欲求をもっと大切にしたら、なぜパートナーがそのことであなたに腹を立てる可能性があるのでしょうか？

多くの場合、「ノー」と言うよりも、我慢しながら要求に応えるほうが、相手の気分を害してお互いの関係を悪くさせます。ですから、お互いの妥協点についてもよく考えるようにしましょう。そして、「あなたはもう子どもではなく、今は、人間関係を相手と一緒に築いていくことができる！」ということを頭に入れておいてくださいね。

最悪のシナリオを最後まで考えてみる

「コントロール」は、不安を打ち消そうとする行動です。不安は人生につきものであるため、私たちは皆、その不安に対抗するために、自分自身と周りの人たちを自分のコントロール下に置きたいと強く思っています。

しかしなかには、コントロール欲求があまりにも強い人もいます。そのような人は、あらゆることをコントロールしていなければ安心できません。彼らの影子は「私は無力だ」「私はされるがまま」と思い、自分のことさえ信頼していないため、気をゆるめることや他者を信頼することにものすごく大きな不安があるのです。あなたもそのタイプであれば、**「大人の自分」の立場から、最悪の場合どのようなことが起こるのか考えてみるといいでしょう。**というのも、このタイプの人は、このことをしっかりと最後まで考えずに、影子のさまざまな不安から行動していることが多いからです。

そこで、一度次のように自分自身に問いかけてみましょう。「気を少しゆるめて、自分の欲求と人生の流れにもっと身を任せたら、どのようなことが起こる？」と。自分でもびっくりするようなシナリオを考えてみましょう。そして、最悪の悪夢を直視したら、「それは〝本当に〟最悪なこと？」「その状況から〝本当に〟まったく先に進めなくなる？」と、自分自身に問いかけてみてください。そうしてシナリオを考えつくし、感じつくしたら、不安になっているあなたの影子と距離を置くように強く意識しましょう。

また、つねに以下のことを頭に入れておいてください。「あなたが不安に思っていることは、あなたの内面の投影です。**私たちが不安に思っていることの大半は、実際には起こ**

りません。もし起こったとしても、それですべてが終わりになるわけではありません」。不安にひどく苦しんでいる影子を抱えている人は、「自分の考えていることがすべて」と思ってしまいますが、そのクセを絶対にやめなければなりません。

ここで重要なのは、次の二つのことです。**私たちの生活の中には、自分自身で簡単にコントロールできないことがたくさんあるということ**。それと、**私たちの予測は（良い予測も悪い予測も）、多くの場合、間違っているということ**。そうでなくても、大きなものはあなたの手の平に乗らず、転がすことなどできないのです。このことを繰り返しあなた自身に言い聞かせ、理解させましょう。あなたが気を張りつめ、自分と周りの人をコントロールしようとすればするほど、あなたも周りの人も疲れてしまうのです。

コントロール志向の防衛戦略を使っている人は、しょっちゅう強い義務感にかられます。これが行き過ぎると、強迫行為や強迫観念にとらわれ、病気になる可能性がありますが、そこまで行かなくても、極度に自分を律するルーチンを自分に課して、自分で自分を苦しめている可能性があります。とはいっても、コントロールしたい人にとってそれをやめるのは、簡単なことではありません。なぜなら、そのためには、彼らがもっとも苦手なことをしなければならないからです。そう、それは「**信頼すること**」です。

不安は減らせる！

では、どうしたら信頼することができるようになるのでしょうか？　もし信仰深いわけでもないのに、自らの運命を神にゆだねるとしたら、私の場合、自分を信頼する必要があります。**自分を信頼していれば、「どのような人生にも太刀打ちできる」と思えるからです**。私は自分を信頼すればするほど、心が安定し、挫折を受け入れて乗り越えることができるようになります。逆に、私がコントロール志向の防衛戦略を使うときは、失敗したときに起こるネガティブな感情から身を守ろうとするときです。ですから、もっと自分を解放させたい場合は、ネガティブな感情にもっと耐えられるようにならなければいけません。すなわち、欲求不満耐性が求められるということです。この欲求不満耐性という言葉は、すでに本書で何度も出てきましたね。自分には欲求不満に耐える力が十分にあるという自信を持って初めて、頭の中に余裕が生まれ、「ひょっとしたら成功するかも」もしくは「悪いことなんて何も起こらないだろう」と考えられるようになるのです。

不安の方程式は、「**想像したことが起こる確率×起こった場合に大惨事になる確率＝不安の大きさ**」です。たとえば、飛行機に乗るのが怖いと思っている人は、飛行機事故が起こる確率は非常に低いことを知っていますが、起こったら墜落といった大惨事になる可能性が非常に高いために、大きな不安を感じます。一方、失敗することをものすごく恐れている人は、「失敗する確率」と「失敗したら大惨事になる確率」の〝どちらも〟高いと思っています。そのような人の影子は、まずは「失敗するだろう」と思い、次に「失敗したら生き残れない」と思うのです。しかし、このどちらに対しても、対策を講じていくことはできます。そのためには影子を慰め、影子のネガティブな信念に働きかけていく必要があります。つまり、ここでも**投影をやめることが重要になってくるのです。**そのやり方については、すでに本書で学んでいますよね。影子に慰めの言葉をかけ、影子に目の前の世界は昔とは違うことを説明するのです。さらに、日向子と「大人の自分」を強くしていきます。この場合も、論拠によって「大人の自分」を強化することができます。

その際に役立つ論拠は、「物事をそれほど重大にとらえる必要はない」といった内容のものです。私たちは、失敗する不安にかられると、失敗したらものすごく大変なことになると思ってしまいがちです。しかし、「大人の自分」が影子と少し距離を置けると（つまり私たちが観察者の立場から状況を認識すると）、自分の個人的な失敗は、世界で起こっている重大な出来事に比べたら大したことではないと、わかります。**要するに問題なのは、不安になると、自分が世界の中心にいるように思ってしまうということです。**

ここで、「普通は、不安になるとすごく遠慮がちで控えめになるんだから、逆じゃない？」と思った人もいるでしょう。確かに、それはある程度、当たっています。ただ、私が言いたいのは、**自分自身に対する不安は自己中心的な考えを生み出してしまう**ということなのです。なぜなら、私たちは自分自身のことで不安になると、絶えず自分自身に焦点を当てて考えるようになるからです。したがって逆に、自分自身と自分がするかもしれない失敗の重大性について、つねに相対的に考えていれば、緊張や不安は少なくなります。

一方、コントロールしたいという思いが高じて、強い権力欲求を持つようになった人もいます。もしかしたらあなたも、「つねに他者よりも優位に立たなければいけない」「つねに自分が正しくなければいけない」と思っていませんか？　もしそうだとしたら、あなたの行動の動機について自問してみましょう。あなたにとって〝本当は〟何が重要なのでしょうか？　**行動を起こすのに、必ずしも勝ち負けが重要になるとはかぎりません。それ以外の価値（理解や協力、友情、尊敬など）が重要になることのほうが多いのです。このことを、あなた自身にはっきりと理解させましょう。**尊敬は、あなたに欠けている点かもしれません。あなたは、他者を尊敬するよりも他者から尊敬してもらいたいと思うほうですか？　ひょっとしたら、他者からすごく丁重な扱いを受けなければ気が済まないのではないでしょうか。そうだとしたらあなたはしばしば、他者をむりやり自分の考えに従わせていることにまったく気づいていないのかもしれません。**あなたが権力を持ちたいと思うのは、自分のほうをつねに向いてくれる人を必要としているからだけなのです。**そのため、尊敬を求めるけれども尊敬を与えていないのです。このことを意識するようにしましょう。そして、そうならないように、周りの人と〝同じ目線〟に立つよう心がけてみましょう。

影子にとらわれればとらわれるほど、周りの人と同じ目線に立てなくなり、権力を得るために躍起になって、なんとしても上の立場にならなければと思うようになります。そういう場合は大人の知力、いわば「大人の自分」を使って、あなたはもう成長し、外の世界は〝ママとパパとの世界〟ではないことをあなた自身に理解させましょう。**あなたはもう自由で、あなたを支配する力を持っている人はどこにもいないのです。**あなたが起こす権力争いは、あなたを助けるどころか、周りの人とのトラブルを増やしてしまいます。あなたは、今は大人であり、自立しているのですから、コントロールするのをやめて、気をゆるめてもいいのです。あなたは本当は、物事を成り行きに任せ、それを信じたいと強く思っているはずです。

自分と他者を信頼し、解放していくためには、リラックス法と瞑想を習ってみるのもいいでしょう。すぐにうまくできなくても、辛抱強く行ってくださいね。あなたのような人は、自分に対する要求レベルが高いために、物事をすぐにできないとイライラしてしまいがちだからです。マインドフルネス・ストレス低減法は仏教の瞑想に由来しているので、お勧めです。興味のある方は、ぜひ、その訓練法について詳しく説明されている書籍やCDを購入してみてください。

「テーマ感情」をケアする

私たちは影子にとらわれると、自分を苦しめている信念に気づけなくなり、わき起こってくるつらい感情に浸ってしまいます。そのようなときに決まってとくに強く出る感情があります。それがいわば、その人の「**テーマ感情**」です。テーマ感情は、人によって「独りぼっちで寂しい」という感情だったり、「自信がなくて恥ずかしい」という感情だったり、過剰な罪悪感や恐怖だったりします。また、嫉妬心や「やりたくない」といった感情が強く出る人もいますし、周期的にうつ状態になる人も少なくありません。

テーマ感情が非常に高まってしまうと、それを調整することは難しくなってしまいます。**脳科学の研究によって、ポジティブな感情でもネガティブな感情でも、感情がものすごく高まると、その感情を抑制するプロセスがブロックされてしまうことがわかっている**

のです。ですから、その前に「大人の自分」を使ってテーマ感情に対処する必要があり、その必要性にできるかぎり早い段階で気づいて自分自身をケアすることが重要になってきます。このことがよくわかる、私のクライアントの例を紹介しておきましょう。

ズーズィ（32歳）は、非常に情緒不安定で自己不信に陥っています。カウンセリングで、彼女は私にこう言いました。「つき合っている彼が他の女性と踊っているのを一晩中見ていたら、その週末に私は完全に〝うつ〟になって、ベッドから出られませんでした。一度こういう気分になってしまうと、そこから抜け出す〝出口〟を見つけられなくなってしまうんです」と。

ズーズィの彼はズーズィがそばにいるにもかかわらず他の女性をダンスに誘い、そのことでズーズィの自己価値感がひどく傷つき、うつ病の症状が引き起こされました。しかし、ズーズィがもっと早くに自分で自分のことをケアしていれば、こうした精神状態にならずに済んだのです。そのために彼女は、自分が「私に非がある！」「私は邪魔なんだ！」などの信念を持つ影子にとらわれていることに早い段階で気づかなければなりません。そうすれば、彼女の「大人の自分」が影子を慰め、影子に対して「彼が誰と踊るかによって君の価値が決まるわけではないんだよ」といったことを言い聞かせることができたのです。また、影子にこう教えてあげることもできたはずです。「君が好きになる人はすごく気まぐれで気難しい人ばかりで、そのようなタイプの人に一夜を台無しにされるなんてもったいなさ過ぎる」と。その後「大人の自分」は影子に、彼以外の人とダンスを楽しんだり、その場を離れて少し他のことをしてみたりすることを提案したでしょう。それにより、最終的にズーズィは女友達と会ったかもしれませんし、気分転換のために行きつけの飲み屋へ行って、昔からの知り合いたちとおしゃべりをしたかもしれません。

つまり、この件の問題点は、ズーズィがその夜に完全に影子と一体化していることに早めに気づけなかったことと、その状況にじっと耐えていただけで、なんの対策もとらず、自分自身のことをケアしなかったことなのです。

あなたも、**自分の感情を調整したい、もしくは特定の感情を起こらないようにしたいのであれば、早くから自分自身をケアしておく必要があります。**たとえば、あなたの影子が「独りぼっちで寂しい」という感情を抱きやすく、あなたが今、独身であれば、日曜日に独りぼっちにならないように予定を入れたりして、この感情のトリガーを回避することを心がけるといいでしょう。

また、あなたが嫉妬しやすいタイプであれば、嫉妬心を調整する戦略をあらかじめ考えるなどして、自分自身をケアしておきましょう。あなたがパートナーとパーティーに招待され、そこでパートナーに嫉妬しそうになっても、あなたの影子に鎧をかぶせておけば大丈夫です。どうすればそのような状況であなたの「大人の自分」が主導権を握ることができるのか、よく考えてみてください。嫉妬心のトリガーを突き止め、行動戦略をきちんと準備しておきましょう。

私たちはたいてい知らず知らずのうちにつらい感情にはまり込んでいきます。それは、つらい感情を引き起こす状況に備えていないから、さらに影子が主導権をとっていることにすぐに気づかないからです。私は、ある嗜好品の常習をやめたいときには、その嗜好品に一切、手を触れないようにします。そのように、**何が感情のトリガーとなっているのかを知り、そのトリガーを避けるようにすれば、感情をうまく調整できます。**

ただ、実際にはトリガーを避けるのが不可能な場合も多いため、たいていはそうするよりも感情とうまくつきあっていく戦略を準備しておくほうが賢明です。次の項では、これについて「攻撃・非難」の防衛戦略を使っている人の場合を見ていきましょう。というのも、この防衛戦略を使う人は、怒りの感情にたびたび見舞われ、その感情をなかなか調整できないからです。

衝動を抑えるためのポイント

生まれつき衝動的な行動をとる傾向のある人は、刺激と反応の連鎖をものすごく速いスピードで起こしています。そのような人では、**怒りを引き起こす刺激（トリガー）を受けてから、相手に怒りをぶつけるまでの時間が非常に短いのです。**本書の最初に出てきたミヒャエルもそうでしたね。ソーセージの買い忘れを知っただけで、一瞬のうちに激怒しました。ミヒャエルはまさに「攻撃」の防衛戦略を使っている人の典型です。

もしあなたがミヒャエルと同じタイプであれば、怒りを引き起こす〝真のトリガー〟を見つけ出しましょう。ミヒャエルの怒りのトリガーは、一見「ソーセージの買い忘れ」のように見えますが、実際は、「私は雑に扱われる」「私の願いは無視される」といった信念を持ち、傷ついている彼の影子です。その影子を通して状況を解釈したことで、怒りの感情が生まれたのです。怒りのトリガーを知っておくのは、衝動的に怒りを爆発させてしまいがちな人にとって非常に意味のあることです。なぜなら、怒りが高じて、ものすごい興奮状態に至ってしまうと、ほぼ後戻りできなくなるから。**怒りの感情を調整したいのであれば、早い段階で鎮めるか、もしくはまったく起こらないようにするしかないのです。**トリガーがわかっていれば、予防策を講じることができ、「大人の自分」に〝落ち着いて反応するチャンス〟を与えることもできます。

ですから、あなたがときどき自分の両親や同僚、思春期の子どもに激怒するのであれば、どういったところを突つかれるとあなたの怒りが爆発するのか、「大人の自分」を使って見つけ出し、そのときにどう反応するといいのかをあらかじめ考えておくようにしましょう。そうすれば、あなたの影子に鎧をかぶせておくことができます。トリガーを見つけるには、271ページの「現実をチェックする」のレッスンをもう一度行うのがベストです。そして、客観的な事象とあなたの主観的な認識の関連性を意識しましょう。それにより、あなたを怒らせるさまざまな問題は、最終的にあなたのネガティブな信念もしくはあなたの影子の傷の問題に集約されていくことでしょう。

ここで、一つ例を挙げておきましょう。マルクス（32歳）は、非常につらい子ども時代を過ごしました。両親共、アルコール依存症で、暴力をふるっていたのです。そのような状況でもうまく暮らしていた彼は、本当にすばらしいと思います。ただ、彼の衝動性だけが繰り返し問題となっていました。彼の影子は、「自分が十分に尊重されていない」と感じると、そのことに過敏に反応していたのです。たとえば、飲み屋で誰かに横目で見られた（ように見えた）だけで、「あいつは俺を笑いものにしようとしているんだ。俺にケンカを売っているのか」と思い、すぐにその相手に言葉による攻撃を浴びせていたのです。また、とっくみ合いのケンカを始めてしまうことも珍しくありませんでした。

そのような彼が自分の影子に取り組んだところ、ネガティブな信念を数多く持っていることに気づきました。その中で、彼にもっとも強い影響を及ぼしていたのは「私は無力だ！」という信念です。**無力感や寄る辺なさといった感情は、衝動的な激しい怒りの温床となります**。攻撃や非難をしがちな人の多くは、この感情を持っています。このような人にとって「攻撃」は、まさにこの感情から逃れるために培われた防衛戦略なのです。

マルクスが怒りの感情を調整できるようになるには、次の二つのことを覚えていく必要がありました。まずは自分の影子の手を優しく取って、影子を慰めること。その後に「大人の自分」の立場になること、すなわち〝挑発してきたと思う相手〟と同じ目線に立つことです。

人が激怒するのは、「バカにされた」という感情からだけではありません。**自分が相手よりも上の立場にいると思っている人も、好き勝手に相手に怒声を浴びせることがあります**。上司が毎日、自分の欲求不満を部下にぶちまけている、といったこともありますよね。それと同じことを、親が子どもに、先生が生徒にしていることもあるでしょう。

そしてもちろん、同等の立場だと思っている人同士も、怒りをぶつけ合うことがあります。**人は、物事が思うように進まないときにも激怒しやすいのです。**パートナーから誤解されたと感じた、あるいはパートナーが食器洗浄機の中の洗浄済みの食器を全部取り出してくれていなかった、このようなことだけでも、ものすごく腹が立ってくることもあるでしょう。**激しい怒りの感情は、自分がコントロールできなかったことに対する反応なのです。**このとき、せっかちな性格も大きく関わってきます。「せっかち」は、「激しい怒り」の妹のようなもの。そのため**衝動的な行動をとりがちな人は通常、せっかちです。**

しかし衝動は、性格だけに左右されるものではなく、また自然の摂理や運命で生じるものでもありません。誰でも、自分の衝動に影響を及ぼすことができます。ですから、衝動的な行動をとる素質を持っている人だけでなく、皆、自分の衝動を批判的な目で見なければなりません。どのような怒りの爆発でも、爆発が起こる前に、本人が爆発を起こすかどうかを決められる〝**瞬間**〟があります。だからこそ、家族の前では怒りっぽい人でも、上司の前では怒りをぐっとこらえることができるのです。実際に、女性のクライアントが私にこう言ったことがあります。「あなたが言った、たった一つのフレーズで、私は自分の怒りを調整できるようになった」と。私は、そのフレーズにそれほどの効果があるとはまったく想像もしていなかったのですが。そのフレーズとは、「では、そこで怒るのをやめておきましょう！」です。

ユーモアで怒りをコントロールする――牛の瞑想

怒りの感情は、なんとユーモアによっても消すことができるのです。まずは、これにまつわる話を少ししたいと思います。私の友人であり心理療法士でもあるヘレナが、私のセミナーにアシスタントコーチとして出席してくれた日のことです。その夜、二人でくつろいで座っていたときに、ヘレナが突然、私に向かって「ねえ、牛のような顔をしてみて」と言ったのです。そんなことを言われるなんて、まさに青天のへきれきです。私は「そんなことできるわけないいじゃない！」と言いました。それでも彼女は「やってみてよ。少しでいいから」としつこく言ってきたので、私は仕方なく間抜けな顔をつくってみました。でも笑ってしまい、数秒間しかできませんでした。オストフリースラント地方で開業しているヘレナは、ときどき彼女のクライアントと一緒に、牛になったつもりで瞑想をしているというのです。オストフリースラント地方では、人口よりも牛の数のほうが多いため、牛に関連することがいろいろとあるようです。

ヘレナはこの「牛の瞑想」について次のように説明してくれました。「クライアントに牛のような顔をしてもらい、その後すぐに私がその顔をまねるの。そして、クライアントに『はい、その顔のまま、心からものすごく怒ってみてください』って言うのよ。でも、クライアントは決まって『無理です』と答えるので、そこで私が『そう！　**誰でも、牛のような顔をしたまま激怒することなんてできません**』と説明するの」。牛は、緊張感のない単純で間の抜けた顔をしていますよね。この顔と激しい怒りは相いれないのです。そのためヘレナは、イライラして機嫌が悪くなりやすいクライアントには、「牛の瞑想」を毎日10分間行うことを勧めています。私もヘレナの意見に賛成です。このような方は、ぜひ「牛の瞑想」を行ってみてください。

ここで、あなたの「大人の自分」のために、次のことを覚えておきましょう。

姿勢と身振りと表情は、気分に影響を及ぼす。

完全にリラックスした牛のような顔をすると、生理的に激しい怒りの感情が起こりにくい。

レッスン2　「決まり返事戦略」を立てる

「牛の瞑想」によって、どのような攻撃にも落ち着いてさっと対処できるようになればベストですが、まだそこまでマスターしていないという人には、「決まり返事戦略」が役立ちます。これは、「どのような場合にも使える〝うまい切り返し〟をあらかじめ用意しておく」という策です。これを使えば、攻撃に遭っても泰然としていられるはずです。マティーアス・ネルケは著書『機転』（未邦訳）の中で、こうした、すぐに使えるようにあらかじめつくっておいた文章を、インスタントスープやインスタントコーヒーになぞらえて〝インスタント文章〟と呼んでいます。〝インスタント文章〟があれば、精神的な負担はほぼゼロで済みます。非難されてからうまい切り返しを考えるのは大変ですし、たいていはその瞬間に思い浮かびませんからね。

うまい切り返しを用意しておきたい状況は、大まかにいうと、次の二つです。

1. 友人や同僚から、悪気はないけれど、ちょっとした嫌みを言われた場合。
2. わざとあなたをひどく怒らせる、または傷つけることを言われた場合。

こうした無遠慮な扱いを受けたときには、以下の〝インスタント文章〟で対処できます。

▪今、何か言った？

・私は周りの人に合わせたいと思っているからね
・君の意見を聞くときには、連絡するよ
・それを今、君が言うか～
・私の四角い頭には、それは丸過ぎるよ

ネルケは、最後のような文章を〝ナンセンス文章〟と名づけています。文章の内容は会話とはまったく関係がなく、それゆえ攻撃者（相手）の足をすくうことができます。なぜなら、攻撃者は「からかわれているのだろうか」と一瞬、考えなければいけなくなり、会話のテーマがこの意味のない文章にすり替わるからです。それまでの会話の内容が白紙になり、攻撃者はその文章がナンセンスであることを論証しなければいけなくなります。ネルケは、この状況について「〝不条理演劇〟〔筋の通っていない状況を舞台上で繰り広げ、それにより人間の不条理さを伝えようとする演劇〕のようなものだ」とも書いています。

〝ナンセンス文章〟を使うときのキーポイントは、まじめな顔つきと口調で言い、相手の質問にきちんと答えているように見せかけることです。それでいて、まったく的外れな文章を言うのがベストです。たとえば「農家の人たちは春にアスパラガスを収穫する！」や「理髪師は、愚か者の髭で髭剃りを学ぶ」といったように。後者の文章は海外のくだらない諺《ことわざ》ですが、こうした諺によっても相手の攻撃から十分に身を守ることができます。

また、諺を少し変えて言ってもかまいません。たとえば、ドイツの諺である「水差しは何度も井戸に運ばれると、ついには壊れてしまう」（驕りや悪事を重ねているといずれは破滅するという意味）を少しつくり変えてみてもいいでしょう。〝ナンセンス文章〟は、攻撃者を混乱させ、攻撃に対する攻撃といった悪循環を断ち切ることができますし、うまくいけば、笑い合うきっかけにもなります。

他に、言われたことを誇張して言い返すのも良い方法です。それにより攻撃の刺々《とげとげ》しさが和らぎ、思わぬ笑いが生まれる可能性もあります。もし、「君はバカなことをしているなあ」と非難されたら、「私はもっとバカなこともできるよ」あるいは「私はまずい料理もつくれるよ」と答えればいいだけです。

さて、あなたが答えに困るのは、どのような状況でしょうか？　その状況を想像してみてください。そして、その状況でもさっと言える〝決まり返事〟を落ち着いてよく考えてみましょう。「答えに困ったときには、決まり返事を使えばいい」とわかっているだけでも、心強く感じ、不安が少なくなります。

ちなみに、「**その通りだよ！**」もとても使える、決まり返事です。これは、侮辱されたときにも有効です。この返事によって、「そんなことを言われても、まったく動じないさ。その攻撃をまともに受ける気はさらさらないね」といったことを攻撃者に暗に伝えることができますからね。

本当の親離れとは?

「子どものままでいる」という防衛戦略を使っている人は、人生の決断に対して責任を負う自信を持ち合わせていません。そのような人は、**自分が本当は何をしたいのかまったくわかっていない、あるいは曖昧にしかわかっていないため、誤った決断をするのではないかという不安を抱えています。**それまで長い時間をかけて、人に合わせるよう訓練してきたため、「意思決定能力」のような自立するための能力を十分に発達させることができなかったのです。それゆえ、自分の足で立つ練習もしていません。そのような人の影子は、人生をうまく歩いていくには自分の手を引いてくれる強力な助っ人が必要だと思っています。影子にとって、その助っ人は親をはじめとする他者であって、「大人の自分」ではありません。ですから、「大人の自分」は十分に発言することが許されず、力が弱いのです。影子は、助っ人に認めてもらうことばかり考え、そのために助っ人のあらゆる期待に応えようとし、助っ人をがっかりさせることを恐れています。しかし、そうした影子に本当に必要なのは「**がっかりさせてもいい！**」という考えなのです。

親離れをするためには、正しいことと誤ったことを区別する自分なりの判断基準を持つことが必要です。そして、「自分で決断を下してその決断に責任を持つことが、自分にはできる」と信じなければなりません。ただしそれは、誤った決断を下してもその責任を自分で負う、ということでもあります。それに耐えるには、ある程度の欲求不満耐性が必要だということは、すでにお話ししましたね。**親離れをするには、失敗（自分の望み通りにならないこと）に耐えられるかどうかが重要になってきます。**これは、決断の自由の代償なのです。もし私が失敗することをつねに怖れ、それゆえに人生に関する決断を親やパートナーにゆだねているとしたら、私はずっとその人に依存し続けることになるでしょう。

あなたが「私はこのタイプかも」と思ったら、あなたの影子に「失敗しても生き延びることはできるし、ネガティブな感情もいつかは消える」ということをはっきりと理解させましょう。人生に失敗はつきものですが、成功を手にする可能性もたくさんあることを、影子に説明しましょう。**本当の失敗とは、機会を逃すことであり、つまり「やってみないこと」と「依存したままでいること」だけです。**影子を膝の上に乗せて、影子に「間違ってもOKだよ」と言いましょう。間違いは、最良の先生です。人は、ある程度の精神的苦痛を感じなければ成長しないのです。すべてのことがうまくいっていたら、よく考えて何かを変えようとは思いませんからね。

また、**ほとんどの決断は、取り消すことのできるものです。**このことを「大人の自分」を使ってあなた自身に理解させましょう。下した決断が誤りであることがわかったら、その決断を変えればいいのです。ここでも、次の質問が重要になってきます。「最悪の場合、どのようなことが起こる？」。あなたは、今の状態のままでいても、たくさんのネガティブな感情に耐えなければいけないのです。このことも考慮して、質問の答えを考えてみてください。

さらに、影子に「親をがっかりさせてもいい」ということも説明しましょう。それから、「親は大人なんだから、自分のことは自分でやるよ」と言ってあげましょう。影子は親から離れてもいいのです。

それは、親のことをもう愛さなくてもいいということではありません。単に、あなた自身の考えにもとづいてあなたの人生をつくり上げていく、ということなのです。パートナーについても同様です。あなたには、パートナーから離れる権利もあります。パートナーから離れる必要があると思うのであれば、離れてもいいのです。

一方、「子どものままでいる」人の中には、意図せず、親とパートナーになんでも決められてしまい、ときには威圧的に従わされている人もいます。あなたがこのタイプであれば、もうその状況を美化しないようにしてください。事の重大さを意識しないようにするのはやめましょう。

もしかしたらあなたは長いこと、親やパートナーがいつかは変わってくれるだろうと期待しながら生活を送っているのではないでしょうか。そうだとしたら、「大人の自分」を使って現状を客観的に見てみましょう。そして、状況が良くなるチャンスはどの程度あるのか、事実にもとづいて予測してみましょう。

ひょっとしたらあなたは、親やパートナーとうまくいっていないのはすべて自分のせいだと思い込んでいるのではないでしょうか？　それは、これまで親やパートナーがあなたにそう言っていたからではありませんか？　そうだとしたら、あなたの意見を論拠にもとづいて検証してみてください。これには、309ページの「レッスン1　議論する力を養う」が役立ちます。

これらすべてを一度に行う必要はありません。重要なのは、あなたが自分の力で歩き出すことです。たとえば、パートナーから完全に離れる前に、まずは、パートナーの意見に従わないで自分の意見を主張することを少しずつ試してみるのもいいでしょう。また、一度ちょっとした決断を自分で下してやり遂げてみると、少し自信がつくかもしれません。

嗜癖から抜け出す八つのステップ

本書ですでにお話ししたように、同じ考え方や行動ばかりしていると、脳内でその電気信号の回路が記憶されて自動的に、それゆえ無意識のうちに作動するようになります。これらが自動的に作動すること自体は、非常に有益で、効率的な機能です。もし脳が歯磨きや車の運転、電話など日々の多くの行動に対して、いちいち全注意を払わなければならないとしたら、私たちは生活するのがものすごく大変になってしまいますからね。ただ問題は、私たちの脳には悪い習慣も深く刻み込まれてしまうということ。**悪い習慣が〝絶対不可欠〟になったら、それは「嗜癖」になります**。

嗜癖の種類や症状はさまざまであり、それぞれに詳しい専門家が多数いますし、その治療法も数えきれないほどあります。そこで本書では、嗜癖から抜け出すのに役立つ、いくつかの黄金戦略に絞って紹介したいと思います。

嗜癖の対象が私たちを牛耳れるのは、私たちの感覚を操るからです。ある特定の物質（薬物など）の摂取や行動は、まずは私たちに快感を生じさせるか、あるいは禁断症状などの強い不快感を回避させるのです。その際の強い快感には、大はしゃぎし、やり過ぎてしまうこともある日向子も関与している可能性がありますが、不快感にはおおむね影子が関わっています。たとえば麻薬の使用をやめることを想像すると不安がわき起こってきます。それは、影子が「麻薬を使えなくなったら、心の拠りどころもなくなってしまう……」と不安になるからです。とくにアルコールやタバコ、食料といった口に入れるものの嗜癖には、影子の守られたい願望と安心したい願望が大きく関係しています。人は何かを口に入れることによって、潜在意識の深いところで、「食べ物を与えてくれる」という感覚と人間らしい思いやりを感じることができるのです。傷ついている影子は、慰めと思いやりを必要としています。**嗜癖の対象は、影子の願望を満たし、影子の傷の痛みを短期間和らげてくれるのです。**

嗜癖は、影子以外にも、代謝に起因する素質の影響も受けます。ドーパミン代謝の先天的特徴によって嗜癖者になりやすい人もいるのです。また、世の中にはニコチンの分解が速い人と遅い人がいて、遅い人よりも速い人のほうがはるかに嗜癖者になりやすいということが最近、明らかになりました。**このように嗜癖には、悲しんでいる影子だけでなく、さまざまな事柄が関わっています。その中でも影響力の大きい要因は、「嗜癖対象に触れる機会」と「惰性」です。**

嗜癖から抜け出すためには、強い意志が必要です。意志は「大人の自分」の専門分野なので、強い意志を持つには強い「大人の自分」が必要です。しかし、嗜癖者の意志は嗜癖対象によって操られているため、思うようにことは運びません。では、いったいどうすれば「大人の自分」が意志に影響を及ぼせるようになるのでしょうか？

突然、ある決意が思い浮かぶことは、誰にでもよくあることだと思います。朝、起きて、ふと「もうあれを食べること（あるいは飲むこと、タバコを吸うこと、パートナーと暮らすことなど）をやめよう！」と決心したことが、あなたにもあるでしょう。でも、いったいこの意志はどこから来たのでしょうか？　なぜ、以前はそう思わなかったのでしょうか？この意志はどのくらい維持されるのでしょうか？　この最後の質問に対する答えは、心理学の数多くの研究によって明らかになっています。意志は筋肉のようなもので、非常に強い負荷がかかると疲れ切ってしまうことが証明されているのです。意志力は使い続けると低下していく、ということです。朝からずっと何かを諦めたり、報酬を先延ばしにしたりしていると、時間が経つにつれてその意志力は弱くなっていきます。それゆえ、朝に決心したことがすでに夜にはゆらいでしまっている、ということもしょっちゅうあるのです。ダイエットをしたことがある人はこのことがよくわかるのではないでしょうか。

「嗜癖は、結論から導き出された行動である」ということは、15章の「特殊なケース　嗜癖に逃げる」の項でお話ししていますね。**嗜癖者は、「嗜癖をやめる代償のほうが、嗜癖**

を続ける代償よりも高い」と予測したから嗜癖を続けているのです。そして、それとは逆の予測をしたときに初めて、「嗜癖をやめよう」という意志を持ち、行動を変え始めることができます。

ところが、嗜癖とは、ものすごく多くのことを意識から排除することでもあります。「大人の自分」は嗜癖が害であることを知っていますが、この知識を感情的にとらえないようにしているのです。言い換えると、嗜癖に伴う不安を意識しないようにしています。**嗜癖の健康被害は、ほとんどの場合、長期間かけてゆっくりと進行するので、嗜癖者はその課題を先送りできてしまいます。**ですから、嗜癖に伴う不安を意識しないようにするのは、簡単なのです。一方、短期的な快感については、人はすぐに意識しようとします。私も、タバコを口にくわえたり、チョコレートをかじったりした瞬間、すぐに快感を覚えます。しかし、その行動を長期間続けるとどのようなことが起こるのか論理的に考えてみたところで、なんの感情も起こってきません。

充足感も快感の一つです。そのため、どのような嗜癖でも、嗜癖者はある特定の充足感を覚え、それをものすごく欲します。嗜癖を続ければ続けるほど、脳内でこの充足感のための神経回路〔脳細胞同士がつながって形成されたネットワーク〕がより広範に張り巡らされていきます。一方で、その脳内には、充足感をもたらす他の行動のための神経回路はほとんどありません。嗜癖行動のための巨大な高速道路ができてしまうと、それ以外には、せいぜい踏み固められた草道しか残らないのです。それゆえ嗜癖者の多くは、嗜癖対象のない生活を想像することさえできないのです。

嗜癖からなかなか抜け出せないのは、その行動を〝やめなければいけない〟からでもあります。なぜなら、**何かを〝やめる〟のは、何かを〝する〟ことよりもはるかに難しいことなのです**。なぜなら、一日24時間、週7日間やめ続けなければいけないからです。したがって、何かをするときよりも何かをやめるときのほうがはるかに強い意志力を必要とします。たとえば、毎日30分間ジョギングをすることにしたら、ジョギングの30分間と着替えの5分間だけそのための意志力を持てばいいでしょう。しかし何かをやめるとしたら、一日中そのための意志力を持ち続けなければいけないことになります。

そこで、嗜癖から抜け出す出口を見つけたいときには、次のように異なる立場から対処していく必要があります。まずは、心の奥深くにある不安を鎮めなければなりません。そのために影子を慰めます。その後、影子と日向子を使って、自分自身の充足感を変えていきます。また、「大人の自分」の意志力も強めていきます。こうして、草道を新たな高速道路につくり変えていくのです。具体的には、以下のように行っていきます。

1. あなたの内面に注意を向け、何のためにその嗜癖対象が必要なのか、あなたの影子に聞いてみましょう。すでにお話ししたように、嗜癖は、慰めや守られたい願望、もしくは不安（失敗すること、見捨てられること、落ちぶれること、死ぬことに対する不安）と大きく関係しています。そして、どういったネガティブな信念が嗜癖に大きな影響を及ぼしているのか、よく考えてみましょう。「私は十分ではない」「私には価値がない」といった、すでにわかっているあなたのネガティブな信念だけでなく、嗜癖に直接関係している信念も見つけ出してください。たとえば「そんなこと私には絶対にできない！」「タバコを吸うのをやめたら、幸せでいられなくなる！」「私には甘いものが絶対に必要！」といった信念です。

心の中でそのような信念をすべて唱えると、どのような感情が起こってきますか？ **あなたを嗜癖対象に向かわせるネガティブな感情を探し当ててください。**そうしたら、あなたの影子と嗜癖に関して気づいたことを、すべて書き留めてください。

2. その後、あなたの影子を膝に乗せて、影子を慰めましょう。まずは次のように説明してください。「君が何を心配しているのか、よくわかったよ。でも、**どんなにたくさん食べたり（飲んだり、タバコを吸ったり、仕事に逃げたり）しても、その不安を減らすことはできないんだよ**」と。また、あなた、つまり思いやりのある「大人の自分」が影子をいつも見守り、決して見捨てない、ということも影子に説明しましょう。それから、「一緒にその苦しみをなくしていこうよ」と言って、影子を励ましてください。さらに、もし嗜癖から抜け出せたら、どれほど誇らしく幸せになれるのか、影子にはっきりと理解させましょう。影子の人生がどれほどすばらしくなるのか、影子に具体的に説明してください。

3. あなたがこれまで通りのことを続けていたら、どのようなことが起こるでしょうか？　そのことに対する不安をきちんと感じましょう。目の前に事実を突きつけてください。あなたの行動が〝本当に〟有害であることを、あなた自身に意識させましょう。不安を感じる恐怖部屋に入る、と想像してください。そこで、これまで意識しないようにしてきた、嗜癖の影響に関するあらゆる恐怖映像をはっきりと描き出し、それに目を向けるのです。それらを意識から排除するのはもうやめましょう。不安をきちんと受け入れてください。**不安は、私たちに注意を促す役目を担っています**。嗜癖に関しても、その役目をきちんと果たさせてあげましょう。ただ、だからこそ明けない夜はないということを、あなた自身に意識させましょう。「明日（あるいは来週や来年）には、やめる」と思ってしまい、嗜癖から抜け出すのを死ぬまで延ばしてしまう可能性があることも忘れてはなりません。

4. 日向子に、なぜ嗜癖対象が好きなのか、聞いてみましょう。すでにお話ししているように、日向子は遊んだりふざけたりすること、それにパーティーや度を越すことも好みます。日向子はその際の充足感が大好きなのです。あなたにとって、嗜癖による充足感はどのような感じのものなのでしょうか？　それをできるかぎり正確にとらえてみましょう。また、その充足感はあなたの身体のどの辺りにあるのか、感じ取ってください。それと、**あなたの嗜癖に関連するポジティブな信念も見つけ出しましょう**。たとえば、「私は何があってもへこたれない」「人生とは酔いしれるということだ」「私はいつかはやめられる」といったような信念です。そうした、あなたの日向子と嗜癖に関して気づいたことを、すべて書き留めてください。

5. **あなたの影子も日向子も喜ぶ、新しい充足感を見つけましょう**。もし、あなたがある食品ばかり過剰に食べ、それによってあなたの影子を安心させ、気分良くさせているのであれば、それとはまったく違うストーリーを頭の中でつくり出しましょう。たとえば、南の島に住み、フルーツと野菜と新鮮な魚しか食べない生活をしていると、想像してみてください。暖かい空気と自然の色合い、軽い食事によって、快い充足感がわき起こってくることでしょう。その充足感がどのようなものなのか、五感すべてを使って感じ取っていきましょう。また、あなたがやせて機敏に動いていると、想像してみてください。そのような自分自身をどう感じますか？　このように、想像力を無限に働かせてみてください。これまでとは違う食行動をする生活を想像し、頭の中にまったく新しいストーリーをつくり出すのです。そして、そのストーリーによって生じる快さを〝十分に味わうこと〟がとても重要です。新たなストーリーの中で、新たな充足感に浸りましょう。すでにお話ししているように、私たちの脳は、現実と想像をはっきりと区別することができません。ですから頭の中に、新たな充足感にあふれるすばらしい映像がインストールされるだけで、新しい高速道路のための第一レーンが設置されるのです。

もしあなたが禁煙したいのであれば、美しい森の中に滞在していると想像するのもいいかもしれません。森と一体化し、新鮮な空気を吸ってみましょう。あるいは、こう想像してもいいでしょう——海の中を懸命に泳いでいたら息切れがしてきたので、温かい砂浜に寝そべり、日光を浴びてエネルギーをチャージしている。息切れがしているので、この状況でタバコを吸うことは考えられませんからね。さらに、タバコを吸う必要がなくなれば、目の前の世界がどれほど清潔で美しくなるのか、想像してみましょう。きれいな空気の香りを心の中で嗅いでみてください。

森や海辺以外の場所でもかまいません。安らぎと深いリラックスが必要になったときに、それらを感じさせてくれる場所。そういった場所を思い描いてみましょう。この映像は、影子の不安を鎮め、日向子の願望を満たしてくれます。

6. あなたの新たな充足感に合う、**有益な信念もいくつかつくり出しましょう**。先ほどの映像にその新しい信念を織り込んでください。新しい信念はあなたの身体にどのような感覚を引き起こしますか？　その感覚も味わってください。次に、新しい信念を一枚の紙に好きな色で書いてください。その紙をリビングの壁に掛けておきましょう。そして、毎日最低15回、新しい信念を読み上げ、その信念の実感をわかせましょう。

7. 前述したように、何かを〝しない〟というのは難しいことです。ですから、**〝その代わりにする〟ことを考えてみましょう**。想像の世界だけでなく、現実の世界の「嗜癖対抗プログラム」も考案してみてください。スポーツは、嗜癖に対抗するべストなプログラムです。スポーツによって、それまでとはまったく違う充足感を得ることができますので、現在スポーツをしていなければ、ぜひ定期的にスポーツをしてみてください。

嗜癖対象を断つと、心が空っぽになったように感じると思います。そこで、どうしたらあなた自身でその心を幸福感で満たすことができるのか、よく考えてみてください。新しい趣味を始めてもいいですし、仕事に関する勉強をし直したり、知識を深めたりしてもいいでしょう。気分が良くなり、生きる喜びと意義を見出せることであれば、なんでもやってみましょう。また、**嗜癖から抜け出すいくつかのステップごとに、自分にご褒美をあげましょう。**

8. 再び嗜癖対象への欲求を抱いてしまったら、新たな充足感に浸るようにして嗜癖対象から気をそらしましょう。とにかく、嗜癖によって生じる感情にはまっていくことがないようにしなければなりません。そのためにもっとも重要なのは、「**気をそらすこと**」ですので、ありきたりな方法ではありますが、気をそらして、できるかぎり誘惑を避けるようにしましょう。

もちろんそれ以前に、嗜癖対象への強い欲求をまったく起こさせないようにすることが肝心です。それには、一日の過ごし方が重要になってきます。**嗜癖が再発するのは、ほとんどの場合、ストレスにさらされたときや時間を持て余しているときです**。予定をしっかりと立てて、予定通りに行動すれば、余計なことを回避できます。次の項では、このことについてお話ししますね。

怠けスパイラルから脱出するコツ

怠惰は、人生をつくり上げたり変えたりする際の大きな障害となります。とはいえ、人が持つ性質の多くがそうであるように、怠惰も生まれつき備わっている性質です。人類が存続するには、自らの力を無駄に使い切らないように温存することが必要だったため、私たちの身体には、「活動プログラム」の他に「エネルギー節約プログラム」も組み込まれています。ですから「惰性的で怠ける」のは、「活動的でひたすら目標を目指す」のと同様、私たちには欠かせないことなのです。

ところで、あなたもおそらく一度は次のような経験をしたことがあるでしょう。休めば休むほど不活発になり、動けば動くほど活動的になる。どちらの状態も、私たちを強くするために必要です。じつは、このことは「慣性の法則」に関係しています。つまり「動いていない物体（身体）は、外部からの力（動く理由）がないかぎり静止し続ける。動いている物体（身体）は、方向や速度を変えたり動きを停止させたりする力（理由）がないかぎり、そのまま動き続ける」といった法則です。

学生のころに、この法則を強く実感したことがあります。そのときのことをお話ししましょう。

ずっと前から楽しみにしていた期末休暇が始まりました。期末試験が終わったら集中してやろうと思っていたことは、山ほどあります。最初の3週間は、ToDoリストに記したさまざまなことを行い、活動的に過ごしました。ところがその3週間のうちに、ToDoリストに記したことをすべてやり切ってしまい、その後はすべきことがなくなってしまったのです。長い、いや長過ぎるフリータイムの始まりです。朝にきちんと起きて、身支度を整えなければいけない理由もありません。コーヒーを淹れて、ベッドに戻り、寝転がったまま小説を何時間も読み続けました。すると、動かないことで血の巡りが悪くなり、昼頃に身体がだるくなってきたのです。そのため、また少し寝てしまいました。午後に起きたのですが、そのときにはさらに血の巡りが悪くなっていました。気分はどんより。またコーヒーを飲んで、なんとか気持ちを奮い立たせてリビングへ行き、少し気分転換しました（こういった気分転換さえしないこともありました）。そして夜には、「今日は、なんの成果もない一日を過ごしてしまった……」と後悔し、自分のことを情けなく思っていました。

動かなければ動かないほど、怠け者になっていったのです。

休暇が終わるころには私の活動レベルはかなり下がっていました。やらなければいけないことは洗濯機で洗濯することぐらいしかないのに、それさえ気が重かったのです。このままではいけないと思っていたので、大学の授業が始まって、ほっとしました。授業が始まれば、いや応なしに一日を予定通りに送らなければいけなくなりますからね。あっという間に再び活動的になり、見事にストレスにもさらされ、勉強をしながら、親の手伝いとして〝不平を言わずに〟洗濯機を毎日3回も回すようになったのです。

外部から動くきっかけを与えられたり、一日の予定が決められていたりすると動けるようになるのは、私だけではありません。大半の人がそうなのです。そして、**よりラクに活動を続けるコツは、その活動をやめないことです。**月曜日が一週間の中でもっとも嫌な日になるのは、すべきことがたくさんあるからではありません。週末の過ごし方が平日とあまりにも違うからです。そのため、月曜日のほうが火曜日よりもはるかに多くの原動力を必要とします。水曜日になると、仕事をするのがもっとラクになり、金曜日には、なぜ月曜日にあれほど嫌な気分だったのか、想像さえできなくなります。仕事以外でも、克服したり努力したりする必要のある活動には、同じことがいえます。ある活動を定期的にすればするほど、ラクにできるようになるのです。

ですから、**一日の予定をきちんと立てることは、怠惰を予防する最良の方法です。**あなたもぜひ、プライベートタイムを含めた一日の予定表と週間予定表をつくってみましょう。私自身も〝予定表通りに〟行動し、それゆえ自由時間も十分に取れています。私は、朝食前に軽くスポーツをして、午前中に原稿を書き、昼休みに少しぼーっとして、それからピアノの練習をします。午後は心理療法士の仕事をして、18時には仕事を終えます。きちっとし過ぎていますが、怠け防止には有効です。これは、前述した私自身の経験から得たスキルです。あなたもまずは、何をすべきなのか、何が自分にとって重要なのかをよく考え、それらを組み込んだ一日予定表と週間予定表をつくってみましょう。この予定表はＴｏＤｏリストのようなもので、物事をきちんと行うのに非常に役立ちます。また、自分自身への過小要求と同じくらい良くない、自分自身への過大要求も回避できます。時間配分が下手な人はしょっちゅうストレスを抱え、一杯一杯になっています。それは、デッドライン間際に多くのことを片づけなければいけなくなるために、つねに切迫感にさいなまれているからです。

日々の行動を決めておくメリットとして、何度も新たな決断を下す必要がなくなるといった点もあります。これは大きなメリットです。なぜなら、意志力と決断力は密接に関係しており、どちらも過剰に要求されると完全に失せてしまうからです。このことは、心理学のさまざまな実験で証明されています。ある実験では、車を運転するドイツ人にコンピュータ上で新車の装備（色や内装、エンジン）を選んでもらい、その決断の仕方が検証されました。その結果、決断する回数が多ければ多いほど、決断することが困難になり、標準モデル（最低価格よりも平均1500ユーロ高いにもかかわらず）を選びがちになることがわかりました。

予定が決まっていれば、「その予定に従う」という一つの決断を下すだけで済みます。もちろん、例外があってもかまいません。私だって、つねに前述した予定をすべてきちんとこなせるわけではありません。ただ、基本的な行動パターンを決めておけば、いつでもそのルーチンに戻ることができます。

あとは、最初の一歩を踏み出せるかどうか、だけです。これが一番難しいかもしれません。そのためには、ものすごい原動力を必要とするからです。でも最初の一歩を踏み出せれば、次はそれよりもラクにできます。そして、始めた行動を変えずに、そのまま定期的に行っていけば、どんどんラクにできるようになっていきます。逆に、「**やらなければ、やらなくなる**」のです。これは、セックスにもいえます。とくに、安定した関係が長く続いているカップルで、相手に対する情熱が冷めてきた場合は、これが原因だといえるでしょう。

「先延ばし」よりもラクなこと

ちなみに、情熱を取るか、自制を取るか、といった二者択一もありますが、私の知り合いの中には、情熱だけで物事を成し遂げている人はいません。芸術家も、通常は決められた納期までに作品を仕上げるようにします。**どのような仕事でも、どのような修業でも、耐え忍ばなければいけないときもあります。**そのためには、持久力も必要です。持久力のない人はいろいろなことに手を出しますが、それらを続けることができません。それゆえ表面的なスキルや知識しか身につかないのです。一つのテーマに深く入り込むことをしないと、いつまでも満足できず、打ち込めることが何もないという状態になってしまいます。反対に、一つのことに専念して一つのテーマに深く入り込んでいけば、心の奥底から満足でき、幸せな気分になれるのです。これは、自己価値感を上げる健全な方法でもあります。

このように、怠惰に打ち勝ちたいのであれば、どうしたら自分の原動力と持久力を上げることができるのか、考えなければなりません。このことはとくに、やらなければいけないことをつねに先延ばしにする「先延ばし病」にかかっている人たちにいえます。

先延ばし病者は、エネルギー節約プログラムの影響を受けているだけでなく、じつは影子の強い自己不信の影響も受けています。**先延ばし病者の影子は、失敗することに対する不安を抱きやすくなっています。**そして、「自分にはそれをやり遂げるほどの力がないのではないか」「どうやってもできないのではないか」という不安が潜在意識下でわき起こると、その不安から行動をつねに先延ばしにしてしまうのです。

けれども、「大人の自分」は、たいてい影子とはまったく違う意見を持っています。たとえば納税申告書を作成することや倉庫を片づけることについて、「大人の自分」は「自分にも当然できること」とわかっています。それなのに、影子は「自分にはできないのではないか」という漠然とした不安を抱いてしまいます。それは、影子が「そんなこと私にはできない！」「私は弱い！」「私は愚かだ！」というような信念を抱え、その信念から「逃避」や「回避」の防衛戦略を持つようになったからです。先延ばしは、それらの防衛戦略の典型的な行動なのです。

ところで、先延ばし病者の影子の中には、意固地になっていて周りの人からの要求にうまく対処できない影子もいます。このような影子を抱えている人は、子どものころから「他者からの要求に応える＝自分の自由が奪われる」という経験を数多くしてきたため、結びつき欲求よりも自由欲求のほうが過度に高まってしまい、他者からの要求を拒絶したがるのです。その結果、求められていることをきちんと行わず、先延ばしにしたりします。このことは、「戦略10　逃避、退却、回避」の項で詳しく説明しましたので、先延ばし病にかかっている人は、ぜひもう一度、その項を読んでみてください。

物事を先延ばしにするエネルギーは、一日24時間、週7日間必要になることもあります。一方、やり遂げるエネルギーについては、それよりもずっと短時間で、少ない量しか必要ありません。このことをつねに頭に入れておきましょう。

趣味を持つメリット

仕事とアクティビティは人を幸せな気持ちにさせるけれども、怠惰は人を悲しい気持ちにさせる――13世紀のイタリアの神学者および哲学者であるトマス・アクィナスは、すでにこのことを心得ており、書物に記しています。そう、**アクティビティは抗うつ作用を発揮するのです**。アクティビティによって無我夢中の状態、いわば忘我の境地に至ると、心が軽くなるのです。このことは、幸福感に関するさまざまな研究で証明されています。それらの研究で指導的な役割を果たしている心理学者ミハイ・チクセントミハイは、あることに没頭している心理状態を「フロー」と名づけ、その概念をつくり上げました。

私は「フロー」の状態になると、我を忘れます。私がそれほど没頭できることは、ガーデニングやスキー、手仕事、音楽演奏です。一つのことに専念すれば、どんどんうまくできるようになり、充実感も得られます。私たちは、そういうときに日向子モードになるのです。

もしあなたが毎日あまり興味のないことを行っていて、趣味にふけることもないというのであれば、ぜひそのような生活を改善してほしいと思います！　どのようなことに喜びを感じるのか、考えてみましょう。そして、それを始めてみてください。「今から始めるなんて遅過ぎないだろうか」と思う必要はありません。ある程度歳を重ねた人のほうが、子どもよりも学習方法をよく心得ているため、物事をスムーズに学べるのです。楽器演奏も、世間一般の考えに反して、大人のほうが子どもよりもずっと早く習得できます。私は42歳のときにピアノを習い始めましたが、どんどん上達していますよ。

趣味や興味のあることを行うと、自分以外のことに注意を向けることができます。つまり、自分に関する心配事から注意をそらすことができるのです。さらに、どんどんうまくできるようになったり、どんどん知識が増えたりすると、心は喜びと誇らしい気持ちで満たされるようになります。そうして、自己価値感を健全な方法で高めていくことができるのです。**一つのことに集中し、熱意を持って取り組めば、影子は落ち着き、日向子はすご**

く喜ぶのです。

趣味や興味のあることは、あなたの心を満たしてくれますが、それらを見つけて行っていくのは、あなたの手にかかっています。「誰かが私を幸せにしてくれるのではないか」あるいは「誰かが、なんらかの形で私の気分を良くしてくれるのではないか」と期待してはいけません。また、どのような分野でも、うまくできるようになるまでには、耐え忍ばなければいけないときもあります。もしあなたが、いろいろなことを始めるけれども長くは続けられないというタイプであれば、「怠けスパイラルから脱出するコツ」の項をもう一度読み、その改善策を実践してみてください。

趣味を持ったり興味のあることを追い求めたりするのは、あなたの幸せに対してあなたがきちんと責任を持っているということなのです。このことは、定期的なアクティビティ以外についてもいえます。たとえば、友人を食事に招待することや映画館に行くこと、夏に屋外プールを訪れることも、同じです。何かが起こるのを待っているのではなく、ぜひ、あなたの生活を自分自身でつくり上げていってください。

自分の「四つのテーマ」を理解する

7章でお話ししたように、私たちの生活で実際に問題となるテーマは、ほんの少ししかありません——結びつくか自己主張するか、コントロールするか信頼するか、快感か不快感か、そして自己価値感が高まるか傷つくか、です。

私は、自己価値感が他のすべてのテーマの根底にあると考えています。結びつき欲求と自己主張のバランスをいかにうまく取れるかは、自己価値感によって決まります。また、安心するためにどの程度のコントロールが必要になるのか、あるいは相手や自分の能力を信頼できるのかどうかも、自己価値感次第です。さらに、快感欲求と自制も、自己価値感の影響を受けます。自己価値感が安定している人は、不安定な人よりもこれらのバランスをうまく取ることができ、そのおかげで強制的に自己を律することも、欲求の赴くままに行動することもしません。

影子と日向子は私たちの自己価値感の比喩であり、自己価値感のうち問題のある弱い部分が影子、健全で強い部分が日向子です。あなたはもうとっくに理解していることと思いますが、**自己価値感を高めるには、まずは影子を受け入れることが重要です。**ただ、その際に影子に主導権を握らせないようにしなければなりません。その後は、日向子を強めていくことと、生活の中に、日向子が活動するためのゆとりをもっとつくることが重要になってきます。

もちろん人によって、抱えている問題のテーマは異なります。そのため、本書の影子と日向子に関する内容は、皆さんの個人的な内容に置き換えられるようになっています。ですから、すでにあなた自身の黄金戦略も見つかっていることでしょう。そこで次は、その黄金戦略を書き留めていきます。あなたにとって大切なこと、日常生活の中でとくに気をつけたいこと、変えていきたいことは何ですか？

レッスン3 自分に効果的な黄金戦略を見つける

まずは、これまで紹介してきた黄金戦略の中で、あなたにもっとも役立つと思われる黄金戦略を書き出していきましょう。黄金戦略についても防衛戦略と同様、本書で詳しく説明されていない戦略や、あなた自身の言葉で表現した戦略をつけ加えてもかまいません。たとえば「サックスを習う」「夫と同じ目線に立つ」「毎朝、日向子モードになる」「新しい仕事を探す」「毎日30分間、子どもと一緒に遊ぶ」のようなことでもいいでしょう。そのあなた自身の黄金戦略を、日向子の絵（日向子の脚の周り）に書き入れていきます。

これで、十分な能力を備えた日向子ができ上がりました。でもここで終了ではありません。その能力が発揮されるためには、あなたが定期的に日向子と〝遊び〟、新しい信念と価値と黄金戦略にもとづいて〝生活する〟、**すなわち日常生活でこれらの新しい知識を使っていくことが必要です**。それは、こういうことでもあります。影子モードになっていることに〝気づく〟ことと、「大人の自分」から影子を〝引き離し〟、影子を〝慰める〟ことでもあります。さらに、できるかぎり頻繁に日向子モードや「大人の自分」モードに〝切り替える〟ことでもあります。そのためには、新しい信念を繰り返し〝意識〟し、大切な価値をできるかぎり頻繁に思い出して、〝その価値に沿って行動〟していきましょう。そして、黄金戦略を使えるよう〝練習〟していきましょう。本書の〝レッスン〟を何度も行ってください。そうして、あなたの成長に対する〝責任〟をあなたが持つようにしましょう。

また、日常生活の中でそれらの新しい知識をいつでも呼び起こせるようにしておくことも大切です。そのためには、日向子の絵を引き出しの中にしまっておかず、リビングの壁に掛けておくといいでしょう。それから、外出時でも日向子の絵を見ることができるように、ぜひ日向子の絵の写真を撮り、スマートフォンの中に保存しておいてください。

レッスン4 影子と日向子をつなぎ合わせる

次のレッスンで、あなたの影子と日向子をつなぎ合わせ、あなたの人格に組み入れていきます。このレッスンは、アメリカの心理学者であるデボラ・サンベックが開発した「8の字に沿って歩こう」という手法を参考にしています。これは、もともと左右の脳の連携を強め、神経回路をより複雑にしていくための手法です。私のアシスタントであり友人でもあるユーリア・トムシャットがこの手法にアレンジを加え、身体の動きを利用して影子と日向子をつなぎ合わせる以下の方法を考案しました。私は、講習会で定期的にこのレッスンを行っていますが、毎回、そのすばらしい効果に驚かされています。このレッスンの目的は、影子と日向子を受け入れ、それらをつなぎ合わせて人格に組み入れることと、さらに、影子と日向子のどちらの状態を〝選ぶ〟かは、自分自身の決定にゆだねられている、ということを改めてはっきりと感じ取ることです。

このレッスンは、二人の助っ人と行うのがベストですが、独りでも行えます。

1. あなたの影子が抱えるネガティブな中心的信念と感情を、カード（目録カードやメモ用紙）に書いてください。そこにぜひ、それらを象徴する色をつけてみましょう。〝くすんだ色〟にしてもいいですし、それよりも明るい色やもっと暗い色を選んでもかまいません。人は色や光から物事を連想するため、このレッスンに色や光も取り入れると、信念などを思い浮かべやすくなります。

次に、あなたのポジティブな中心的信念を、もう一枚のカードに書いてください。その他に、あなたの日向子を象徴する、感情と画像のキーワード（海など）、あなたの「大切な価値」を書き入れ、そこに日向子を象徴する色をつけてください。

2. 影子と日向子の絵を床に置きます。8の字状に歩いたときに、それぞれの絵が8の輪の中に入るように配置してください（8の輪の片方に影子のカードが、もう片方に日向子のカードが入るようにします）。

3. 二人の助っ人がいる場合は、それぞれが8の輪の中に入るように立ち、影子か日向子のカードを持ちます。つまり、Aさんは片方の輪の中に立って影子のカードを持ち、Bさんはもう片方の輪の中に立って日向子のカードを持ちます。

4. あなたは8の輪が交わる位置に立ちましょう。そこから輪に沿って歩いていきます。Aさんのいる輪に沿って歩いているときには、Aさんに影子のカードを読み上げてもらいます。8の輪が交わる位置に来たら、今度はBさんのいる輪に沿って歩き、Bさんに日向子のカードを読み上げてもらいます。再び8の輪が交わる位置に来たら、Aさんのいる輪に沿って歩き……といったように続けていきます。助っ人がいない場合は、あなたがカードを交互に読み上げましょう。あるいは、カードの内容を録音し、それを聞きながら行ってもかまいません。その場合は、約10往復分を連続して録音しておきましょう。録音の際には、読み上げるタイミングを歩く速度（片方の輪からもう片方の輪へ移るタイミング）に合わせるよう十分に注意してください。

5. それぞれのカードの内容を聞きながら（あるいは、あなたが読み上げながら）、8の字を約10往復歩きましょう。最後に、8の輪が交わる位置に立ちます。その場で、あなたの内面に注意を向け、あなたに生じた変化を感じ取りましょう。あなたは今、影子と日向子のどちら寄りの状態になっていますか？　もしあなたが「どちらかというと、日向子よりも影子の状態になっている」と感じていれば、再度4から行ってください。そして、最終的に「自分のあらゆるところが偏りなくバランスの取れた良い状態になっている」と感じられるまで、続けてみましょう。

このレッスンは、少し変化させるだけで、日常生活のあらゆる分野で利用できます。とくに異なる二つの欲求やモチベーションのどちらを取るか悩んでいるときには、一枚のカードに片方の意見を、もう一枚のカードにもう片方の意見を書いて前記のように行うと、自分の思いをうまく確認することができます。ですから、どのようなことでも決めかねているときには、この方法をぜひ行ってみてください。

次の項は、ついに本書の最終項になります。最終項でも黄金戦略についてお話ししますが、その黄金戦略は、あらゆることの基礎になり、あらゆることを包括している戦略です。そのため、これが本書の中でもっとも重要な事柄といっても過言ではありません。だからこそ、最後にお話ししようと思います。

自分も周りの人も心地良くいられるには

人は社会とつながっていなければ、生き延びることができません。それゆえ、社会から排除されそうな行動をしたときに恥ずかしさを感じるよう、遺伝子にプログラムされています。つまり**羞恥心は、人が社会に適応して存続するために欠かせないものなのです**。とはいっても、大きな恥さらしはトラウマになる可能性があります。羞恥心は基本的にとても強い感情で、心身に非常に大きな負担がかかる感情でもあるのです。ただ、羞恥心を抱く事柄や程度は人によってかなり異なります。ポジティブな信念をうまく使いこなせている人よりも、自己の価値を下げるネガティブな信念をたくさん持っている人のほうが、羞恥心を抱きやすいといえるでしょう。要は、自信がないために、すぐに羞恥心を抱いてしまうのです。このような人は大勢いますが、自信がないのは悪いことではありません。私たちの誰もが、状況や生活環境に応じて多かれ少なかれそのような状態になります。自信のなさは正常で、人間らしいことなのです。

しかし、劣等感を相殺するために、自分の考えや願望を隠したり、あるいは攻撃的になったり、他者を蹴落としたり、人間関係から逃げたり、他者を軽蔑したりしたら、その行動には問題があるといえます。

自分の自由を守りながら他者とうまくつき合っていくための前提条件は、「**自分自身の味方になること**」なのです。自分自身の味方にもっとなろうとすると、自分が傷つきやすいことも受け入れていかなければならなくなります。また、自分がミスをすることや、弱みとスキを持ち合わせていることも、受け入れていかなければなりません。逆に、「社会に出るのは、完璧で不死身な私だけ」と思っていると、良いチャンスと人間関係をたくさん逃してしまいます。

ですから、**あなたが美しく、なんでもできて強い人かどうかは、人生において重要ではありません**。重要なのは、「ありのままの自分を温かく迎え入れる」ということなのです。あなたの影子と日向子が、〝ありのままの自分〟でいられる場所、いわば〝愛情と安心感に満ちた心の拠りどころ〟をあなたの中に感じれば感じるほど、あなたはリラックスでき、他者に対してより理解と好意を持って心の内を明かすことができるようになります。〝心の拠りどころ〟とは、親密さと安全と安心を意味し、そうした中に属しているということなのです。すなわち、私が私自身（自分の影子と日向子）を私の中に温かく迎え入れたら、私自身は心の拠りどころを得ます。私は私自身と結びつき、そこから他者とも結びつくようになります。これができるかどうかによって、人生の良し悪しが決まるのです。

〝偉大なる哲学者〟ポパイはよく、「オレはオレだ。オレ以外の何者でもない！」と言っています。あなたもこのセリフを毎日唱えるといいかもしれません。自分を受け入れることは、自分の成長を妨げることではありません。その反対です。**自分の不十分さも受け入れることで初めて、その不十分さに取り組んでいけるのです**。そして、不十分を十分にするためには、防衛戦略を強化するのではなく、〝ありのままの自分〟と周りの人ができるかぎり心地良くいられるような行動をとることが必要なのです。具体的には、以下の行動です。さあ、あなた自身に誇りを持ち満足できるよう、早速始めてみましょう。

- 影子を理解する
- 不安を抱えていても、自分自身の味方になる
- 不安を抱えていても、誰かの味方になる

- 事実と解釈を区別できるようになる
- 投影することをやめる
- 自分の意見に反対する、もっともな論拠がない場合は意見を変えない
- 相手が正しければ、それを認める
- 争いをオープンにし、フェアに解決しようとする
- 自分の信条と「大切な価値」のために立ち向かう
- 自分の感情と行動に責任を持つ
- 気難しい人にも好意を持って接する
- 嫉妬心を取り除けるようにする
- 他者の話をよく聞く
- 以前だったら避けていたことにも挑戦してみる
- 人生を楽しむ
- 心を開いて、正直になる
- 「大切な価値」に沿って行動する
- 本書のレッスンのうち、自分に必要なレッスンを毎日行う
- 誠実に努力する

■日向子モードで生活を送る

あなたはあなたであって、あなた以外の誰でもありません。

あなたはあなたでいいのです！

著者　シュテファニー・シュタール

心理学者、心理療法士。約30年間の心理療法士、心理学者としての経験、および家庭裁判所鑑定人としての経験にもとづいて、「人とつながることに対する不安」「自己価値感」「内なる子ども」に関する数多くの書籍を執筆。わかりやすく読者の心に寄り添うように書かれた著書の多くがベストセラーになっている。膨大なカウンセリング経験と長年の研究から生み出された、心を改善する著者独自の手法は具体的かつ実践的であるため、専門家の間でも絶賛されている。ドイツのみならず他国でもセミナーを開催。専門家としてのテレビ、ラジオ出演、雑誌の寄稿も多数。

訳者　繁田香織　しげた・かおり

翻訳家。青山学院大学文学部史学科(ドイツ史専攻)卒。ハイデルベルク大学留学後、ドイツやオーストリアにおいて、世界陸上競技選手権大会などのコーディネーターや通訳者として活動。帰国後、メディカルトリビューン社で約20年間、医師向け医学新聞に掲載するドイツ発の最新医学会発表や論文の選定、翻訳、校正、編集を行う。現在は、幅広い分野の翻訳に従事し、医学ジャーナリストとしても活動している。訳書に『自然の力で治す』アンドレアス・ミヒャールゼン著(サンマーク出版)、『Life Kinetik® 脳が活性化する世界最先端の方法』ホルスト・ルッツ著(ダイヤモンド社)などがある。

本書の参考文献は以下のURLよりダウンロードできます。
https://www.daiwashobo.co.jp/files/das_kind_in_dir.pdf

「本当《ほんとう》の自分《じぶん》」がわかる心理学《しんりがく》
すべての悩《なや》みを解決《かいけつ》する鍵《かぎ》は自分《じぶん》の中《なか》にある

2021年10月25日　第1刷発行
2024年 6 月25日　第14刷発行

著者　シュテファニー・シュタール
訳者　繁田香織《しげたかおり》
発行者　佐藤靖
発行所　大和《だいわ》書房
東京都文京区関口1-33-4
電話 03-3203-4511
ブックデザイン　小口翔平＋後藤司＋阿部早紀子(tobufune)
本文印刷所　信毎書籍印刷
カバー印刷所　歩プロセス
製本所　小泉製本

ISBN978-4-479-79753-1